Pour lire L'ANCIEN TESTAMENT

Couverture : Manuscrit de Qumrân, en cuir, Ier siècle après J.-C., reproduisant des fragments de Psaumes (Ps 31, 25 et 33), Musée Bible et Terre sainte, Paris. Photo : Rémi TOURNUS.

1re édition : 1980

© *Les Éditions du Cerf*, 1994 (éd. révisée)

ISBN 2-204-04995-6
ISSN 0762-2252

Étienne Charpentier

Pour lire L'ANCIEN TESTAMENT

Nouvelle édition entièrement révisée par Jacques BRIEND

LES ÉDITIONS DU CERF, 29, bd Latour-Maubourg, Paris, 1996

LIVRES BIBLIQUES

(Abréviations et pages de ce livre où l'on en parle)

ANCIEN TESTAMENT

(Les Deutérocanoniques sont imprimés en italiques)

Ab	Abdias 75.		Jr	Jérémie 62.
Ag	Aggée 76.		Lm	Lamentations 65.
Am	Amos 47.		Lt Je	*Lettre de Jérémie*
Ba	*Baruch 92*		Lv	Lévitique 65, 85.
1 Ch	1 Chroniques 79.		*1 M*	*1er livre des Maccabées 88.*
2 Ch	2 Chroniques 42, 79.		*2 M*	*2e livre des Maccabées 88.*
Ct	Cantique des Cantiques 87.		Mi	Michée 43.
Dn	Daniel 88, 90.		Ml	Malachie 76.
Dt	Deutéronome 45, 55, 56.		Na	Nahum 60.
	Ecclésiaste = Qohélet.		Nb	Nombres 53.
	Ecclésiastique = Siracide.		Ne	Néhémie 75, 79.
Es	Ésaïe. 1er Ésaïe (1-39) 42.		Os	Osée 47, 48.
	2e Ésaïe (40-55) 67.		Pr	Proverbes 82, 83.
	3e Ésaïe (56-66) 75, 76.		Ps	Psaumes 94.
Esd	Esdras 79.		Qo	Qohélet (ou Ecclésiaste) 87.
Est	Esther 88.		1 R	1er livre des Rois 42, 45, 46, 55, 59.
Ex	Exode 26, 30, 38, 51, 53, 60.		2 R	2e livre des Rois 45, 46, 55, 59.
Ez	Ezéchiel 40, 66.		Rt	Ruth 81.
Gn	Genèse 36, 51, 60, 70, 72.		1 S	1er livre de Samuel 35, 55, 59.
Ha	Habacuc 60.		2 S	2e livre de Samuel 35, 55, 59.
	Isaïe = Ésaïe		*Sg*	*Sagesse 92.*
Jb	Job 82.		Si	*Siracide (ou Ecclésiastique) 87.*
Jdt	*Judith 88.*		So	Sophonie 60.
Jg	Juges 34, 55, 59.		*Tb*	*Tobie 87.*
Jl	Joël, 76.		Za	Zacharie. 1er Zacharie (1-8) 76.
Jon	Jonas 81.			2e Zacharie (9-14) 86.
Jos	Josué 34, 55, 59.			

NOUVEAU TESTAMENT

Ac	Actes des Apôtres.		Lc	Évangile selon saint Luc.
Ap	Apocalypse.		Mc	Évangile selon saint Marc.
1 Co	1re épître aux Corinthiens.		Mt	Évangile selon saint Matthieu.
2 Co	2e épître aux Corinthiens.		1 P	1re épître de Pierre.
Col	Épître aux Colossiens.		2 P	2e épître de Pierre.
Ep	Épître aux Éphésiens.		Ph	Épître aux Philippiens.
Ga	Épître aux Galates.		Phm	Épître à Philémon.
He	Épître aux Hébreux.		Rm	Épître aux Romains.
Jc	Épître de Jacques.		1 Th	1re épître aux Thessaloniciens.
Jn	Évangile selon saint Jean.		2 Th	2e épître aux Thessaloniciens.
1 Jn	1re épître de Jean.		1 Tm	1re épître à Timothée.
2 Jn	2e épître de Jean.		2 Tm	2e épître à Timothée.
3 Jn	3e épître de Jean.		Tt	Épître à Tite.
Jude	Épître de Jude.			

UN GUIDE
BIBLIQUE

Vous avez envie de lire la Bible et vous ne savez pas comment vous y prendre... Ce petit livre — modeste et ambitieux — voudrait vous servir de guide pour l'Ancien Testament. Il sera suivi d'un livre semblable pour le Nouveau Testament.

Un guide touristique

Quand on part en voyage, on achète volontiers un de ces guides qui nous accompagnera tout au long du voyage, nous proposant des itinéraires, indiquant les choses à voir, résumant l'histoire du pays. Ce « guide » voudrait de la même façon, vous faciliter la découverte de la Bible.

Il est donc *modeste*. Très simple, il devrait permettre à celui qui n'a jamais ouvert la Bible ou à celui qui, ayant tenté, s'est découragé, de s'y retrouver sans peine (mais pas sans travail !). Avant d'être écrit, il a été longuement essayé dans de nombreux groupes. Il est court ; chaque chapitre est divisé en paragraphes de deux ou trois pages qu'on peut lire séparément.

Il est pourtant *ambitieux*, puisqu'il voudrait vous offrir toutes les clés essentielles pour vous permettre de lire vous-même la Bible. Voici ce qu'il vous propose : après une *introduction générale*, huit chapitres construits sur le même modèle, où l'on trouve

• **un résumé d'histoire d'Israël**. Ces deux pages ouvrent le chapitre mais elles forment aussi un tout. On peut les lire à la suite pour prendre une vue d'ensemble de l'histoire d'Israël.

• **une présentation des écrits bibliques** rédigés pendant cette période. On voit ainsi naître, peu à peu, les différentes *traditions* qui deviendront un jour *la Loi* (ou *Pentateuque*, on entend les *prophètes* qui prêchent à cette époque, on découvre la réflexion des *sages* sur la condition humaine, la vie, l'amour, la mort, la réflexion qui aboutira un jour aux grands écrits de sagesse.

• **des guides de lecture** (indiqués par le signe ☞). Ils vous permettront d'étudier, seul ou en groupe, tel ou tel texte plus important.

• **une documentation** très diverse, dans des encadrés : explication de mots importants ou difficiles, clés de lecture, textes anciens que l'on peut comparer avec la Bible, réflexions théologiques ou spirituelles...

Des excursions facultatives

Lors d'un voyage à l'étranger, les responsables laissent souvent un ou deux jours libres pour des excursions facultatives : occasion de revoir plus en détail tel monument ou de visiter un autre site.

Parallèlement à ce « guide », on pourra consulter la série des *Cahiers Évangile*, qui traitent de façon plus fouillée des différents livres bibliques, ou un ouvrage comme celui de R.E. Brown, *101 Questions sur la Bible* (collection « Lire la Bible »). D'autre part la revue *Les Dossiers de la Bible* constitue une série précieuse, notamment pour les catéchistes, sans oublier *Fêtes et Saisons*, qui a publié un certain nombre de numéros d'introduction à la Bible.

Comment utiliser ce guide

On peut s'en servir *seul*. On peut aussi l'utiliser pour un travail en *groupe*. C'est même pour cela qu'il a été divisé en huit chapitres : un groupe d'amis, de catéchistes, se rencontrant une fois par mois, pourrait ainsi lire l'Ancien Testament, puis le Nouveau Testament dans l'année.

Lire le « guide vert » ou le « guide bleu » avant le voyage, cela permet de prendre une vue d'ensemble et met en appétit ; mais on sait bien que certaines explications ne nous parleront que lorsqu'on sera sur le terrain, et aussi qu'on ne pourra pas visiter tous les monuments présentés dans le guide. Il en va de même pour ce livre.

On conseillerait bien de commencer par une première lecture globale de chaque chapitre : on aura ainsi une vue d'ensemble, on saura aussi quels sont les textes à « visiter »... tout en sachant bien qu'on n'aura pas le temps de les voir tous ; on pourra au moins repérer ceux qu'on aimerait étudier. On pourra alors reprendre la lecture du chapitre, Bible en mains. Si vous travaillez en groupe, vous pourriez vous partager le travail ; ainsi, à chaque rencontre, chaque participant aurait étudié plus attentivement l'une ou l'autre partie et pourrait aider les autres à entrer dans l'intelligence de ces textes.

Vous avez entre les mains ce guide... mais sur quel terrain concret va se faire la visite ? Autrement dit : quelle édition de la Bible allez-vous utiliser ?

Quelle Bible utiliser ?

Il existe actuellement de bonnes éditions de la Bible. Leurs différences tiennent moins à leur traduction — elles sont faites sur les textes originaux et sont généralement bonnes — qu'à leurs introductions et notes.

Ce livre veut vous guider dans la lecture même du texte. Il peut être utilisé avec n'importe quelle édition de la Bible. Si vous avez une Bible, vous pouvez donc vous en servir.

Si vous n'en avez pas, prenez de préférence la *Traduction œcuménique de la Bible* (TOB), l'édition dite « intégrale ». (L'édition abrégée n'a que des notes très réduites.) Ou bien la *Bible de Jérusalem* (BJ), grand format (ou l'édition dite « compacte », identique au grand format) : les introductions et notes sont un peu moins abondantes que dans la TOB mais très bonnes aussi. (La Bible de poche a peu de notes.)

Avec l'une de ces deux éditions, vous avez non seulement une bonne traduction de la Bible, mais encore un excellent instrument de travail et ce guide voudrait aussi vous aider à vous en servir. C'est pourquoi il vous renverra souvent à telle ou telle note en mentionnant seulement TOB ou BJ et la référence. Si vous trouvez par exemple dans ce livre (TOB Ex 12, 15 m - BJ Ex 12, 1 e), cela veut dire que vous trouverez une explication dans la note m de la TOB sur le verset 15 du chapitre 12 de l'Exode ou dans la note e de la BJ. Si vous avez l'une de ces éditions, vous aurez ainsi un complément d'information ; si vous ne l'avez pas, le texte de ce livre vous en donne l'essentiel.

Pourquoi lire l'Ancien Testament...

... maintenant que nous avons le Nouveau ? Si vous vous êtes muni de ce guide, c'est déjà que vous êtes convaincu de son intérêt. Si, au contraire, vous aviez besoin de l'être, vous pourriez lire les pages 109-111.

L'auteur de ce guide ?

Qui en est l'auteur ? Je ne sais pas ! Bien sûr, je l'ai rédigé, mais je n'aurais pas pu le faire sans les nombreux amis biblistes avec qui j'ai travaillé et à qui, au cours de rencontres, de lectures ou de sessions, j'ai « volé » des idées ou des images, ni surtout sans l'amitié de tant de personnes avec qui dans des groupes, à Chartres ou à travers la France, j'ai appris ce que j'aimerais partager avec vous. Ce guide est autant leur œuvre que la mienne. À tous merci !

Étienne Charpentier

La peinture d'un tombeau de Béni-Hassan, en Égypte (vers 1890 avant J.-C.), permet d'évoquer les ancêtres d'Israël descendant en Égypte. (Voir Gn 12, 10). Une caravane de 37 bédouins se présente au gouverneur du lieu. Hommes, femmes et enfants semblent resplendissants de santé. Ils portent des manteaux de laine aux couleurs variées. Les hommes ont de bonnes armes. Le chef (qu'on ne voit pas sur cette reproduction, voir p. 17) offre en cadeau un bouquetin capturé dans le désert.

POUR PRÉPARER NOTRE VOYAGE

Vous décidez, par exemple, de passer vos vacances en Espagne. Plusieurs possibilités s'offrent à vous. Vous pouvez passer un mois dans une ville ou une station : vous connaîtrez bien cet endroit, mais vous ignorerez le reste du pays. Vous pouvez vous débrouiller seul et partir à l'aventure. Vous pouvez aussi passer par une agence de voyage qui vous proposera un circuit touristique : en un mois d'autocar, vous sillonnerez toute l'Espagne.

Mais là encore on peut imaginer deux types d'organisation : dans un cas, le parcours est impératif, le car vous arrête devant tel monument, un guide vous fait visiter, vous remontez dans le car qui vous dépose devant tel musée... ou bien le circuit est plus simple : le car s'arrête deux jours dans une ville, trois jours dans l'autre ; à chaque étape, l'agence vous remet un dépliant indiquant les choses à voir et vous faites vous-même votre menu ; si vous en avez envie, vous utilisez les services du guide proposé par l'agence pour telle église ou tel musée... Le parcours est fléché ; on vous indique différentes possibilités et vous choisissez.

C'est un peu ce dernier type de « vacances » qui vous est proposé dans ce livre. Chaque chapitre constitue l'une des huit étapes du voyage à travers l'Ancien Testament. À chaque étape, on vous indique ce qu'il y a à visiter, on vous propose une visite guidée de tel ou tel texte plus important. Mais c'est à vous de faire votre choix. Car vous ne pourrez sans doute pas tout voir. Choisissez !

Bien sûr, cela est un peu frustrant : on nous met l'eau à la bouche, on voudrait tout voir, tout étudier et on n'a pas le temps, l'autocar ou le chapitre suivant est là qui nous fait signe, il faut partir... Il est bien évident qu'au terme d'un tel parcours, on ne peut prétendre connaître l'Espagne ou la Bible. Mais on s'est familiarisé ; bien des choses se sont mises en place ; on pourra ensuite lire tel livre, revenir visiter telle ville ou étudier tel prophète : on ne sera plus dépaysé car on pourra les situer dans un ensemble.

Avant de partir en voyage, on fait ses valises, on se prépare. On se renseigne un peu sur la géographie et l'histoire, sur la langue du pays et les quelques mots indispensables à connaître ; on prépare aussi son matériel, et ce ne sera pas le même quand on part pour la montagne ou la mer.

Dans ce premier chapitre, nous allons, avant de prendre le vrai départ, rassembler quelques notions indispensables pour ne pas trop nous égarer.

Voici ce que vous y trouverez :

1. LA BIBLE : LIVRE OU BIBLIOTHÈQUE ?

Commençons par nous familiariser avec le livre lui-même. Si vous le connaissez déjà, vous pouvez passer directement à la page 8.

Des noms.

Le mot « bible » vient du grec ; c'est un nom au pluriel *ta biblia* qui signifie « les livres ». En passant par le latin, il est devenu un mot féminin singulier : « la bible ».

Plus qu'un livre, la Bible est *une bibliothèque*. On y trouve en effet un certain nombre d'ouvrages très différents les uns des autres, regroupés en deux grands ensembles : *l'Ancien* et *le Nouveau Testament* (en abrégé : AT et NT). Ce dernier mot n'a pas ici le sens qu'on lui donne maintenant dans notre langue ; c'est un décalque du mot latin *testamentum* qui traduit le mot hébreu désignant l'« alliance ». La Bible, c'est donc l'ensemble des livres qui nous parlent de l'alliance que Dieu a faite avec Israël par l'intermédiaire de Moïse (ancienne Alliance) et qu'il a accomplie en Jésus (nouvelle Alliance).

On appelle souvent la Bible : *l'Écriture, les Écritures, les saintes Écritures.* Cela est important et signifie au moins deux choses : il s'agit de la Parole de Dieu mise par écrit ; il peut donc y avoir une Parole de Dieu qui n'est pas écrite. Par ailleurs, ce qui est pour nous Parole de Dieu, ce sont les écrits et non pas les événements ou les paroles prononcées avant qu'elles soient rédigées. Nous reviendrons sur ce point.

Des livres.

La première partie de la Bible, l'**Ancien Testament**, est commun aux juifs et aux chrétiens, mais avec quelques différences.

Les juifs, suivis par les protestants, reconnaissent seulement les livres écrits en hébreu, soit 39 ; les catholiques en ajoutent 8 écrits en grec. Les protestants appellent ces derniers livres « apocryphes » et les catholiques « deutérocanoniques », c'est-à-dire entrés dans le canon, ou règle de la foi, en second lieu. (Voir l'encadré de la page 86.)

Le **Nouveau Testament**, identique pour tous les chrétiens, renferme vingt-sept livres.

La « bibliothèque » du chrétien — ou Bible — contient donc 66 ou 74 livres. Pour les désigner, on utilise habituellement des abréviations (vous en trouverez la liste à la page IV). Ainsi Gn signifie Genèse et Ap, Apocalypse. Le système d'abréviation tend à s'uniformiser, mais il peut y avoir de petites différences d'une édition de la Bible à l'autre.

Des classements.

Pour ranger vos livres dans les rayons d'une bibliothèque, vous avez plusieurs possibilités.

Si vous visez l'esthétique, vous les rangerez par taille. Ainsi, dans la Bible, les lettres de Paul sont rangées par ordre de longueur décroissante.

Si vous cherchez le pratique, vous les regrouperez par sujets. On trouve ensemble dans la Bible les prophètes ou les lettres de Paul.

Si vous voulez suivre l'évolution de la pensée, vous pourrez les classer d'après leur ordre de parution. Vous aurez ainsi la littérature de tous les genres parue après la guerre de 1940, après Mai 68... c'est cet ordre que nous essaierons de suivre dans ce livre.

Le classement des livres du **Nouveau Testament** est le même dans toutes les bibles chrétiennes.

Pour l'**Ancien Testament**, on trouve deux sortes de classement.

La *Bible des Juifs* comporte trois parties : la *LOI* ou *Torah* (que nous appelons le Pentateuque) — les *PROPHÈTES* ou *Nebiim*, divisés en deux groupes : les *prophètes premiers* (ce sont les livres que nous appelons à tort « historiques ») et les *prophètes seconds* (Ésaïe, Jérémie, Ézéchiel et les douze autres) — enfin les *ÉCRITS* ou *Ketubim*. En prenant les premières lettres de chacun de ces titres (Torah, Nebiim, Ketubim), les Juifs ont formé le mot *TaNaK* qui, pour eux, désigne la Bible. C'est ce classement qu'a adopté la Bible œcuménique (TOB) en ajoutant en finale les livres qui ne sont reconnus que par les catholiques.

La plupart des Bibles ont adopté un ordre, inspiré de la Bible grecque, classant les livres en quatre parties : le *PENTATEUQUE* — les livres *HISTORIQUES* — les livres *PROPHÉTIQUES* — les livres *SAPIENTIAUX*.

Des langues.

L'ensemble de l'**Ancien Testament** est écrit en *hébreu* et quelques rares passages en *araméen*. Ces deux langues (comme l'arabe) ne s'écrivent qu'avec les consonnes ; c'est au lecteur d'ajouter les voyelles selon le sens qu'il comprend. Des savants juifs qu'on appelle « massorètes », à partir du VIIᵉ siècle de notre ère, fixèrent le sens d'un texte en ajoutant des voyelles sous forme de petits points au-dessus et en dessous des consonnes. C'est pourquoi on appelle parfois le texte hébreu « texte massorétique » (sigle TM).

L'Ancien Testament fut traduit *en grec*, à partir du IIIᵉ siècle avant notre ère, à Alexandrie. Selon la légende, soixante-dix scribes, travaillant séparément, aboutirent exactement à la même traduction. Le sens de cette légende est important : cela signifie qu'une telle traduction ne peut qu'être inspirée par Dieu. À cause de cela, on appelle cette traduction celle des *SEPTANTE* (ou des soixante-dix), et on parle parfois de la Septante (en abrégé LXX). (Voir l'encadré de la p. 93.) Il y eut d'autres traductions grecques anciennes, celles d'Aquila, de Symmaque, de Théodotion.

Le **Nouveau Testament** fut écrit entièrement *en grec*, dans la langue « commune » parlée à l'époque qui n'est plus le grec classique. On appelle ce grec, la *koiné* ou (langue) « commune ».

Les spécialistes travaillent et traduisent les textes originaux, c'est-à-dire les textes hébreux pour l'AT et grecs pour le NT.

Parmi les traductions ou versions anciennes, on peut mentionner les traductions *syriaque, copte*, et *latine*. La version latine qu'on appelle la « Vulgate » (*editio vulgata* ou « édition vulgarisée ») est l'œuvre de saint Jérôme (fin du IVᵉ-début du Vᵉ siècle après J.-C.).

COMMENT INDIQUER UNE RÉFÉRENCE ?

On indique d'abord le **livre**, en abrégé (voir la liste des abréviations page IV).

Le premier chiffre indique le **chapitre** et le second, séparé par une *virgule*, le **verset**.

Ainsi **Gn 2, 4** signifie : Genèse, chap. 2, verset 4.

Un *tiret* rassemble plusieurs chapitres ou versets. **Gn 2-5** signifie : Genèse, chapitres 2 à 5 (compris). **Gn 2, 4-8** signifie : Genèse, chap. 2, versets 4 et 8 (compris).

Un *point-virgule* sépare deux références différentes. **Gn 2 ; 5** = Genèse, chap. 2 et 5.

Un *point* sépare des versets différents dans un même chapitre. **Gn 2, 4.8.11** renvoie aux versets 4, 8 et 11 du chap. 2.

Un *s.* ajouté à un chiffre signifie *et suivant(s)*. **Gn 2, 4 s.** indique qu'il faut lire le verset 4 et les suivants.

Il arrive aussi que certains versets soient longs. Si on veut indiquer une partie seulement du verset, on ajoute des *lettres*. **Gn 2, 4 a** renvoie à la première partie du verset 4.

Un exemple : **Gn 2, 4-6.8 ; 3, 5 s. ; 4, 1-6, 8** signifie : Genèse, chap. 2, versets 4 à 6 (compris) et verset 8, puis chap. 3, versets 5 et suivants ; chap. 4, verset 1 au chap. 6, verset 8.

Ce système, utilisé par la TOB et BJ, est celui qui tend à se généraliser. C'est celui qu'on utilise dans ce livre. (Mais il existe d'autres systèmes !)

Cela vous paraît très compliqué... mais pas plus que de retrouver un abonné dans un annuaire téléphonique ! Vous vous habituerez vite.

Des chapitres et des versets.

Pour qu'on puisse se retrouver facilement dans la Bible, Étienne Langton eut l'idée de diviser chaque livre en chapitres numérotés ; cela était fait en 1226. L'imprimeur Robert Estienne, au cours d'un voyage en diligence de Lyon à Paris en 1551, numérota presque chaque phrase de ces chapitres : c'est la division en versets.

Ce découpage en *chapitres* et en *versets* ne correspond pas toujours au sens du texte ; on n'a pas à en tenir compte pour comprendre son sens. Mais il est très pratique parce que toutes les bibles l'ont adopté. Pour désigner un passage de la Bible, il suffit donc d'en donner la *référence*, c'est-à-dire d'indiquer le livre, le chapitre et le verset, par exemple : 2, 4. Vous trouverez en encadré le système d'abréviation et de référence couramment utilisé actuellement.

Manuscrit de Qumrân. Rouleau du Temple. Avant 70 de notre ère.

2. UN PEUPLE RELIT SA VIE

La Bible, l'Ancien Testament surtout, est un livre déroutant. On sait, même si on ne l'a jamais ouvert, que c'est le livre saint des juifs et des chrétiens et l'on s'attend à y trouver à l'état pur la « parole de Dieu » : une sorte de catéchisme ou de manuel de morale.

Et quand on l'ouvre... on y trouve des histoires du passé d'un petit peuple, histoires souvent sans intérêt, des récits d'une morale peu édifiante et qu'on ne peut lire à haute voix sans rougir, des guerres, des meurtres, des poèmes avec lesquels il est bien difficile de prier même si on les baptise « psaumes », des conseils d'une morale vieillotte, dépassée et volontiers mysogyne.

Un livre déroutant... Mais est-ce bien un livre ?

C'est d'abord **une bibliothèque** : soixante-quatorze livres dont la mise par écrit s'échelonne sur plus de mille ans. Placez côte à côte, sur les rayons de votre bibliothèque la *Guerre des Gaules* de Jules César et un album d'*Astérix*, la *Chanson de Roland*, un traité de théologie du Moyen Âge, les *Mémoires* de Joinville sur les croisades, des poèmes de la Renaissance et des sermons de Bossuet, des œuvres de Voltaire, un chant révolutionnaire et *La Légende des siècles* de Victor Hugo, les livres de théologie et de science du XXe siècle : vous aurez ainsi un panorama de l'histoire et de la littérature françaises pendant deux mille ans, mais vous serez un peu dépaysés...

Aussi, plus qu'une bibliothèque figée, la Bible est un univers dans lequel il faut entrer, **une aventure** à laquelle nous sommes invités : celle d'un peuple en proie à la passion de Dieu.

Mais prenons une parabole, ce sera plus clair.

Au soir de leurs noces d'or...

Quand j'arrivais chez eux, ils étaient seuls, leurs enfants étaient déjà partis. Nous avons passé la soirée ensemble, et ce fut merveilleux.

Je croyais bien les connaître ces vieux amis de toujours : des gens simples qui avaient vécu un demi-siècle ensemble, au milieu des joies et des peines. Mais ce soir-là, je les ai découverts avec des yeux neufs parce qu'ils m'ont ouvert leur « trésor » : une simple boîte en carton où il y avait de tout. Des **photos**, bien sûr, depuis la photo de famille (bête et bien rangée) des jours de noces jusqu'aux instantanés d'un sourire d'enfant ou d'un paysage de vacan-

ces. Des **cartes postales**, banales et conventionnelles, certaines toutes cassées parce qu'il les avait traînées dans sa tenue de combat pendant la guerre. Au fur et à mesure, ils m'expliquaient, commentaient, et ces pauvres clichés devenaient les témoins douloureux ou joyeux d'un moment de leur vie.

C'était leur vie encore qui jaillissait de papiers de famille : la **généalogie familiale**, liste monotone de noms vieillots, devenait ici fierté d'appartenir à une lignée, d'être enraciné dans une terre ; un **bail** n'était plus un document pompier et minutieux, mais le rêve d'une vie de travail et d'épargne enfin réalisé : avoir « sa » maison. Des **lettres** échangées pendant leurs fiançailles (« Voyons, ne lui fais pas lire ça... » protestait le vieux, ravi que je découvre ainsi la tendresse de leur amour) voisinaient avec des **prières** composées pour les grands moments de leur vie. Le **sermon de leur mariage** côtoyait le **poème** malhabile offert par un petit-fils...

La soirée passa comme un rêve. Je croyais bien connaître ces vieux amis et, d'un coup, avec eux et en même temps qu'eux, je découvrais *le sens de leur vie*. Tous ces papiers, ces photos étaient banals, sans valeur. Et pourtant ils nous devenaient sans prix : ce n'était plus des objets, mais *toute une vie ramassée, interprétée*. Chacun de ces humbles objets prenait place dans une histoire dont il tissait le sens. « *D'un seul coup*, écrit Anne Philippe, de ce moment où, avec Gérard, ils reconnaissent qu'ils s'aiment, *nous fûmes riches de centaines d'instants vécus ensemble et gardés dans notre mémoire parce qu'ils nous avaient réunis.* » *(Le Temps d'un soupir.)*

Reprenons quelques points importants de cette parabole.

1. Une vie devenue « texte ».

Ces époux me montraient des photos, des écrits ; on s'intéressait à ces objets pour eux-mêmes, mais surtout parce qu'ils étaient comme les *condensés de la vie* de ces époux. À travers eux et par eux, je pouvais entrer un peu dans l'univers de ces amis, participer à leur aventure d'amour.

De même les différents livres de la Bible peuvent nous paraître souvent banals et sans intérêt. Mais par eux, nous allons découvrir l'aventure d'un peuple de croyants, nous pouvons entrer dans leur univers.

2. C'est après coup que l'on comprend.

« Ça, c'est notre première lettre d'amour » me dit mon vieil ami en souriant malicieusement. Je lus, étonné : c'était un problème d'algèbre ! Lui et sa (future) femme étaient alors lycéens. Parce qu'elle était tombée malade, il avait été chargé de lui écrire pour lui communiquer le texte du devoir de maths. Une lettre banale. Mais cette lettre avait déclenché quelque chose et... elle avait été suivie d'autres. Prise en elle-même, cette lettre n'avait aucun intérêt. Conservée par hasard et relue après leur mariage, elle était réellement devenue leur première lettre d'amour.

Il y a ainsi des événements qui n'ont pas de sens par eux-mêmes : *c'est en entrant dans notre histoire que ces événements prennent un sens*. Photographiés au moment même, ils n'ont guère d'intérêt ; revus après coup, ils deviennent importants.

Chaque événement peut ainsi porter en lui-même de nombreux sens qu'on ne perçoit pas sur le moment ; mais si, de fait, il est important, on sera amené à y repenser et, en y repensant, à en découvrir la richesse. Plus on avance et plus l'événement premier devient riche.

Raconter un événement, ce n'est donc pas essayer d'en faire un reportage exact, photographier ce qui s'est passé, mais c'est un peu recréer cet événement en faisant apparaître le sens qu'il prend maintenant pour nous. Et en le racontant plus tard, on y découvrira encore d'autres éléments. Il arrive, par exemple, qu'un ami nous dise quelque chose ; nous n'y prêtons pas beaucoup d'attention ; et puis après, longtemps après parfois, on s'écrie : « Ah ! c'est cela qu'il voulait me dire... » Comment allons-nous alors rapporter la première phrase : telle qu'il nous l'a dite ou telle que nous la comprenons ? Ou autrement dit, allons-nous reprendre ses paroles *exactes* ? ou bien y ajouter le sens qu'il voulait *vraiment* nous transmettre.

3. Exact ou vrai ?

On entend parfois cette question : « Est-ce que c'est vrai ce qu'il y a dans la Bible ? Est-ce que ce miracle est vrai ? » Avant de répondre, il faut peut-être se demander ce que l'on met sous ce mot « vrai ». Il peut en effet avoir bien des sens : on dira par exemple : « Cette histoire est vraie, ce roman est vrai, ce poème est vrai... » On sent bien qu'on ne parle pas tout à fait de la même chose. Dans un roman, tout est inventé, et pourtant il peut être vrai si on s'y retrouve bien, s'il reprend bien la réalité humaine : rien n'est *exact* ou *historique* et pourtant tout est *vrai* !

Il est toujours dangereux de coller des étiquettes, mais cela permet d'y voir clair. Prenons donc ces deux mots : « exact » et « vrai ».

« Exact » conviendra à ce qui s'est *historiquement* passé : ce que la caméra ou le magnétophone ont pu enregistrer. La « première lettre d'amour » de mes vieux amis sera seulement l'envoi d'un devoir de maths ; la phrase dite par cet ami sera reprise dans ses termes exacts.

Mais c'est « vrai » que ces formules d'algèbre sont « une lettre d'amour » et la façon dont je redirai la phrase de mes amis sera plus vraie que si elle était exacte.

Est-ce que la Bible est vraie ? Oui, mais en ce sens de « vrai ». On y trouvera bien des inexactitudes, la façon de raconter des événements ou de rapporter des paroles ne sera pas exacte, mais elle sera vraie parce qu'elle inclut le sens qu'on y a découvert.

4. Croire pour comprendre.

La réalité essentielle de l'événement est invisible aux yeux ; je dois la deviner à travers les aspects historiques de l'événement, à travers ce que je vois. Je vois, par exemple, un homme et une femme qui s'embrassent. C'est un fait exact, historique. Mais je ne peux rien en conclure, car il arrive parfois qu'on soit obligé d'embrasser quelqu'un qu'on n'aime pas. Si on me dit qu'ils s'aiment, alors ce baiser prend un sens, il devient signe de leur amour. « Si on me dit... » : cela veut dire que je *crois* ce qu'on me dit ; c'est parce que je le *crois* que je *comprends* ce baiser comme un geste d'amour. *Pour comprendre, il faut croire et le fait de comprendre renforce ma foi.* Nous progressons ainsi comme dans une spirale : on tourne en rond mais en avançant à chaque tour.

Il en va de même pour la Bible. Cela vaut pour ceux qui l'ont écrite : ils racontaient des événements, mais ces événements prenaient un sens parce qu'ils croyaient. Cela vaut pour nous qui la lisons aujourd'hui : nous pouvons l'étudier, que l'on soit croyant ou incroyant ; nous pourrons comprendre ce que nous disent les textes. Mais on les comprendra autrement si on partage la même foi que les auteurs, si on entre avec eux dans la même recherche.

Tout cela peut paraître un peu compliqué, mais nous y reviendrons et cela s'éclairera en cours de route. Pour le moment, tirons-en une conséquence importante : quel est le sens d'un texte ? ou qu'est-ce que lire ?

5. Le sens d'un texte.

Instinctivement, quand nous sommes devant un texte, et surtout un texte ancien, nous raisonnons un peu comme cela : l'auteur avait quelque chose à dire, un sens à transmettre ; ce sens, il l'a « emballé » dans ses mots et sa culture à lui ; notre travail aujourd'hui consiste donc à « déballer » ce sens et à le « remballer » dans nos mots à nous. Nous imaginons qu'il y a un sens objectif dans le texte, un « noyau dur » qu'il faut extraire.

Nous commençons sûrement à comprendre que les choses ne sont pas si simples. En écoutant ces vieux amis me raconter leur vie, j'essayais, bien sûr, de comprendre ce qu'ils voulaient me dire, mais en le recevant, je le transformais. À partir de cette soi-rée, je me suis fait d'eux une image qui n'est sans doute pas tout à fait celle qu'ils se font d'eux-mêmes et qui n'est pas non plus l'image qu'un autre ami présent se serait faite. En lisant un texte, nous le refaisons à partir de ce que nous sommes nous-mêmes. Et cela est normal : nous continuons ainsi la vie de l'événement raconté en y ajoutant le sens que nous y découvrons.

Lire, c'est s'emparer d'un texte et lui faire dire quelque chose pour nous aujourd'hui, quelque chose qui va nous faire vivre.

Mais alors, est-ce qu'on peut faire dire n'importe quoi à un texte ? C'est là qu'intervient l'*étude* du texte, l'utilisation de différentes *méthodes d'étude*.

UNE HISTOIRE MERVEILLEUSE ?

« En quoi la Bible peut-elle m'intéresser ? Elle raconte une histoire merveilleuse où Dieu parle tout le temps (à Abraham, à Moïse, aux prophètes...), où il fait sans cesse des miracles pour libérer les opprimés, guérir les malades... Qu'est-ce que cela a à voir avec ma vie à moi, quotidienne et banale ? avec la vie du monde ? Dieu, si bavard pendant deux mille ans, maintenant se tait ! Il y a encore des opprimés, des malheureux : pourquoi n'agit-il plus... ? »

C'est une objection réelle. Mais ce que nous avons dit déjà vous permet de deviner qu'en faisant cette objection, on compare les histoires à deux niveaux différents.

L'historien qui étudie l'histoire d'Israël y découvre l'histoire banale d'un petit peuple du Proche-Orient, pas différent des autres.

Les croyants qui ont composé la Bible lisent dans ces événements la parole et l'intervention de leur Dieu, comme les époux découvrent dans l'envoi d'un devoir de maths une lettre d'amour.

L'histoire d'Israël est aussi banale, ordinaire, douloureuse que notre histoire à nous aujourd'hui. Elle est la même. Et l'incroyant n'y découvre pas plus la trace de Dieu.

Mais alors, lire la Bible doit nous amener à relire notre existence avec ce même regard du croyant. Nous découvrirons alors que Dieu continue de nous parler comme il parlait aux prophètes, qu'il continue d'agir. Et toute notre vie nous apparaîtra comme une histoire pleine de merveilles.

3. LECTURE ET ÉTUDE D'UN TEXTE

Ce que nous venons de dire nous invite à distinguer la *lecture* d'un texte et son *étude*.

Lire un texte, c'est lui faire produire un sens pour moi lecteur aujourd'hui. C'est bien ce que nous faisons naturellement ; nous disons : « Voilà ce que me dit ce texte... Ce qui me frappe dans ce texte... » et c'est à une telle lecture que nous devons finalement parvenir. Mais nous sentons le danger : est-ce qu'on peut faire dire n'importe quoi au texte ? C'est ici qu'intervient l'étude.

L'étude, c'est-à-dire le travail du texte à l'aide de différentes méthodes d'analyse, a pour but de nous faire découvrir qu'il y a une distance entre nous et ce texte, qu'on n'y entre pas de plain-pied et qu'il est hasardeux d'y projeter trop vite nos sentiments et notre psychologie. Cette étude doit nous obliger aussi à lire le texte de très près ; il y a des textes que nous connaissons bien (que nous croyons bien connaître), ceux des évangiles par exemple, si bien que nous ne les lisons plus, nous les survolons et nous répétons ce qu'on a toujours entendu dire sur eux[1].

Deux méthodes d'analyse.

En fait, devant un texte, nous utilisons instinctivement deux types de méthode d'étude. Prenons un exemple banal.

Votre vieille tante Ursule vous écrit. En lisant sa lettre, vous la voyez par la pensée et vous interprétez le texte à partir de ce que vous savez d'elle. Supposons qu'un moment votre tante se plaint ; si vous savez qu'elle geint tout le temps, vous ne ferez pas attention et direz seulement : « C'est bien elle ! » ; si, en revanche, vous la connaissez comme une personne très dure pour elle-même, vous penserez : « Pour qu'elle se plaigne, il faut vraiment que ça aille mal. » Ou bien encore, devant une phrase où elle attaque les jeunes ou un groupe social, vous vous direz : « Elle est bien de son temps, ou de son milieu... » Ici, donc, vous sortez du texte pour vous représenter votre tante et c'est à partir de ce que vous savez d'elle que vous essayez de voir ce qu'elle a voulu dire.

Voici maintenant que, dans votre lecture, vous tombez sur une phrase incompréhensible. Pendant quelques instants vous cessez de chercher le sens, pour faire de la grammaire, c'est-à-dire que vous cherchez à mettre en place les éléments qui permettent à une phrase d'avoir du sens : « Voyons où est le sujet ? le complément ?... » et une fois que vous avez mis en place ces éléments, vous lisez le texte pour lui donner un sens. Ou bien encore, vous constatez que la lettre commence de façon pessimiste et se termine mieux ; le ton s'est un peu transformé ; vous relisez le texte pour voir ce qui a permis cette transformation (ce pourra être simplement, par exemple, le fait de raconter ses ennuis à ses neveux). Ici, vous ne sortez pas du texte, vous cherchez à le comprendre en lui-même.

Ces deux grandes façons d'étudier un texte, les spécialistes les ont reprises, les ont perfectionnées. Nous allons voir comment ils les utilisent et comment nous pouvons, nous aussi, nous en servir.

1. Analyse littéraire et historique.

En lisant la lettre de tante Ursule, vous vous posiez la question : « Qu'est-ce qu'elle veut nous dire ? » Telle est aussi la question que nous nous posons face à un texte biblique : « Que veut dire Luc ? Que veut dire l'auteur de la Genèse ? » Dans ce dernier cas on doit se souvenir que les textes bibliques sont des écrits anciens ; à bien des égards ils reflètent une culture différente de la nôtre et obéissent donc à des conventions d'écriture spécifiques. La première attitude face à ces textes est de les comprendre, car nous ne connaissons Luc ou l'auteur de la Genèse que par leurs textes.

Il faut donc commencer par étudier la structure du texte après l'avoir lu plusieurs fois. Le texte est fait de séquences, aussi bien dans un récit que dans un discours ; on peut donc décomposer le texte pour mieux en découvrir le déroulement, la progression et donc la cohérence. Il convient alors de faire attention aux formules, formules d'ouverture d'une parole, de la plus simple : « Dieu dit » (Gn 1, 3) à celle qui désigne l'interlocuteur : « Yahvé dit à Abram » (Gn 12, 1). On observera alors tout changement de l'interlocuteur, ce qui peut indiquer un dialogue, ce qui n'est pas le cas en Gn 12.

---

1. Un exemple : on parle toujours de « l'adoration des bergers » à propos de Lc 2, 1-20. Lisez le texte : vous vous apercevrez que les bergers ne viennent pas adorer, mais seulement faire un « sermon » à Marie !

On trouvera aussi des formules d'appel à l'attention : « Écoutez la parole du Seigneur, fils d'Israël » (Os, 4, 1), des formules d'ouverture pour un oracle : « Ainsi a parlé le Seigneur Dieu, le tout-puissant » (Es 22, 15), une formule-signal comme « Josué se leva de bon matin » (Jos 6, 12 ; 7, 16 ; 8, 10).

Signalons des procédés littéraires comme celui du parallélisme (voir page 30), celui de l'inclusion où un même élément se trouve au début et à la fin du texte (lire le Ps 8, 2.10), celui du refrain (lire Jos 10, 15.43). Le phénomène de la répétition est typique d'une culture où l'oralité est importante. Le texte a aussi pour fonction de se graver dans la mémoire. Il est donc toujours pertinent de repérer la répétition des mots, en particulier des verbes. Ainsi Gn 12, 1-5 reprend sous diverses formes le verbe « partir ». On passe ainsi d'un ordre de Dieu (« Pars ») à son exécution (« Abram partit »).

La lecture régulière de l'Écriture permet de découvrir ces procédés, de se familiariser avec eux et de les retrouver facilement.

La forme littéraire.

Nous venons de citer le texte de Gn 12, 1-5. Par l'importance de la parole de Dieu (v. 2-3), par l'usage de verbes au futur, ce texte se présente comme un récit de promesse. Chaque texte relève ainsi d'un genre littéraire (voir page 25) ou, plus exactement, obéit à une forme littéraire dont les procédés mis en œuvre et leur organisation permettent à l'auditeur et au lecteur de savoir dans quel registre le texte doit être reçu pour être correctement compris. Si cela va de soi pour la lettre de tante Ursule, il n'en va pas de même pour les textes bibliques. Ainsi le genre littéraire du récit, bien représenté dans la Bible, ne suffit pas à caractériser un texte, car il faut aussi préciser quelle est la fonction du récit. La question essentielle est la suivante : « que veut-il nous dire ? » et non pas : « quelle est sa valeur historique ? ».

La référence historique.

Assez souvent les textes bibliques renvoient à des événements historiques. Ainsi Es 7, 1, par les noms évoqués, fait référence à un épisode précis, la coalition formée par le roi de Damas et le roi d'Israël contre Juda et son roi. L'épisode date de 735-734. Cet exemple n'est pas tout à fait exceptionnel. Les textes font souvent référence à une histoire concrète dont on connaît au moins les grandes lignes.

La référence historique n'est pas toujours évidente lorsqu'on lit par exemple un proverbe ou un psaume. La référence historique n'est pas visible. Parfois cette référence est vague : ainsi le Ps 2, 2 parle du « messie » c'est-à-dire du roi. Mais on ne sait de quel roi il s'agit. L'analyse historique d'un texte reste difficile. En effet il existe souvent un décalage important entre l'événement rapporté et le moment où il est mis par écrit. De plus, le texte n'est pas resté figé et il a pu faire l'objet d'une ou plusieurs relectures au cours du temps.

La datation d'un texte.

Il peut être utile pour mieux comprendre un texte de pouvoir le dater de manière au moins approximative, mais ce n'est pas chose facile. Pour l'essentiel c'est là l'œuvre de spécialistes. Mais heureusement, ils ont le souci de nous communiquer les résultats les plus solides de leurs recherches : il ne manque pas d'excellents ouvrages de vulgarisation qui recueillent ces résultats, mais le plus souvent il suffit de lire les introductions et les notes de votre Bible (surtout TOB et BJ) où vous trouverez les renseignements essentiels. Il suffit de le savoir... et de les utiliser !

2. Analyse structurale.

Reprenons encore la lettre de tante Ursule. Devant une phrase incompréhensible, nous nous arrêtions un instant de chercher le sens pour mettre en place les éléments de la phrase (sujet, compléments...) qui permettent à une phrase d'avoir du sens.

Or, depuis le début du XXe siècle est née une nouvelle science qui étudie le langage : la *sémiotique* (d'un mot grec *séméion* signifiant « signe ») étudie ces signes que sont les éléments du langage ou les conditions de signification du langage.

Les spécialistes de cette science nous apprennent qu'il n'y a pas seulement une grammaire de la phrase mais aussi une grammaire du texte. De même qu'en écrivant une phrase, nous respectons (sans y penser, heureusement !) un certain nombre de règles, de même quand nous écrivons un texte (une lettre, un récit...), nous respectons d'autres règles. Il n'est pas possible de les étudier ici. Vous en trouverez quelques-unes dans l'explication de la page 15.

Notons seulement une des caractéristiques principales de cette méthode. Avec la méthode historique on sortait du texte pour l'interpréter à la lumière de ce que l'auteur voulait dire. Ici, on essaie de ne pas sortir du texte, mais de l'étudier lui-même, indépendamment des intentions de l'auteur (« l'auteur est mort » !) ; on circule dans le texte, en tous sens, en oubliant ce que l'on sait déjà (ou croit savoir) du texte, on laisse de côté ce qu'on voudrait y trouver, pour le regarder lui-même. Et c'est pour nous le principal bénéfice de cette méthode.

Regardez plusieurs amis faire une promenade en forêt. L'un est amateur de champignons ; il ne voit que cela ; la forêt, pour lui, ce sont des champignons ! Son ami ne les voit pas et les écrase allégrement : pour lui, la forêt, ce sont des oiseaux, ou des pierres, ou des arbres... De même, quand nous lisons un texte, nous avons déjà, inconsciemment, une idée : nous venons y chercher tel enseignement, nous attendons tel réconfort, et nous ne voyons plus que cela. Cela explique bien des incompréhensions entre nous. On peut imaginer que ces amis commencent par faire une visite la plus globale possible de la forêt, en oubliant chacun son point de vue ; ils essaieront de tout voir, oiseaux, arbres, champignons... Après cela, ils pourront, s'ils le veulent, faire une sortie champignons : ils ne seront plus tentés de dire que la forêt, ce n'est que cela ; ils sauront que c'est le genre de visite qu'ils ont choisie de faire, mais qu'il y en a d'autres possibles.

L'avantage de l'analyse structurale, même pratiquée de façon très artisanale, est de nous forcer à visiter le texte sous le plus grand nombre d'aspects, en oubliant notre point de vue pour regarder le texte. Après cela, dans notre lecture personnelle, nous n'en retiendrons peut-être qu'un aspect, mais nous saurons que les autres existent. Et notre lecture en sera enrichie.

3. Une parabole.

Résumons ce que nous venons de dire à l'aide d'une parabole. Avec un ami, *j'écoute* un disque, une symphonie de Mozart par exemple. Chacun de nous, nous l'entendons différemment ; elle pourra me sembler joyeuse alors que mon ami la trouve triste. Chacun l'écoute avec ce qu'il est, avec ses sentiments du moment et il projette ces sentiments dans l'œuvre.

Notre interprétation est tellement différente que, pour essayer de nous mettre d'accord, nous décidons de l'*étudier*. À l'aide d'une partition, nous étudions l'œuvre elle-même en repérant les mouvements, l'entrée en scène des différents instruments, etc. Puis, nous laissons l'œuvre, pour aller voir, dans un livre sur la vie de Mozart, ce que celui-ci avait envie de faire. En utilisant ces deux méthodes, nous découvrons bien des choses, nous écartons certaines interprétations personnelles. Et c'est fort intéressant. Mais une symphonie n'a pas été écrite pour être étudiée, mais écoutée...

Nous remettons donc le disque pour l'*écouter* à nouveau. Notre étude nous aidera à le faire mieux, mais maintenant, nous oublions cette étude pour, simplement, nous donner le plaisir d'écouter la symphonie, nous lui donnons un sens, nous y trouvons un nouveau goût pour la vie. Et c'est l'essentiel.

Remplaçons « écouter » par « lire » et « disque » par « livre » et nous aurons l'essentiel de ce que nous voulions dire dans ce paragraphe.

Sceau appartenant « à Shema, serviteur de Jéroboam ». Trouvé à Megiddo (VIIIᵉ s. av. J.-C.).

UNE « BOÎTE À OUTILS »

PREMIER CONTACT. Lisez le texte. Notez vos réactions spontanées : ce qui vous frappe, ce qui vous plaît, vous étonne, vous pose question...

ÉTUDE DU TEXTE.
Le texte lui-même. Reprenez le texte en laissant de côté les notes de votre Bible. S'il n'est pas trop long, vous pouvez le recopier. Repérez (au besoin en utilisant des crayons de couleur) :
  - les *mots* ou *expressions* qui reviennent, se correspondent, s'opposent
  - les *acteurs* (personnages ou objets) : notez ce qu'ils font — ce qu'ils disent — ce qui leur arrive...
  - les *lieux*, les *déplacements*. Certains lieux sont-ils liés à un personnage ou à une idée ?
  - les *temps* : temps des verbes, autres notations...

À partir de toutes ces remarques, cherchez *ce qui se passe dans le texte* : qui fait ou cherche quoi ? qui (ou quoi) aide cette recherche ? s'y oppose ? Comment passe-t-on du début à la fin du texte : voyez-vous une *transformation* ? de qui ou de quoi ? Comment s'est-elle faite ? Par quelles étapes est-on passé ? Grâce à qui (ou à quoi) s'est faite cette transformation ?

Le texte replacé dans son contexte. Ce texte fait partie d'un ensemble (livre, chapitre). Comment est-il accroché à cet ensemble ? quelle y est sa place ? qu'apporte-t-il ?

Le texte situé dans son temps. En vous aidant des notes et introductions de votre Bible, vous pouvez vous demander :
  - à quelle époque a été écrit ce texte ? Quelle est la *situation* du peuple ou de l'auteur à ce moment-là ?
  - certains mots, certaines expressions avaient-ils un *sens particulier* à cette époque-là ?
  - quel est le *genre littéraire* de ce texte (voir page 25) ?
  - existe-t-il des *textes semblables* à cette époque-là, dans la Bible ou en dehors de la Bible : ce texte d'AT reprend-il des thèmes de la Bible ? qu'ajoute-t-il ? reprend-il des thèmes connus dans la littérature égyptienne ou méso-potamienne ? quelles sont les ressemblances et les différences ? Ce texte du NT reprend-il des thèmes juifs de l'époque du Christ ? des textes de l'AT ? dans ce cas : comment est-il éclairé par eux ? comment les éclaire-t-il ?
  - s'il y a dans la Bible des textes semblables, notamment pour les évangiles (voyez les références en marge dans votre Bible) : comparez-les ; notez ressemblances et différences. En quoi cela vous aide-t-il à mieux comprendre ce texte ?
  - ce texte a été produit *par* une communauté et *pour* une communauté. Qui parle à qui ? Pour répondre à quelle question ?

Vérification. Reprenez les questions notées au début : pouvez-vous y répondre ?

LIRE LE TEXTE. En laissant maintenant de côté cette étude et votre « boîte à outils », vous lisez le texte : que vous dit-il ? en quoi vous aide-t-il à vivre ?

Quand on sort sa boîte à outils, le but n'est pas d'utiliser tous les outils, mais de démonter son moteur. On regroupe ici un certain nombre d'outils qui peuvent aider à démonter un texte : le but n'est pas de les utiliser tous...

Premier contact.

Cette première lecture est trop souvent la seule que nous faisons. Elle permet de découvrir, un peu, le texte, mais surtout de se découvrir soi-même : quels sont nos centres d'intérêt, nos préoccupations...

Si vous travaillez en groupe, notez les questions, mais n'essayez pas d'y répondre tout de suite : vous risqueriez de vous enliser dans des problèmes mineurs. Vous les reprendrez après l'étude.

Étude du texte.

On utilise ici les grandes méthodes dont nous avons parlé. Les premières questions s'inspirent plus de l'analyse structurale, les suivantes de la méthode historique. Le but visé n'est pas de faire fonctionner parfaitement une méthode, mais d'étudier un texte.

Le texte lui-même.

Ces questions risquent de vous paraître bien scolaires ou enfantines. Leur principal intérêt est de forcer à regarder le texte de très près, à oublier les idées toutes faites. N'hésitez pas à y passer du temps : vous verrez que c'est payant.

Soyez attentifs, notamment à toutes les *oppositions*. On ne pense, en effet, que par différence. Dire qu'une maison est grande n'a de sens que parce qu'on la compare, au moins mentalement, avec un studio et non une HLM.

Un récit commence dès qu'il y a *un manque* ; il est terminé quand ce manque est comblé et tout le but du récit est de nous montrer par quelles étapes on est passé pour cela, quels obstacles il a fallu vaincre. Les différents *acteurs* (personnages ou objets) du texte s'organisent autour de cette recherche de l'objet manquant et on peut les regrouper en six catégories :

destinateur ⟶ objet ⟶ destinataire
adjuvant ⟶ sujet ⟵ opposant

Un exemple banal : je m'aperçois que Paul, mon voisin, a soif ; il *manque* de l'*objet* boisson. Je demande à Pierre d'aller lui chercher à boire. Moi — *destinateur* — j'établis Pierre comme *sujet* afin qu'il aille chercher l'objet manquant pour Paul, le *destinataire*. Pour que Pierre soit vraiment sujet, il faut qu'il ait *vouloir* (il peut refuser), *savoir* (où trouver à boire) et *pouvoir* (il a de l'argent). Des *adjuvants* vont l'aider en lui donnant le savoir (où se trouve le frigidaire) ou le pouvoir (de l'argent), mais des *opposants* vont peut-être lui mettre des bâtons dans les roues... Il peut y avoir plusieurs personnes qui s'opposent, aident, manquent de l'objet, mais ils forment un seul groupe.

Rappelez-vous aussi qu'on ne cherche pas encore, ici, le sens : on cherche à mettre en place les éléments qui permettent au texte de produire du sens. N'hésitez pas à passer du temps à cette recherche : vous verrez qu'après cela le texte vous parlera bien mieux.

Le texte dans son contexte.

Nous sommes trop habitués, surtout par la lecture liturgique, à la messe ou au culte, à lire des petits morceaux de textes. Replacez-les dans leur contexte : ils prendront souvent une nouvelle saveur.

Le texte dans son temps.

Nous utilisons, ici, la méthode historique. C'est le moment de lire *les introductions et notes de votre Bible* : vous y trouverez généralement les renseignements essentiels dont vous avez besoin. Éventuellement, vous pourriez consulter un atlas ou un commentaire.

La dernière question est importante : n'oubliez pas de vous demander *pourquoi* on a voulu faire le récit de cet événement ou de ces paroles ; ce n'est pas gratuit, mais cela répond à une question qu'on se posait alors.

Vérification.

Vos questions du début ont sans doute, maintenant, trouvé réponse. Sinon, notez-les et, à l'occasion, interrogez quelqu'un de compétent.

Lire le texte.

C'est là finalement, le but où doit vous conduire tout ce travail. Passez-y du temps. Vous pourriez essayer de récrire le texte tel qu'il vous parle maintenant.

4. UN PEUPLE MARQUÉ PAR SA GÉOGRAPHIE

Regardez la carte du Proche-Orient, page suivante. Notez où se trouvent les mers et les déserts. Cela explique que les civilisations vont naître et se développer en trois régions principales, dans les plaines et les vallées.

Les grandes civilisations.

Au sud, dans la vallée du Nil, à partir de 3 000 ans avant J.-C., l'ÉGYPTE devient un peuple important, gouverné par des dynasties de rois ou pharaons qui résident tantôt au nord (Memphis), tantôt au sud (Thèbes). On divise habituellement l'histoire de l'Égypte selon les dynasties. Ainsi, l'exode eut lieu vraisemblablement sous la 19e dynastie (vers 1250).

Au nord, sur les plateaux d'Asie Mineure, prospèrent les HITTITES. Très puissants pendant 1 500 ans, ils ont pratiquement disparu à l'époque biblique.

À l'est, s'étend la Mésopotamie (en grec : *mésos potamos*, « entre les fleuves »). On appelle aussi cette région le Croissant fertile. De magnifiques civilisations s'y côtoieront ou s'y succéderont, disparaissant pour revenir au pouvoir quelques siècles plus tard. On y trouve notamment, au sud, SUMER, AKKAD et la BABYLONIE, au nord l'ASSYRIE. C'est le territoire de l'Irak actuel. Plus à l'est, dans l'Iran actuel, apparaîtront les MÈDES puis les PERSES.

D'autres peuples viendront de l'ouest, de l'Europe actuelle, envahir le Proche-Orient : les GRECS, trois siècles avant J.-C. puis les ROMAINS, un siècle avant J.-C.

Or que se passe-t-il quand de grands peuples sont voisins ? Ils se battent ! « Au retour du printemps, quand les rois partent à la guerre... » écrit la Bible, aussi naturellement que nous disons : « Au retour de l'automne, quand on va à la chasse... » Mais pour se battre, il faut se rencontrer ou aller chez l'autre, et pour cela il faut passer par l'étroit couloir entre la Méditerranée et le désert d'Arabie.

Le seul inconvénient, c'est que le petit peuple qui nous intéresse, Israël, habite dans le couloir ! On comprend alors combien sa vie sera dépendante de la puissance des autres nations. État-tampon entre les grandes puissances, il servira de bastion avancé tantôt à l'une tantôt à l'autre. Et il sera tenté de jouer les alliances avec l'une ou l'autre.

Pour avoir une rapide idée de la succession de ces puissances, vous pourriez lire maintenant les encadrés sur la carte. Les numéros indiquent l'ordre selon lequel elles sont intervenues dans l'histoire d'Israël. Si vous souhaitiez plus de détails, vous pourriez prendre un atlas ou regarder le tableau chronologique qui se trouve à la fin de votre bible.

Canaan.

Le mot Canaan désigne, dans la Bible ou les textes extrabibliques, soit un pays soit une population.

Le pays de Canaan recouvre, en gros, la Palestine actuelle. Vous en trouverez une carte schématisée à la page 44. Regardez cette carte. Le pays est divisé, verticalement, en plusieurs régions.

Le long de la Méditerranée s'étale une plaine côtière, coupée par le mont Carmel.

La région centrale est constituée de plateaux (Galilée) et de collines (Samarie, Juda).

Enfin, à l'ouest se déroule l'étrange vallée du Jourdain. Remarquez les indications de niveau : le fleuve prend sa source, au pied du mont Hermon, à 200 m au-dessus du niveau de la mer. Au lac Hulé, il est encore à 68 m, mais au lac de Tibériade, une quinzaine de kilomètres plus bas, il est déjà à 212 m au-dessous du niveau de la mer et il se jette dans la mer Morte à — 392 m !

C'est dans ce pays qu'au XIIe siècle avant J.-C. s'installent les tribus qui, vers l'an 1000, deviennent le royaume de David et Salomon. À la mort de ce dernier, le royaume uni éclate en deux : au sud, le royaume de Juda, capitale Jérusalem, au nord, celui d'Israël, capitale Tirça, puis Samarie.

Vers le XIIe siècle également, les Philistins s'installent sur la côte méditerranéenne, au sud. Quelques siècles avant J.-C., les Grecs donneront leur nom au pays : *Palestine* ou « Pays des Philistins ».

Un autre petit royaume jouera un rôle important dans l'histoire d'Israël : celui de Damas.

On devine déjà combien l'histoire d'Israël va dépendre de celle des autres peuples. Il nous reste à voir comment sa pensée et sa mentalité vont être marquées par les autres civilisations.

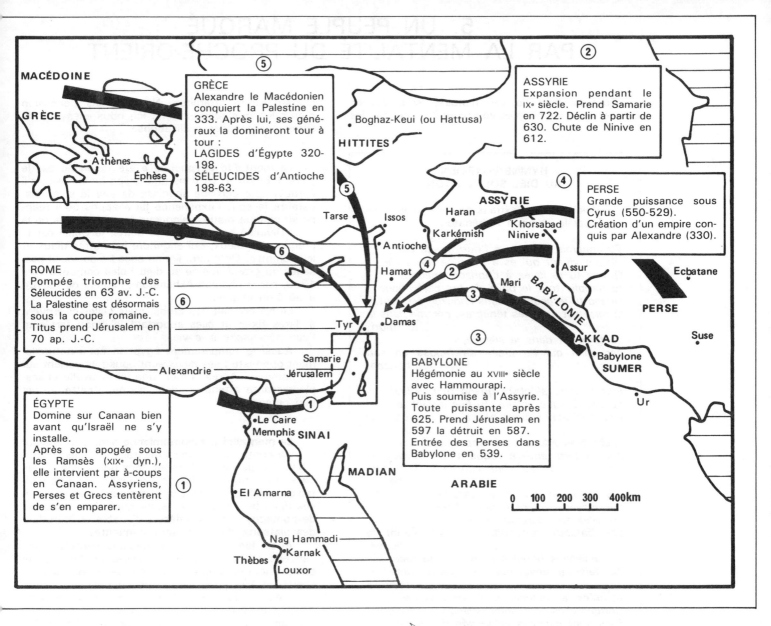

MACÉDOINE

GRÈCE

• Athènes

Éphèse •

GRÈCE
Alexandre le Macédonien conquiert la Palestine en 333. Après lui, ses généraux la domineront tour à tour :
LAGIDES d'Égypte 320-198.
SÉLEUCIDES d'Antioche 198-63.

⑤

Boghaz-Keui (ou Hattusa) •

HITTITES

② **ASSYRIE**
Expansion pendant le IXᵉ siècle. Prend Samarie en 722. Déclin à partir de 630. Chute de Ninive en 612.

④ **PERSE**
Grande puissance sous Cyrus (550-529).
Création d'un empire conquis par Alexandre (330).

Tarse •   Issos •

ASSYRIE

Haran •

Karkémish •   Khorsabad •
              Ninive •

• Antioche

⑤

ROME
Pompée triomphe des Séleucides en 63 av. J.-C. La Palestine est désormais sous la coupe romaine. Titus prend Jérusalem en 70 ap. J.-C.

⑥

⑥

Hamat •

④ ②

Mari •   **BABYLONIE**

• Assur

Ecbatane •

PERSE

Suse •

Tyr •

• Damas

③

③

Samarie •

Jérusalem •

AKKAD

• Babylone
SUMER

• Alexandrie

BABYLONE
Hégémonie au XVIIIᵉ siècle avec Hammourapi.
Puis soumise à l'Assyrie.
Toute puissante après 625. Prend Jérusalem en 597 la détruit en 587.
Entrée des Perses dans Babylone en 539.

Ur •

①

ÉGYPTE
Domine sur Canaan bien avant qu'Israël ne s'y installe.
Après son apogée sous les Ramsès (XIXᵉ dyn.), elle intervient par à-coups en Canaan. Assyriens, Perses et Grecs tentèrent de s'en emparer.

• Le Caire
Memphis • **SINAI**

MADIAN

ARABIE

①

• El Amarna

0   100 200 300 400km

Nag Hammadi
• Karnak
Thèbes •
Louxor

5. UN PEUPLE MARQUÉ PAR LA MENTALITÉ DU PROCHE-ORIENT

Tout au long de son histoire, Israël est en contact avec les peuples voisins et il en connaît les chefs-d'œuvre littéraires. Nous aurons l'occasion d'en relire quelques extraits. Ici, nous essayons de situer ces grandes civilisations.

La mentalité égyptienne a été façonnée par le pays. L'Égyptien vit dans une région lumineuse ; s'il éprouve une certaine angoisse de voir le soleil disparaître le soir, l'expérience lui a appris qu'il réapparaît chaque matin, vainqueur des puissances de la nuit. Divinisé sous différents noms, le Soleil est le premier des dieux, qui engendre les autres dieux et les hommes. On pourra lire en encadré quelques passages du grand hymne au dieu Soleil composé vers 1350, par le pharaon Akhénaton ; l'auteur du Ps 104 a dû s'en inspirer.

Le Nil connaît des crues, mais celles-ci arrivent à dates fixes et elles apportent le limon fertile et l'eau nécessaire à la vie.

Aussi le tempérament égyptien est-il naturellement optimiste ; ses dieux sont bons ; ils veillent sur les hommes. Après la mort une vie nouvelle et resplendissante attend le fidèle, même si cette vie est peu personnelle.

La mentalité mésopotamienne dans son ensemble, au contraire, est fondamentalement pessimiste. L'habitant de ces régions vit dans une vallée où les crues sont imprévisibles provoquant parfois de véritables « déluges » dont on a retrouvé bien des traces dans les fouilles archéologiques. Les invasions de nomades venus du désert d'Arabie ou déferlant des plateaux de l'Iran, sont fréquentes.

Aussi les dieux mésopotamiens sont-ils, dans l'ensemble, capricieux, sans cesse en lutte entre eux ; l'homme apparaît comme le mortel apeuré cherchant à se garer des contrecoups de leur colère. Les dieux *lui ont donné la mort en partage* (épopée de Gilgamesh) et *ils l'ont pétri de mensonge*. Le royaume d'après la mort est triste : les ombres des défunts y sont réunies pour une destinée sans joie.

Voici quelques-uns des grands mythes dont nous aurons l'occasion de citer des extraits.

• L'épopée d'*Atra-Hasis* (le « très intelligent ») nous est connue par une copie trouvée à Babylone et datant de 1600 avant J.-C. Dans ce long poème de 1 645 lignes, on nous montre les dieux fatigués par toutes les corvées qu'ils ont à faire. Ils décident

---

HYMNE ÉGYPTIEN AU DIEU-SOLEIL ATON

Voici quelques extraits de cet hymne composé par le pharaon Akhénaton.

Tu apparais, parfait, à l'horizon du ciel,
Disque vivant qui es à l'origine de la vie.
Quand tu te lèves à l'horizon oriental,
tu remplis tout le pays de tes perfections.
Quand tu te couches dans l'horizon occidental,
la terre est dans les ténèbres, comme dans la mort.

La terre gît dans le silence,
car celui qui l'a créée se repose en son horizon.

Puis la terre s'éclaire quand tu t'es levé
et que, Disque solaire, tu luis durant le jour.
Les hommes s'éveillent et se dressent sur leurs pieds.
Leurs bras adorent ton apparition,
puis la terre entière vaque à ses travaux.
Toutes les bêtes sont contentes sur leurs herbages.
Les arbres et les herbes verdissent.
Les oiseaux volent hors de leurs nids,
les ailes en adoration pour toi.
Les bateaux descendent ou remontent le fleuve.
Les poissons bondissent devant ta face.
Tu fais se développer le germe dans les femmes
et crées la semence chez les hommes.
Comme elles sont nombreuses tes créations !
Elles sont cachées au visage des hommes,
ô Dieu unique à qui nul autre n'est semblable.
Tu as créé les humains pour toi,
toi leur Seigneur à tous, tant qu'ils sont,
qui te donnes de la peine pour eux,
Seigneur de la terre qui brilles pour eux.
Tu es dans mon cœur...

(Traduction A. Barucq)

---

de créer l'homme pour faire le travail ; ils le modèlent avec de l'argile mélangée avec du sang d'un dieu égorgé. Mais l'humanité prolifère, fait du bruit, fatigue les dieux qui lui envoient différents fléaux et, finalement, le déluge. Mais le dieu Éa avertit un homme qui construit un bateau, y fait monter sa famille et un couple de tous les animaux...

• Le poème *Enouma Elish* (Lorsqu'en haut...) est, lui aussi, très ancien ; sous sa forme actuelle, il a dû être écrit vers 1100 avant J.-C. Au début de tout, il y a deux principes sexués. Apsou, les eaux douces, et Tiâmat (dont on retrouve le nom dans le *tehôm* — « l'abîme » — de Gn 1, 2), les eaux salées de la mer. De là sortent tous les dieux. Parce qu'ils la gênent, Tiâmat veut les tuer, mais Marduk la vainc, la sépare en deux comme une huître et il en fait la voûte céleste. Puis il crée l'homme à partir du sang d'un dieu révolté...

• L'épopée de *Gilgamesh* est sans doute la plus célèbre des œuvres de la Mésopotamie antique. Née à Sumer, elle se développa pendant plus d'un millénaire, en Assyrie, en Babylonie ; elle fut connue, recopiée en Palestine, chez les Hittites. Sous sa forme actuelle, elle se compose de douze chants.

Héros de Sumer, Gilgamesh se rend insupportable aux dieux par son orgueil. Ceux-ci lui suscitent un rival, Enkidu, un monstre vivant avec les bêtes. Humanisé par une femme, il devient ami de Gilgamesh et tous deux accomplissent des exploits. Mais un jour, Enkidu meurt ; Gilgamesh découvre l'atrocité de la mort et il part à la recherche de l'immortalité. Le héros du déluge lui donne le secret de la plante de vie. Gilgamesh réussit à s'en emparer mais un serpent la lui dérobe, Gilgamesh doit se résigner à mourir...

La pensée cananéenne est mieux connue depuis qu'on a découvert, à partir de 1929, la bibliothèque de la ville d'Ugarit, l'actuelle Ras Shamra en Syrie. Le sommet de cette civilisation d'Ugarit se situe vers 1500 avant J.-C., époque des patriarches.

Le dieu principal s'appelle *El*, souvent présenté comme un taureau. (Un des noms de Dieu, dans la Bible est *Élohim*, pluriel de majesté de *El*). Cette religion rend un culte aux forces de la nature divinisées : *Baal*, dieu de l'orage et de la pluie, appelé parfois « le chevaucheur des nuées » (comme Dieu dans le Ps 68, 5) et *Anat*, sa sœur, appelée plus tard *Astarté* ; c'est la déesse de la guerre, de l'amour et de la fécondité.

Israël, le royaume de Samarie surtout, sera attiré par cette religion cananéenne, ses cultes sexuels offerts à la déesse nue sur les hauts-lieux, et ses rites chargés d'obtenir la fécondité du sol et des troupeaux.

L'ORGANISATION DU COSMOS À BABYLONE

Le poème *Enouma Elish* raconte la naissance des dieux à partir d'*Apsou*, principe mâle, et de *Tiamât*, principe féminin. Tiamât veut détruire les jeunes dieux qui la dérangent. Ceux-ci délèguent leur pouvoir à *Mardouk* (le dieu de Babylone). Celui-ci tue Tiamât et les dieux qui l'aident. Puis, de son corps, il constitue le monde :

Mardouk assura son emprise sur les dieux enchaînés
et revint vers Tiamât qu'il avait vaincue.
De sa masse inexorable, il lui fendit le crâne.
Apaisé, le Seigneur contemple le cadavre :
il veut diviser le monstre, en créer un chef-d'œuvre.
Il le fendit en deux comme un poisson séché ;
d'une moitié il fit la voûte des cieux,
traça la limite, installa des gardes
et leur donna mission d'empêcher ses eaux de sortir.

On pourra comparer ce mythe avec le récit de Gn 1, mais aussi avec cette autre représentation du cosmos que nous transmet l'Égypte.

L'ORGANISATION DU COSMOS EN ÉGYPTE

Chou, le dieu de l'air atmosphérique, sépare *Nout*, sa fille, la voûte céleste, de *Geb*, son fils, la terre. (Papyrus égyptien entre 1100-950 avant J.-C.)

Un hymne, écrit vers 1400 avant J.-C., chante le dieu-soleil *Amon*, qui *passe la nuit à veiller sur l'humanité endormie*. Père de tous les dieux, ceux-ci le célèbrent :

Ils te disent : « Bienvenue en paix !
Père des pères de tous les dieux,
qui soulèves le ciel et repousses le sol,
faisant ce qui existe, formant les êtres.
Nous te glorifions, car tu te fatigues pour nous. »

La mentalité biblique, nous la découvrirons tout au long de notre parcours. Mais il est bon d'en relever ici un trait fondamental qui la différencie des autres mentalités que nous avons évoquées.

Shema Israël, Adonaï héhad ! Écoute Israël, le Seigneur est un ! Voilà la foi essentielle du peuple telle que la formulera le Deutéronome (6, 4). Israël a conscience que c'est son Dieu qui l'interpelle et le peuple lui répond avec amour. En caricaturant on pourrait représenter la pensée mythique par une flèche qui part de l'homme et y revient : l'homme projette dans l'au-delà une divinité, puis ensuite, par le *rite*, il s'efforce d'avoir pouvoir sur elle, de la mettre à son service.

Dans la Bible, la flèche s'inverse. C'est Dieu qui interpelle l'homme et celui-ci répond. Le *rite* devient ici l'expression de la réponse.

Le rite pourra être le même, mais il a changé de sens. Voici par exemple un enfant qui offre un bouquet à sa maman *pour* obtenir la permission d'aller au cinéma et le même enfant qui offre le même bouquet à sa maman le jour de la fête des mères : dans ce cas-là, c'est un geste gratuit qui veut exprimer la réponse à l'amour de la mère, un rite de reconnaissance. C'est l'attitude fondamentale de l'*eucharistie* sur laquelle nous aurons l'occasion de revenir.

Mais il est temps, après avoir mis ces quelques outils dans nos bagages, de partir à la découverte de la Bible...

Le dieu Hadad (appelé Baal dans les textes d'Ugarit) est debout sur un taureau qui lui sert de piédestal. Il tient à la main des éclairs (VIIIe s. av. J.-C.). Cela permet d'évoquer le culte des Baals et les taureaux installés par le roi Jéroboam à Dan et Béthel.

MYTHES DE LA NATURE EN CANAAN

Un poème trouvé à Ugarit célèbre *Baal et Môt*. Baal est le Dieu de l'orage et de la pluie, *Môt* celui de la mort. C'est donc le problème angoissant de la fertilité qui est là évoqué : Baal s'est mis au service des hommes en fécondant le sol de sa pluie ; il a été ainsi absorbé par Môt, dieu du monde souterrain. L'eau va-t-elle rester captive du sol, ce qui provoquerait la sécheresse ?

Cet extrait du poème montre *El*, le dieu suprême, devinant que Baal va renaître, que la pluie va revenir.

Quelqu'un annonce le songe que va avoir El :

Si le Très-Puissant Baal est vivant,
S'il est là, le Prince, Seigneur de la terre,
en rêve, le Miséricordieux El au grand cœur,
en songe, le Créateur des créatures verra
les cieux faire pleuvoir de la graisse,
les torrents faire couler du miel.

El a ce songe et se réjouit :

En rêve, le Miséricordieux El au grand cœur,
en songe, le Créateur des créatures voit
les cieux faire pleuvoir de la graisse,
les torrents faire couler du miel.
Tout joyeux, le Miséricordieux El s'écrie :
« Moi, je puis m'asseoir et m'apaiser,
car le Très Puissant Baal est vivant,
car il est là, le Prince, Seigneur de la terre. »
(Traduction Caquot-Sznycer.)

On rencontre dans la Bible la formule *terre où coule le lait* (ou *la graisse*) *et le miel* (voir par exemple Ex 3, 8). Nous retrouverons ce problème de la fécondité (à qui l'attribuer : aux Baals ? ou à Dieu ?) en étudiant le royaume du Nord (page 47).

Vous trouverez en finale (page 115) l'indication de quelques livres vous permettant, si vous le souhaitez, d'approfondir l'étude proposée dans ce guide. Mais rappelez-vous que l'essentiel est de lire les textes eux-mêmes. Avec une bonne Bible, ses introductions et ses notes, et ce présent livre, vous pouvez très bien vous débrouiller.

On peut lire les principaux textes du Proche-Orient dans les *Suppléments aux Cahiers Évangile*, Éd. du Cerf, Paris.

LE MYTHE

Plusieurs fois, nous avons rencontré ce mot « mythe » : de quoi s'agit-il ?

Les mythes anciens se présentent comme des histoires mettant en scène des dieux, des déesses, des héros anciens. À première lecture, on est un peu décontenancé, mais, très vite, on se laisse prendre, car on s'aperçoit que ce sont *les grandes questions* que nous portons en nous qui sont ici développées : d'où vient le monde ? pourquoi l'homme existe-t-il ? pourquoi la souffrance, la mort ? pourquoi cette mystérieuse attirance des sexes ? quel est le rapport de l'homme à la divinité ?...

Seulement, au lieu de traiter ces problèmes dans des livres savants et difficiles comme on le fait aujourd'hui, les mythes le font en « bandes dessinées ».

Prenons un exemple contemporain : *l'élection de Miss Monde*. À une époque où la royauté n'existe plus guère, on élit une reine entourée de ses dauphines ; notre existence se déroule le plus souvent dans la grisaille et les ennuis quotidiens : cette reine est couronnée, reçoit des cadeaux magnifiques... Tout cela contribue à situer cette élection dans un autre monde, un monde de rêve, irréel. Mais cela exprime le désir de toute femme d'être belle, riche, de réussir, et celui de tout homme d'admirer la beauté féminine. Mais il y a une contrepartie : on peut être aliéné par ce mythe, ne plus être libre, être soi ; on voit par exemple des jeunes filles copier la coiffure de Miss Monde ou s'efforcer de reproduire ses mensurations, alors que cela ne convient pas à leur type de beauté. Les *romans-photo* de certaines revues où la petite dactylo épouse le fils du P.-D.G., jouent le même rôle ; ils font rêver la secrétaire, lui permettent peut-être de vivre, mais dans le rêve et, à la limite, elle viendra à négliger son travail pour ne plus penser qu'à séduire le fils du patron...

En simplifiant à l'extrême, on pourrait dire : le mythe consiste à prendre une grande question que nous portons en nous et à la projeter, sous forme d'histoire, dans un monde irréel, dans un temps d'avant le temps, celui des dieux où l'homme n'existe pas encore. Cette histoire de dieux est la nôtre, transposée. Elle devient donc le modèle que l'homme doit copier.

L'homme, par exemple, se demande ce que signifie l'attirance entre les sexes ou comment obtenir la fécondité. Il imagine un monde, en dehors du temps, où dieux et déesses s'aiment, s'accouplent, enfantent ; s'ils sont féconds, notre sol et nos troupeaux le seront aussi puisque ces divinités ne sont que la transposition irréelle de notre existence. Il faut donc les obliger à être féconds : les *rites* auront pour but de les forcer à s'accoupler. L'union avec des prostituées sacrées, à Babylone, ou sur les hauts-lieux cananéens, n'était pas une orgie mais un rite religieux devant provoquer la fécondité du sol.

Toutes ces histoires mythiques sont donc extrêmement sérieuses : elles sont *la première réflexion de l'humanité*. On comprend que la Bible ait repris ce langage pour exprimer sa propre réflexion. Mais elle le transforme profondément. Pour faire vite, on pourrait dire que d'un *roman-photo* elle fait un *roman psychologique*.

Prenons un bon roman psychologique : il met en scène un couple, avec ses joies, ses difficultés... Il paraît, à première vue, assez semblable au roman-photo, mais en fait, il en est l'opposé : il ne nous fait pas évader dans le rêve, il nous renvoie au contraire à notre vie quotidienne, car il est fait de mille et une observations qu'a faites l'auteur, de différents couples. Il nous oblige à réfléchir sur notre existence et à la prendre en mains.

En s'inspirant de ces grands mythes, notamment dans les récits de la création, la Bible les repense en fonction de sa foi en un Dieu unique qui intervient dans notre histoire et qui veut l'homme libre.

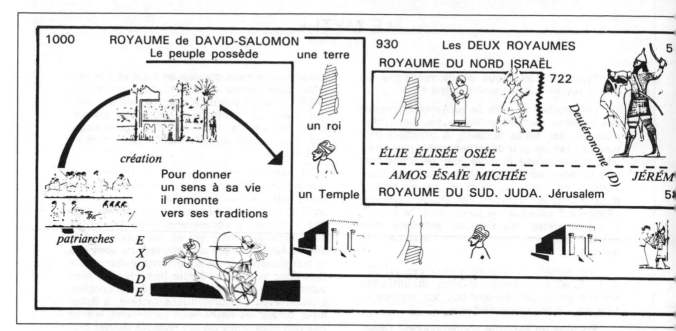

Ce tableau voudrait vous aider à situer les grands moments de l'histoire d'Israël.

Les dessins reprennent des peintures ou sculptures des différentes époques. Vous les retrouverez, avec une brève présentation en tête de chaque chapitre, ainsi qu'aux pages 4, 20 et surtout 122.

ROYAUME DE DAVID-SALOMON.

Vers l'an 1000, David prend Jérusalem et en fait la capitale d'un royaume regroupant les tribus du sud et du nord. Son fils, Salomon, l'organise.

On a donc une terre, un roi, un Temple où Dieu se rend présent pour son peuple.

C'est aussi le début de la littérature. On commence à mettre par écrit les souvenirs du passé : l'Exode, ou « libération d'Égypte », devient l'expérience fondamentale où l'on découvre que Dieu est libérateur, sauveur ; on écrit l'histoire des patriarches (Abraham, Isaac...) en montrant comment la promesse de Dieu à Abraham s'est réalisée avec David. On remonte même jusqu'au début du monde : ce n'est pas seulement un peuple que Dieu veut libre, mais toute l'humanité.

LES DEUX ROYAUMES : JUDA ET ISRAËL.

À la mort de Salomon, en 930, le royaume éclate en deux : au sud, celui du JUDA, capitale Jérusalem ; au nord, celui d'ISRAËL, capitales Tirça, puis Samarie.

JUDA reste fidèle à la dynastie de David. Le roi fait l'unité de la nation et la représente devant Dieu, ce Dieu qui habite au milieu de son peuple dans le Temple de Jérusalem. Dès le règne de Salomon des traditions diverses sont mises par écrit. Au VIIIe siècle des prophètes judéens - Amos, Ésaïe, Michée — prêchent.

ISRAËL a rompu avec la dynastie de David, mais a un roi à sa tête. Le royaume connaîtra une grande instabilité dynastique. Face au roi le prophète fait figure de yahviste fidèle, appelant le peuple à garder la foi au Dieu de Moïse, combattant l'influence de la religion cananéenne qui honore les Baals. Des traditions anciennes, parfois parallèles à celles de Juda, sont mises par écrit. Des prophètes comme Élie, Élisée ou Osée ont joué un grand rôle.

En 722 les Assyriens mettent fin au royaume d'ISRAËL.

En 587 Jérusalem est détruite et des Judéens sont déportés en Babylonie.

LES GRANDS MOMENTS D'ISRAËL

7 EXIL EN BABYLONIE   538 DOMINATION... des PERSES   333 ... des GRECS 63... de ROME

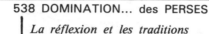

ÉZECHIEL

II ÉSAÏE

Histoire sacerdotale (P)

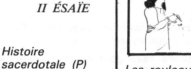

En 539 Cyrus prend Babylone

La réflexion et les traditions deviennent LIVRES

Esdras, vers 400, rassemble des écrits pour en faire *la LOI ou PENTATEUQUE*

Les rouleaux des PROPHÈTES sont composés

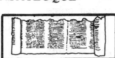

La réflexion des SAGES aboutit à divers chefs-d'œuvre

Alexandre conquiert le Proche-Orient

167-164 : persécution l'ère des martyrs.

DANIEL APOCALYPSES

À cette époque naissent les trois grands groupes : SADDUCÉENS PHARISIENS ESSENIENS

EXIL À BABYLONE.

Pendant un demi-siècle, le peuple vit en exil ; il a tout perdu : sa terre, son roi ; va-t-il perdre aussi sa foi en Dieu ? Des prophètes comme Ézéchiel et un disciple d'Ésaïe raniment son espérance ; les prêtres lui font relire une nouvelle fois ses traditions pour y trouver un sens à ses souffrances. Cela aboutit à l'*Histoire sacerdotale*.

SOUS LA DOMINATION DES PERSES.

En 539 le roi perse Cyrus conquiert Babylone. À partir de 538 les Juifs exilés en Babylonie reviennent peu à peu et se réinstallent autour de Jérusalem. La communauté, purifiée par la souffrance de l'exil, vit pauvrement, mais parvient à reconstruire le Temple en 515.

Vers 400 on recueille les récits et les lois élaborés au cours du temps et on constitue un livre unique en cinq tomes : la Loi ou Pentateuque.

SOUS LA DOMINATION GRECQUE PUIS ROMAINE.

En 333, Alexandre conquiert le Proche-Orient et y répand la culture et la langue grecques.

En 167, un successeur d'Alexandre, le roi Antiochus IV, veut forcer, sous peine de mort, les Juifs à renoncer à leur foi. C'est l'époque des martyrs d'Israël et de ceux qu'on appelle les Maccabées. Le peuple retrouve la liberté en 164. Cela va développer la réflexion des auteurs d'*apocalypses* : ils attendent la fin des temps où Dieu interviendra.

En 63, Rome s'installe au Proche-Orient. Le roi Hérode règne de 40 à 4 avant J.-C.

Ce tableau est sommaire... Il est important, car il indique le chemin que nous allons parcourir.

1. L'EXODE. UN PEUPLE EXPRIME SA FOI

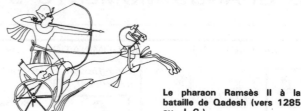

Le pharaon Ramsès II à la bataille de Qadesh (vers 1285 av. J.-C.).

Nous nous embarquons pour un voyage à travers l'Ancien Testament : nous allons parcourir les moments essentiels de l'histoire d'Israël et voir comment, tout au long de ce chemin, il a exprimé sa foi. Mais, quand on part pour un pays étranger, il est bon, avant de monter dans l'autocar, de s'attarder un moment pour voir le parcours qu'on nous propose et les raisons de tel ou tel circuit, pour se documenter sur les habitudes du pays et ses façons de s'exprimer... De même, avant d'entreprendre notre voyage, nous allons nous arrêter, dans ce chapitre, sur un passage du livre de l'Exode. Cela doit nous mettre en condition en découvrant plusieurs choses.

Nous allons nous familiariser, d'abord, avec *la lecture et l'étude de textes*. Cela pourra paraître un peu compliqué, mais c'est seulement parce que nous essaierons de prendre une vue globale en traitant de tout à la fois. Ne vous effrayez pas ! Cela s'éclairera dans les étapes suivantes.

Nous allons faire connaissance avec ce qu'on appelle les *genres littéraires* ou différentes façons de s'exprimer : ainsi, on n'écrit pas de la même façon à un ami ou à son percepteur.

Nous allons percevoir que *les textes actuels* tels que nous les lisons dans notre bible ont *une longue histoire* : ils sont composés à partir de documents plus anciens. Cela explique le parcours apparemment en zigzag que nous suivrons.

Mais cette étude ne sera pourtant pas purement intellectuelle. Nous découvrirons que *la libération d'Égypte* a été, pour Israël, *l'événement fondateur*, celui qui l'a *créé* en tant que peuple. Sans cesse, Israël y reviendra, le méditant pour donner un sens à son présent et trouver une espérance pour l'avenir.

LECTURE DE Exode 12, 1 à 13, 16

Première lecture

Commencez par lire ce texte à la suite. Ne vous occupez pas des titres et des notes de votre bible. S'il y a des mots ou des expressions que vous ne comprenez pas bien, ce n'est pas grave : nous y reviendrons dans une seconde lecture. Pour le moment, vous lisez simplement ce texte en vous demandant :
• de quel événement parle-t-on ici ?
• de quelle manière en parle-t-on ? Est-ce qu'on le « raconte » (dans quels passages) ? Est-ce qu'on en tire des lois (dans quels passages) ? Est-ce qu'on organise une célébration liturgique pour le célébrer (dans quels passages) ?
Après avoir lu ce texte, essayez de donner *un titre* aux différents morceaux que vous avez trouvés. Cela vous obligera, notamment, à préciser le « genre littéraire » de ces morceaux.

Seconde lecture

À l'aide des notes de votre bible, vous pouvez reprendre maintenant certains points.

Ces textes ont été rédigés à différentes époques, les notes vous l'indiquent (TOB 12, 1 f - BJ 12, 1 e). Ne vous y attardez pas : vous le comprendrez mieux à la fin de ce chapitre.

Il s'agit de *textes liturgiques*. Ils disent comment garder *le souvenir de l'événement en le célébrant* et *quel sens celui-ci donne à la vie d'aujourd'hui*.

Israël a repris deux fêtes qui existaient avant lui, mais il en a changé le sens en leur rattachant un événement historique. Il y a, en effet, deux sortes de fêtes : les unes célèbrent la nature et se renouvellent tous les ans (on fête le « 1er Janvier », le début de l'année) ; les autres célèbrent un évé-

Scribe égyptien (5e dynastie, 2500-2350 av. J.-C.

Genres littéraires

Il y a différentes façons de raconter le même fait. On ne raconte pas, par exemple, la maladie d'un être aimé de la même façon à sa famille, au médecin ou au fonctionnaire de la Sécurité sociale ; on en parle différemment aussi pendant le temps où cet ami est entre la vie et la mort ou après sa guérison.

Mais plus profondément, ces différentes façons de présenter les choses (ou « genres littéraires ») correspondent à des besoins différents de la vie d'un groupe. Tout groupe existant fait naître un certain nombre de textes. Prenons par exemple une petite société de pêcheurs à la ligne : elle composera des écrits de type juridique (les statuts de la société), des slogans ou courtes phrases destinés à se faire connaître (« Détendez-vous : allez à la pêche... »), des récits, et parfois des récits enjolivés, de véritables « épopées » où l'on décrit la prise d'un gardon comme s'il s'agissait d'une baleine ; il y aura aussi des célébrations : apéritifs au bar du coin ou banquet de l'amicale...

Ainsi, toute société a besoin, pour exister, de créer une littérature. Une nation a ses lois, ses discours, ses célébrations, ses récits du passé, ses épopées, ses poèmes et ses chansons...

Le fait qu'Israël existe comme peuple a donc fait surgir toute une littérature avec ses différents genres. Énumérons-en quelques-uns.

Les récits. Il est nécessaire de rappeler le passé pour donner à tous une mentalité commune. C'est en écoutant les histoires de ses ancêtres qu'on prend conscience d'être de la même famille.

L'épopée. Là aussi on raconte le passé, mais on cherche surtout à susciter l'enthousiasme et à célébrer les héros, même si, pour cela, on enjolive les détails.

Les lois organisent le peuple et permettent une vie commune.

La liturgie, les célébrations, les rites (les sacrifices par exemple) expriment cette vie commune, comme le repas de fête soude la famille. Actes religieux, ils manifestent le lien qu'on a avec Dieu.

Les poèmes, les cantiques, les psaumes sont l'expression des sentiments, de la foi du peuple.

Les oracles des prophètes — paroles solennelles dites de la part de Dieu — rappellent à la vraie foi.

L'enseignement des prophètes, des prêtres peut se faire sous forme d'instruction, mais aussi de récits, d'histoires (paraboles).

Les écrits de sagesse sont des réflexions sur les grandes questions humaines : qu'est-ce que la vie, la mort, l'amour, pourquoi le mal, la souffrance ?...

Bien distinguer les genres littéraires.

Chaque façon de s'exprimer, chaque genre, a sa *vérité.* On ne reproche pas à un album d'Astérix d'être moins exact qu'un livre d'histoire... Il ne faut pas lire le récit de la création (Gn 1) comme un enseignement scientifique : c'est un poème liturgique, ou le passage de la mer rouge comme un « reportage en direct » (Ex 14) : c'est une épopée.

Il faut donc, chaque fois que c'est possible, se demander *de quel genre littéraire* est le texte qu'on lit et donc quel est son type de vérité.

---

nement qui s'est passé une fois dans l'histoire (le « 14 Juillet » par exemple).

Les nomades, chaque printemps, célébraient *la pâque* : on mangeait un agneau et on marquait de son sang les piquets de tentes pour écarter les mauvais esprits. Israël reprend cette fête (12, 2-11 et 21-23) mais en fait un mémorial de la Libération (12, 25-27) (TOB 12, 11 k - BJ 12, 1 e).

Les paysans, chaque printemps, célébraient la fête des *azymes* ou des « pains sans levain » : on se réjouissait de la nouvelle récolte en supprimant ce qui rappelait l'ancienne. Israël reprend cette fête (12, 15) mais en fait un mémorial de la libération (12, 17.39 ; 13, 3-10) (TOB 12, 15 - BJ 12, 1).

Les chrétiens reprendront ces fêtes en prolongeant leur sens : on célèbre la libération définitive apportée par le Christ.

Israël a fait de même pour la vieille coutume d'offrir à la divinité ce qu'on a de meilleur : les *premiers-nés* des animaux et parfois des humains. Cette coutume devient, pour lui, mémorial de la libération : (13, 2. 14-15) (TOB 13, 12 - BJ 13, 11).

L'étude du récit du *passage de la mer* va nous permettre de découvrir la composition *du Pentateuque*.

1ʳᵉ lecture.

Commencez par lire ce texte dans votre Bible. À première vue, c'est un récit qui se suit bien. Mais en regardant de plus près, vous remarquez des choses curieuses. En quoi consiste le « miracle » ? Dans un cas, le vent assèche la mer et les chars des Égyptiens s'embourbent ; dans l'autre, Dieu fend la mer pour que les Israélites y passent. Tantôt Dieu agit lui-même, tantôt il commande à Moïse et c'est celui-ci qui agit. Parfois la description est très concrète, Dieu est présenté comme un guerrier qui, seul, remporte la victoire sur les Égyptiens (on parle alors d'anthropomorphisme, d'un mot grec qui veut dire « sous forme d'homme »), parfois le récit fait place à des discours qui révèlent que Dieu agit par sa parole.

Ces observations permettent de penser que le texte fusionne deux récits. De manière approximative on peut les dissocier ou lire le texte tel qu'il est.

2ᵉ lecture.

Regardez le texte reproduit en pages 28-29. Il est disposé en deux colonnes pour mettre en relief les deux récits. Bien sûr il y a une part d'hypothèse dans cette répartition et on peut hésiter pour tel ou tel verset. Il faut aussi compter avec le rédacteur qui fusionne les récits et qui imprime sa marque.

Ainsi disposé, vous pouvez lire ce texte à la suite passant d'une colonne à l'autre et en suivant les versets, ou bien vous pouvez lire chaque récit séparément en ne prenant qu'une colonne.

Récit ancien.

Lisez ce texte (colonne de gauche). Quels sont les acteurs (vous pourriez les souligner de couleurs différentes) ? Que veulent les Égyptiens ? Quels sont les moyens qu'ils utilisent pour l'obtenir ? Que veulent les Israélites ? Quelle est l'attitude de Moïse ?

En quoi consiste l'événement ?

Soulignez les mots qui reviennent. Le verbe « voir » a-t-il toujours le même sens (« voir avec ses yeux » ou « voir avec sa foi ») ? Le mot « crainte » a-t-il le même sens aux versets 10 et 13 et au verset 31 (avec quel autre mot est-il en parallèle dans ce verset) ?

Le texte semble avoir pour but de montrer comment les Israélites sont passés de la *peur* à la *crainte de Dieu*. Comment s'est faite cette transformation ? Quel est le sens du texte pour nous ?

Le récit a souvent été considéré comme un récit yahviste (J).

Récit sacerdotal.

Lisez le texte (colonne de droite). On n'a plus ici qu'un seul acteur : qui est-il ? que veut-il ? comment agit-il ? Notez toutes les expressions qui reviennent. Certaines vous poseront sans doute problème (*Dieu endurcit le cœur*) : ne vous y attardez pas pour le moment ; nous y reviendrons (page 63).

Ce que cherche Dieu : *se glorifier, se faire reconnaître comme le Seigneur*. Il ne s'agit pas de « gloriole ». « La gloire de Dieu, c'est que l'homme vive » disait S. Irénée ; Dieu met sa gloire à sauver son peuple et il apparaît alors, aux yeux des autres peuples, comme un Dieu qui sauve, comme le Seigneur qui protège. Mais il faut que le peuple se laisse sauver, fasse confiance à Dieu : c'est ainsi que l'homme peut *sanctifier le Nom de Dieu*, c'est-à-dire lui permettre de manifester qu'il est saint, Seigneur. Nous reverrons cela en étudiant le prophète Ézéchiel (page 66).

En quoi consiste l'événement ? Notez les répétitions : Dieu donne un ordre, puis on raconte l'exécution de cet ordre ; ce procédé est souvent utilisé par le Sacerdotal (voyez le premier récit de la création : Gn 1). L'important est ici la parole de Dieu qui crée ce qu'elle dit. Comparez le « miracle » avec Gn 1 ; un même thème revient : Dieu fend les eaux et *le sec* apparaît (Ex 14, 16. 22. 29 et Gn 1, 9. 10).

Quel sens cela donne-t-il au récit du passage de la mer ? au récit de la création ? (TOB 14, 16.)

Documents du Pentateuque

Revenons au Pentateuque qui est constitué de cinq étuis ou rouleaux (d'où le mot grec Pentateuque : *penta*, « cinq » et *teuque*, « étuis »). Il forme un unique ouvrage en cinq tomes qui est désigné par les Juifs comme la Torah, ce que le Nouveau Testament appelle la Loi de Moïse (voir Lc 24, 44).

Depuis longtemps les spécialistes ont découvert que chacun des livres de la Torah était l'aboutissement d'un travail complexe pour recueillir les traditions d'Israël et ils ont fait l'hypothèse que l'on pouvait y découvrir l'assemblage de quatre documents principaux écrits à différentes époques.

Cette hypothèse, appelée « hypothèse documentaire », est très connue et on la trouve dans la note des traductions de la Bible. Voici comment on pensait pouvoir caractériser les quatre documents :

1. Le document YAHVISTE (désigné par la lettre J) est ainsi nommé parce que, dès la Genèse, Dieu est appelé Yahvé. Il a été rédigé soit sous le règne de Salomon, soit peu après par des scribes du royaume de Juda. La question de l'héritier y tient une grande place, préfiguration de la succession dynastique.

2. Le document ÉLOHISTE (désigné par la lettre E) appelle Dieu Élohim. Il est né, vers 750, dans le royaume du Nord, peu avant la chute de ce royaume. Il serait très marqué par la prédication prophétique (Osée).

Les deux ensembles littéraires, J et E, fusionneront à Jérusalem vers 700. Cette fusion, qu'on appelle parfois **jéhoviste** (JE), est une véritable composition où l'apport judéen prédomine.

3. Le document DEUTÉRONOMISTE (D) constitue le cœur du Deutéronome, mais a exercé une large influence sur la rédaction d'autres livres. Sa rédaction a commencé sous le règne d'Ézéchias.

4. Le document SACERDOTAL (P, « Prêtres ») est né pendant l'exil à Babylone (587-538), mais sa rédaction s'est poursuivie après cette époque.

Le Pentateuque est achevé vers 400.

Cette conception de la composition du Pentateuque est une hypothèse, élaborée à la fin du XIXᵉ siècle, qui a connu un grand succès entre les années 1950 et 1970. Depuis lors, si certains acquis demeurent, l'hypothèse comme telle, en particulier pour l'étendue des documents anciens, J et E, a été très critiquée. Faute de consensus, nous présenterons chacun des livres du Pentateuque sans nécessairement faire appel à l'hypothèse documentaire.

13.

[17]. *Quand Pharaon laissa partir le peuple, DIEU ne le conduisit pas par la route du pays des Philistins, bien qu'elle fût la plus directe. DIEU s'était dit : « Il ne faudrait pas que, à la vue des combats, le peuple renonce et qu'il revienne en Égypte ! »* [18]. *DIEU détourna le peuple vers le désert de la mer des Joncs. C'est en ordre de bataille que les fils d'Israël étaient montés du pays d'Égypte.* [19]. *Moïse prit avec lui les ossements de Joseph, car celui-ci avait exigé des fils d'Israël un serment en leur disant : « DIEU ne manquera pas d'intervenir en votre faveur ; alors vous ferez monter d'ici mes ossements avec vous. »*

[20]. Ils partirent de Soukkot et campèrent à Étam en bordure du désert.

[21]. *Le SEIGNEUR lui-même marchait à leur tête : colonne de nuée le jour, pour leur ouvrir la route - colonne de feu la nuit, pour les éclairer ; ils pouvaient ainsi marcher jour et nuit.* [22]. *Le jour, la colonne de nuée ne quittait pas la tête du peuple, ni, la nuit, la colonne de feu.*

14.

[1]. Le SEIGNEUR adressa la parole à Moïse : [2]. « Dis aux fils d'Israël de revenir camper devant Pi-Hahiroth, entre Migdol et la mer. C'est devant Baal-Céphon juste en face, que vous camperez au bord de la mer. » [3]. Alors Pharaon dira des fils d'Israël : « Les voilà qui errent affolés dans le pays ! Le désert s'est refermé sur eux ! » [4]. « J'endurcirai le cœur de Pharaon et il les poursuivra. Mais je me glorifierai aux dépens du Pharaon et de toute ses forces et les Égyptiens connaîtront que c'est moi le SEIGNEUR. » Ils firent ainsi.

[5]. *On annonça au roi d'Égypte que le peuple avait pris la fuite. Pharaon et ses serviteurs changèrent d'idée au sujet du peuple et ils dirent : « Qu'avons-nous fait là ? Nous avons laissé Israël quitter notre service ! »* [6]. *Il attela son char et il prit son peuple avec lui.* [7]. *Il prit 600 chars d'élite et tous les chars d'Égypte, chacun avec des écuyers.*

[8]. Le SEIGNEUR endurcit le cœur de Pharaon, roi d'Égypte, qui poursuivit les fils d'Israël, ces fils d'Israël qui sortaient la main haute. [9]. Les Égyptiens les poursuivirent. Ils les rattrapèrent comme ils campaient au bord de la mer - tous les attelages de Pharaon, ses cavaliers, ses forces - près de Pi-Hahiroth, devant Baal-Céphon.

[10]. *Pharaon s'était approché. Les fils d'Israël levèrent les yeux : voici que l'Égypte s'était mise en route derrière eux ! Les fils d'Israël craignirent fort et crièrent vers le SEIGNEUR.* [11]. *Ils dirent à Moïse : « L'Égypte manquait-elle de tombeaux que tu nous aies emmenés mourir au désert ? Que nous as-tu fait là ?* [12]. *Ne te l'avions-nous pas dit en Égypte : « Laisse-nous servir les Égyptiens ! Mieux vaut pour nous servir les Égyptiens que mourir au désert. »*
[13]. *Moïse dit au peuple : « Ne craignez pas, tenez bon ! Et voyez le salut que le SEIGNEUR réalisera pour vous aujourd'hui. Vous qui avez vu les Égyptiens aujourd'hui, vous ne les reverrez plus jamais.* [14]. *C'est le SEIGNEUR qui combattra pour vous. Et vous, vous resterez cois ! »*

15. Le SEIGNEUR dit à Moïse : « Qu'as-tu à crier vers moi ? Parle aux fils d'Israël : qu'on se mette en route ! **16** Et toi, lève ton bâton, étends la main sur la mer, fends-la et que tous les fils d'Israël pénètrent au milieu de la mer au sec. **17.** Et moi, je vais endurcir le cœur des Égyptiens pour qu'ils y pénètrent derrière eux et que je me glorifie aux dépens de Pharaon et de toutes ses forces, de ses chars et de ses cavaliers. **18.** Ainsi les Égyptiens connaîtront que c'est moi le SEIGNEUR, quand je me serai glorifié aux dépens de Pharaon, de ses chars et de ses cavaliers. »

19. *L'ange de Dieu qui marchait en avant du camp d'Israël partit et passa sur leurs arrières. La colonne de nuée partit de devant eux et se tint sur leurs arrières.* **20.** *Elle s'inséra entre le camp des Égyptiens et le camp d'Israël. Il y eut la nuée, mais aussi les ténèbres ; alors elle éclaira la nuit. Et l'on ne s'approcha pas l'un de l'autre de toute la nuit.*

21. Moïse étendit la main sur la mer

Le SEIGNEUR refoula la mer toute la nuit par un vent d'est puissant et il mit la mer à sec.

Les eaux se fendirent. **22.** Et les fils d'Israël pénétrèrent au milieu de la mer au sec, les eaux formant une muraille à leur droite et à leur gauche. **23.** Les Égyptiens les poursuivirent et pénétrèrent derrière eux - tous les chevaux de Pharaon, ses chars et ses cavaliers - jusqu'au milieu de la mer.

24. *Or au cours de la veille du matin, depuis la colonne de feu et de nuée, le SEIGNEUR observa le camp des Égyptiens et il mit le désordre dans le camp des Égyptiens.* **25.** *Il bloqua les roues de leurs chars et en rendit la conduite pénible. L'Égypte dit : « Fuyons loin d'Israël, car c'est le SEIGNEUR qui combat pour eux contre l'Égypte ! »*

26. Le SEIGNEUR dit à Moïse : « Étends la main sur la mer : que les eaux reviennent sur l'Égypte, ses chars et ses cavaliers ! »
27. Moïse étendit la main sur la mer.

À l'approche du matin, la mer revint à sa place habituelle, tandis que les Égyptiens fuyaient à sa rencontre ; et le SEIGNEUR se débarrassa des Égyptiens au milieu de la mer.

28. Les eaux revinrent et recouvrirent les chars et les cavaliers : de toutes les forces de Pharaon qui avaient pénétré dans la mer derrière Israël, il ne resta personne. **29.** Mais les fils d'Israël avaient marché au sec au milieu de la mer, les eaux formant une muraille à leur droite et à leur gauche.

30. *Le SEIGNEUR, en ce jour-là, sauva Israël de la main de l'Égypte et Israël vit l'Égypte morte sur le rivage de la mer.* **31.** *Israël vit avec quelle main puissante le SEIGNEUR avait agi contre l'Égypte. Le peuple craignit le SEIGNEUR, il mit sa foi dans le SEIGNEUR et en Moïse son serviteur.*

Avec ce texte, l'Exode est devenu poème, un chant prêt pour célébrer toutes les libérations, celles d'hier et d'aujourd'hui.

Commencez par lire ce chant (à haute voix, c'est mieux !). Vous vous apercevrez vite qu'il y a comme deux chœurs qui se répondent :

• l'un chante la puissance de Dieu en général : versets 2-3. 6-7. 11. 18 ;

• l'autre célèbre des actions concrètes de Dieu : versets 1. 4-5. 8-10. 12-17.

Qu'évoquent pour vous les *images* utilisées, notamment pour parler de Dieu ! Certaines peuvent vous étonner, par exemple celle du « Dieu guerrier » (la Bible grecque, deux siècles avant notre ère, s'en est tirée en traduisant « Dieu briseur de guerre ! ») Nous sommes ici dans le langage symbolique (voir p. 109) ; parler de « Dieu guerrier », c'est une façon de dire : « Dieu n'est pas loin, il n'est pas absent des luttes humaines pour la justice et la liberté » (TOB 15, 3 t).

Quelles *actions concrètes de Dieu* sont célébrées :

• aux versets 4-5 et 8-10 ?

• aux versets 12-17 ? Le nom des peuples mentionnés (Édom, Moab, Canaan, Philistins) décrivent un itinéraire : lequel ? *La sainte demeure, sur la montagne, le lieu où Dieu habite* désignent clairement un édifice : lequel ? À quelle époque nous situe cette strophe ?

À cette époque, on exprime que Dieu avait *un but précis* en libérant son peuple (verset 17) : lequel ?

Que nous apprend le verset 18 sur la foi d'Israël et sur son système politique ?

L'Exode, c'est aujourd'hui.

Ce texte nous amène à faire quelques constatations importantes pour notre foi.

Le Dieu qu'on célèbre n'est pas un Dieu abstrait, une idée, si haute soit-elle. On connaît ce Dieu parce qu'on reconnaît son action dans des événements concrets.

Ces événements sont ceux d'*aujourd'hui*, mais on n'y découvre la présence de Dieu qu'*en méditant les événements d'autrefois*. Reprenez les versets 12-17 : nous sommes à l'époque royale ; le peuple s'est ins-

tallé en Canaan, le Temple est construit, Dieu règne au milieu de son peuple. Comparez cette strophe sur *le passage à travers les peuples* (versets 12-16) avec celle de *la noyade des Égyptiens* (versets 8-10) : c'est à la lumière de ce qu'il vient de vivre que l'auteur décrit les événements de l'Exode et ceux-ci lui permettent de déchiffrer ce qu'il vit.

Et ainsi ce poème est ouvert à la prière des siècles futurs : chaque communauté croyante, au cours des âges, est invitée à y ajouter sa strophe ! C'est ce que fera explicitement Jean dans l'Apocalypse en nous montrant les élus, au ciel, chantant le cantique de Moïse (Ap 15, 3). La liturgie catholique chante ce cantique durant la veillée pascale : invitation pour nous à le prolonger en inventant d'autres couplets pour célébrer les interventions de Dieu en Jésus dans notre histoire d'aujourd'hui, l'histoire du monde et notre histoire personnelle.

Poésie hébraïque

Notons en passant quelques caractéristiques de la poésie hébraïque.

Les images. L'hébreu est une langue très concrète. Les objets et les choses deviennent, pour lui, des symboles, suggérant une réalité riche mais invisible. Plutôt que de développer des idées abstraites, le poète préfère accumuler les images concrètes, riches de toute une expérience. Au lieu de dire « Dieu est puissant », il le montre « faisant un coup d'éclat » ; il est un « guerrier ; sa main droite », qui tient l'épée est forte ; il est « guide, jardinier, architecte... »

Le parallélisme. Les deux parties d'un vers reprennent souvent la même idée, mais avec des expressions qui se complètent ou s'opposent. Ainsi

C'est lui *mon Dieu*, je le louerai ;
le Dieu de mon père, je l'exalterai.

Recherchez d'autres exemples dans ce poème.

L'ÉVÉNEMENT FONDATEUR

« *Chacun doit se considérer, de génération en génération, comme étant lui-même sorti d'Égypte, car il est écrit :
En ce jour-là* [le jour où l'on fête le souvenir de la
sortie d'Égypte], *dis à ton fils : C'est pour cela que le
Seigneur est intervenu pour moi, quand je sortis
d'Égypte...* » Cet extrait du rituel de la pâque juive
indique bien l'importance de l'événement pour
Israël. Tout au long de son histoire, le peuple —
et les chrétiens à sa suite — ne cessera de le méditer et d'en découvrir la signification.

On ne peut qu'évoquer ici quelques aspects de
cette richesse, mais tout ce livre vous permettra de
la découvrir. (Vous pourriez lire l'introduction au
livre de l'Exode dans la TOB.)

L'événement fondateur.

« La sortie d'Égypte a toujours été considérée
par Israël comme un moment à part de son histoire, comme un événement qui se situe sur un
autre plan que les autres » (TOB). Le peuple existait sans doute avec Abraham, mais seulement en
promesse. L'Exode est réellement le moment où il
est *créé en tant que peuple*.

Quand on voudra comprendre le sens des autres
événements (passage du Jourdain, unité des douze
tribus...) ou des institutions et des rites, quand on
voudra s'expliquer l'existence même du peuple,
c'est à l'Exode qu'on se référera.

La rencontre de Dieu.

Dans cet événement, Israël a commencé de
découvrir *qui* est *son Dieu*, quel est *son nom*. Il a
découvert que Dieu est *libérateur, sauveur*, avant de
le reconnaître comme créateur. Cela est tellement
important que nous y reviendrons. Dieu est *Celui
qui nous a tirés de la maison de servitude*, c'est là son
titre principal, presque son nom propre, sans cesse
repris dans toute la Bible.

Lors de la vision du buisson ardent, Dieu donne
son Nom à Moïse : *Yahvé* ; et il l'explicite par une
phrase que la TOB traduit : *Je suis qui je serai*, c'est-
à-dire, ce que je suis, tu le découvriras dans ce que
je serai et ferai avec toi, avec vous, dans l'histoire
(Ex 3, 14).

Ainsi Dieu et son peuple sont unis par un
même lien de sang (voir le rite en Ex 24, 3-8), par
une alliance.

« *De la servitude au service* » : ce titre donné à un
commentaire de l'Exode en résume magnifiquement
le mouvement essentiel. Le peuple a conscience que
Dieu l'a libéré de la servitude d'Égypte ; désormais,
il peut se mettre, librement, à son service, service
qui consiste d'abord dans la vie quotidienne menée
en alliance avec Dieu, et qui s'exprime dans le
culte.

Un passé toujours présent.

Comme l'exprime bien le rituel de la pâque
juive, l'Exode n'est pas seulement un événement
du passé ; c'est un événement qui accompagne
Israël dans toute son existence. Quand on le célèbre dans le culte, il devient présent et on y participe. La référence à ce *passé*, permet de comprendre le *présent* : toute la vie apparaît comme un
exode, une marche vers le Royaume de Dieu ; elle
permet de garder la foi dans les moments terribles
de catastrophes ou de déportation : si Dieu nous
a libérés autrefois, il peut le faire encore
aujourd'hui. Et ainsi cela maintient l'espérance en
se tournant vers l'*avenir*.

Les premiers chrétiens continueront cette méditation. Ils interpréteront *la vie du Christ* comme un
exode, et des textes comme la 1re lettre de Pierre,
l'épître aux Hébreux ou l'Apocalypse, montreront
que toute *l'existence chrétienne* est un exode, à la suite
du Christ, vers le Royaume définitif.

*

En évoquant tout cela, nous dépassons les textes mêmes du livre de l'Exode, mais — comme
nous allons le voir — tout ce que la méditation de
cet événement a suscité dans la suite des temps,
cela fait aussi partie de l'événement et permet de
le comprendre.

Mais à travers toute cette richesse de signification, peut-on remonter jusqu'à l'événement lui-
même, peut-on répondre à la question : « Qu'est-
ce qui s'est passé ! » C'est cela que nous allons tenter de voir maintenant.

Avant de chercher à voir « ce qui s'est passé lors de l'Exode », il faut préciser ce qu'est un événement historique.

À cette question, la réponse paraît évidente : ce sont les faits qu'on peut ou qu'on a pu voir. Il faut pourtant apporter bien des nuances.

Il n'existe pas de faits « bruts », des faits dont on pourrait rendre compte de façon objective : il n'y a que des *faits interprétés*. Deux personnes racontent le même événement : elles le font de deux façons différentes, c'est-à-dire qu'elles ne rapportent pas le fait en soi, mais « le fait tel qu'elles l'ont vu » et le même geste paraîtra à l'un moquerie et à l'autre encouragement...

Et c'est précisément parce qu'on interprète les faits en leur reconnaissant un sens, qu'ils sont historiques. Il y a des faits qui se sont passés mais qu'on oublie aussitôt parce qu'ils n'ont pas de signification : ils sont « dans l'histoire », mais ils ne sont pas « historiques ». J'ouvre la porte, je prends un crayon... ces faits existent, mais n'ont pas de sens particulier. Un événement historique, c'est *celui qui laisse une trace dans la mémoire* d'une personne ou d'un groupe, un fait qui dure dans l'histoire, *parce qu'on y a découvert un sens*.

Mais ce sens, ce n'est qu'*après coup*, et parfois longtemps après, qu'on le perçoit. En voyant l'ère nouvelle qui s'est ouverte pour l'Église catholique, on découvre l'importance de la décision de Jean XXIII de lancer un concile ; les multiples déclarations des « Droits de l'homme » qu'elle a suscitées dans le monde font comprendre la Révolution française. C'est ainsi en descendant l'histoire, en voyant tout ce que tel fait a engendré au long des âges que l'on commence à le saisir.

Parfois aussi, il faut remonter l'histoire : certains événements, minimes peut-être, ont ce pouvoir de devenir *symbole* de tout un ensemble. Prenons un exemple bien connu : le fait que des insurgés soient entrés dans la Bastille pour libérer deux ou trois prisonniers gardés par quelques soldats débonnaires, est un fait bien modeste en comparaison d'autres événements dramatiques ou glorieux. Quand ce fait est-il devenu « historique » : est-ce ce 14 juillet 1789 ? ou bien lorsque la Révolution ayant réussi, il en est devenu le symbole ?... Les deux ensemble ! C'est parce qu'il y eut un fait

ce jour-là qu'on put en faire un symbole, mais c'est en prenant valeur de symbole qu'il est devenu historique.

Avec ce dernier exemple, nous sommes bien près de l'*épopée*. Dans un récit épique, les faits se mêlent, des événements différents sont rapprochés, enjolivés, interprétés pour constituer le récit. On ne saurait affirmer que tous les détails qu'ils relatent sont bien exacts, et pourtant, à partir de faits réels et autour de la personnalité de quelques hommes, ils expriment quelque chose de très vrai : ce que le peuple, en profondeur, a découvert de ses origines, de ses valeurs, de ce qu'il est. *La Chanson de Roland* n'aurait pu naître sans la personnalité de Charlemagne, de Roland, sans non plus cette expédition à travers les Pyrénées, mais sa vérité est aussi d'exprimer l'âme du peuple au moment de la rédaction et son obscur sentiment d'être ce qu'il est grâce à ces héros.

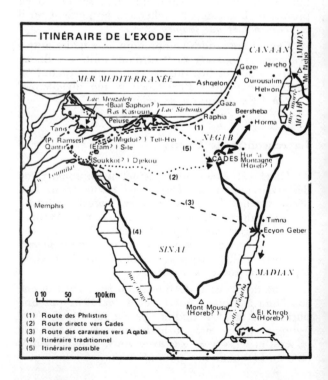

ITINÉRAIRE DE L'EXODE

(1) Route des Philistins
(2) Route directe vers Cadès
(3) Route des caravanes vers Aqaba
(4) Itinéraire traditionnel
(5) Itinéraire possible

Moïse.

À la base de nos récits, il y a la personnalité de Moïse. Né sous le règne de Horemheb (1334-1306) ou de Séti 1er (1309-1290), il fut éduqué dans une école de scribes interprètes dont l'Égypte avait besoin pour ses rapports avec les Asiatiques.

Son séjour au désert, en Madian, le marqua ; il y fut en contact avec un groupe – celui dont Jéthro son beau-père est prêtre – qui semble profondément religieux et honore un Dieu *Yaho*.

Deux exodes ?

Certains textes présentent la sortie d'Égypte comme une expulsion, d'autres comme une fuite. Il y eut probablement deux exodes qui fusionnèrent ensuite dans la mémoire du peuple.

L'exode-expulsion aurait eu lieu vers 1550. Des sémites, les Hyksos, avaient pris le pouvoir en Égypte vers 1720. Ils sont chassés en 1552. Des fils de Jacob, sémites eux aussi et qui avaient profité de la présence des Hyksos pour s'installer, sont alors chassés. Ils prennent la route du nord pour entrer en Canaan. La tradition de cet exode-expulsion aurait pu être conservée dans le territoire de la tribu de Siméon.

L'exode-fuite se situe vers 1250. Un autre groupe de sémites est resté en Égypte. Galvanisé par Moïse, il profite d'une fête de printemps pour s'enfuir. Ce groupe ne prend pas « la route du pays des Philistins » (Ex 3, 17), celle qui longe la mer Méditerranée et qui est la plus directe pour se rendre en Canaan. Mais il doit s'enfoncer dans le désert (Ex 14, 3). La providence divine veillait et ces Sémites purent quitter l'Égypte.

Le « passage » de la mer.

Dans le récit ancien, il n'est pas question de « passage à travers la mer » : le vent dessèche les eaux, les chars égyptiens s'embourbent sous les yeux émerveillés des Israélites.

C'est seulement dans le récit sacerdotal que Dieu *fend* les eaux et fait apparaître *le sec*, comme au matin du monde il fend les eaux primordiales pour faire surgir le sec ! L'Exode est présenté comme un acte de création et le récit de la création (Gn 1) comme un acte de libération.

Une théologie de style épique.

On risque d'être un peu déçu d'avoir si peu de certitudes. Cela tient au genre de ces récits – une *épopée* – et leur importance est d'abord *théologique*.

Une épopée. Différents clans se réclamant d'une même origine – ceux qui sont restés en Canaan, ceux qui ont été expulsés d'Égypte, ceux qui ont fui avec Moïse – se fédèrent lors de *l'assemblée de Sichem* (Jos. 24). En se regroupant avec d'autres, chaque clan apporte avec lui ses traditions qui vont se fusionner pour former le bien commun du nouveau groupe. Les différents souvenirs rejaillissent les uns sur les autres. Ainsi, par exemple, le souvenir du « passage » du Jourdain contribue à faire de l'escarmouche au bord du lac un « passage de la mer » (TOB Jos 3, 13 c - BJ Ex 14, 15 a). Bien des événements ont marqué l'installation en Canaan — passage du Jourdain, prises de villes fortes, victoire de Taanak chantée par Débora (Jg 5). Parmi eux, un événement a émergé et il est devenu le symbole de tous les autres, le symbole de la libération : c'est l'Exode.

Une théologie. Ces souvenirs ont été rédigés non pas pour nous faire un cours d'histoire ou de géographie, mais *pour nous parler de Dieu*. À travers ces récits, apparaît le visage d'un Dieu *libérateur*, qui veut un peuple d'hommes libres, le servant librement en vivant son existence dans l'alliance avec lui. Voilà l'essentiel et le moteur de toute la vie d'Israël, puis des chrétiens.

Cette expérience fondamentale permettra un jour de découvrir que ce n'est pas seulement *un peuple* que Dieu veut libérer, mais *l'homme* : on pourra écrire alors les récits de la création qui étendent à l'humanité entière ce don de la vie et de la liberté.

2. LE ROYAUME DE JÉRUSALEM

Reconstitution du Temple de Salomon.

Vers l'an 1000 avant J.-C., David devient roi et prend Jérusalem dont il fait sa capitale. C'est un nouveau point de départ pour Israël. Comment en est-on arrivé là ?

De l'Exode à David.

Vers 1200, le groupe qui avait quitté l'Égypte sous la conduite de Moïse puis de Josué s'installe en Canaan. Le pays est déjà occupé par différents clans, regroupés autour des petites villes fortifiées sur le sommet des collines. Ces clans vivent d'agriculture, de commerce et se battent entre eux.

Par la force ou par la ruse, parfois en faisant alliance, le groupe de Moïse s'établit dans le centre du pays. Plus tard, le **Livre de Josué** racontera cette installation comme une épopée merveilleuse, avant tout pour donner un enseignement : les Israélites ont conquis le pays, mais c'est Dieu qui leur a donné de le faire ; c'est « le don d'une conquête ».

Dans une *grande assemblée* tenue à *Sichem*, un lien religieux est établi entre différentes tribus qui entrent dans l'alliance avec Dieu (Jos 24).

À l'*époque* dite *des Juges* (entre 1200 et 1000), les tribus qui reconnaissent Yahvé comme leur Dieu sont réparties en trois groupes : en Galilée, dans les collines du centre et au sud de Jérusalem. Le lien entre elles est très lâche et il est surtout religieux. Mais parfois, quand un danger menace l'une ou l'autre tribu, un *sauveur* (ou *juge*) se lève, rassemble le peuple en armes, puis chacun retourne chez soi après la victoire. (**Livre des Juges.**)

Mais la pression des Ammonites au centre et surtout des Philistins, bons guerriers et forts buveurs

de bière, installés au sud près de la Méditerranée, fait prendre conscience aux différentes tribus qu'il leur faut un pouvoir central fort. Les tribus du centre font un essai malheureux de royauté avec Abimélek. C'est avec Saül, un benjaminite, que la royauté sera adoptée comme institution régulière.

Sur le plan religieux, les habitants du pays de Canaan adorent le dieu El, mais, plus encore, Baal, le dieu de l'orage et de la pluie, et Ashtart, déesse de la guerre et de la fécondité. La Bible parle plus volontiers des Baals et des Astartés. Les Israélites qui adorent Yahvé, seront souvent tentés par les cultes de fécondité pratiqués par les Cananéens sur les hauts-lieux.

David.

Profitant de ce que les trois « grands » du Proche-Orient (Hittites pratiquement disparus, Égyptiens et Assyriens) sont alors impuissants, et s'appuyant sur sa valeur personnelle, David réussit à se faire élire *roi* successivement par les tribus du *Sud* puis par celles du *Nord*. Il conquiert la ville des Jébuséens située entre les deux groupes de tribus et en fait sa capitale : *Jérusalem*. Cela crée pour Israël une situation toute nouvelle.

Sur le plan politique, Israël a donc un roi *comme les autres nations*. Cela pose une question à certains croyants : le seul Roi n'est-il pas Yahvé ?

Le prophète Natan va alors jouer un rôle capital. Pour sacrer le roi à Babylone, en Égypte, le prêtre proclamait sur lui un oracle du dieu national, du genre : « Tu es mon fils ; je suis ton père. » Par l'intermédiaire de Natan, Dieu déclare qu'il prend à

Roi cananéen. Ivoire (Megiddo entre 1350-1150.)

son compte une telle formule : le jour de son sacre, le *fils de David* — c'est-à-dire chacun de ses successeurs légitimes - devient *fils de Dieu*.

On comprend que le roi, lieu-tenant de Dieu, ait un rôle essentiel : il apparaît comme le responsable du salut de la nation devant Dieu ; c'est autour de lui que se fait l'unité politique et religieuse.

Sur le plan religieux, David pose un acte qui a valeur politique : il décide d'*installer l'arche d'alliance dans sa capitale*. Cette arche était depuis l'Exode le lieu de la présence de Dieu pour son peuple. En l'établissant à Jérusalem, David lie la présence de Dieu à la royauté. Il n'est pas étonnant que des croyants contestent ce geste, car apparaissent ici deux façons de se représenter Dieu : ou bien on a **un dieu statique**, installé à un endroit précis, au pouvoir de l'homme ; le roi et le peuple peuvent « mettre la main dessus » ; ou bien **Dieu reste libre**, un Dieu qui a guidé son peuple, qui va où il veut, dont la présence et l'action sont toujours imprévisibles (c'est ce que montre, en langage imagé, l'itinéraire de l'arche raconté en 1 S 5-6). Et Dieu, par l'intermédiaire de Natan encore, refuse que David lui construise une maison (2 S 7).

Deux façons de concevoir Dieu qu'on rencontrera à travers toute la Bible (voir Ac 7, 48) et qui restent possibles aujourd'hui encore...

Sur le plan administratif, David commence à organiser son royaume. Différentes fonctions apparaissent ; chefs d'armée, prêtres, secrétaires, ministre de l'Information... (2 S 8, 16-18). Et David fait même un recensement (2 S 24).

La politique extérieure de David a aussi des conséquences religieuses. Par des guerres victorieuses, David fait entrer dans son royaume un certain nombre de tribus ; d'autres royaumes se soumettent. En devenant les vassaux du roi, ces peuples peuvent donc bénéficier aussi de l'alliance avec Dieu. Les scribes qui écriront l'histoire du peuple essaieront de montrer que cet *universalisme* était déjà annoncé en la personne d'Abraham.

Salomon.

Salomon hérite du royaume de son père. Doué de *sagesse* donnée par Dieu (1 R 3), c'est-à-dire de l'art de bien gouverner, il profite de la paix pour organiser le royaume. L'administration se développe (1 R 4-5) ; le pays est divisé en douze districts chargés de fournir chaque mois les denrées, la main-d'œuvre pour les grands travaux... De grandes écuries sont construites à Mégiddo et ailleurs. Une flotte sillonne les mers. Les richesses provenant du commerce avec l'Égypte, la Syrie, affluent à Jérusalem où Salomon bâtit un temple magnifique pour son Dieu et un palais encore plus grand pour lui-même... Un grand roi ! Et pourtant...

Pourtant, il y a *des ombres*. Salomon a trop joué au grand seigneur, se conduisant comme un roi de l'époque et non comme le lieu-tenant de Dieu. La Bible lui prête sept cents femmes et trois cents concubines... C'est peut-être beaucoup ! Mais Salomon eut plusieurs femmes (dont une fille du Pharaon) venues d'autres nations : elles apportaient avec elles leurs dieux et le *risque d'idolâtrie* était grand. Salomon a *exploité son peuple* et s'il réussit à contenir la révolte qui gronde, elle éclatera à sa mort. Son fils, politique stupide, va provoquer la division du royaume en deux : les tribus du Nord se séparent. Le Royaume uni n'aura duré que 70 ans.

Les deux royaumes.

À partir de 930, il y a deux royaumes :
* le *royaume du Sud* ou *de Juda*, avec pour capitale *Jérusalem*. Ses rois seront tous descendants de David et bénéficieront donc de la promesse transmise par Natan ; saints ou pécheurs, ils sont *fils de Dieu*.
* le *royaume du Nord* ou *d'Israël* avec pour capitale *Tirça*, puis *Samarie*. Ses rois ne sont pas descendants de David et la succession dynastique fut sans cesse remise en question (sur 19 rois, 8 seront assassinés). Mais le royaume continue à être l'objet de l'amour de Dieu (voir Osée).

DÉBUT D'UNE LITTÉRATURE

Parce que c'est la paix, parce que Salomon a organisé sa cour à l'image de celle de Pharaon, avec des scribes, on commence à rédiger les traditions. La Bible signale deux livres qui sont perdus : « Le livre du juste » et « Le livre des guerres de Yahvé ». On écrit alors sans doute une **histoire de l'arche** (1 S 2-5) et celle de la **succesion de David** (2 S 9-20). On recueille des poèmes : le **chant de l'arc** et l'**élégie sur Abner** sans doute composés par David (2 S 1 et 3), peut-être quelques **psaumes** et des **dictons** rassemblés plus tard dans le livre des Proverbes.

LE LIVRE DE LA GENÈSE

Entrer dans l'Écriture exige d'abord de se familiariser avec les différents livres qui le composent. C'est ce que nous nous proposons de faire pour ceux qui constituent le Pentateuque en indiquant les textes les plus importants.

Le livre de la Genèse ouvre la Loi ou Pentateuque et le lecteur peut aisément y découvrir trois grandes parties :

— le cycle des origines (Gn 1-11) ;

— le cycle patriarcal (Gn 12-36) où on peut distinguer un cycle Abraham-Isaac (12-26) et un cycle Jacob-Israël (27-36) ;

— l'histoire de Joseph (Gn 37-50) où l'on mettra à part Gn 38 (récit sur Juda et ses fils) et surtout Gn 49, texte poétique qui contient les « Bénédictions de Jacob ».

Le cycle des origines.

Paradoxe suprême, ce cycle s'ouvre sur ce dont personne n'a été le témoin, l'acte créateur de Dieu, créateur du ciel et de la terre comme cadre de la vie de l'humanité (Gn 1) et créateur du couple humain (Gn 2-3). Dès ces premières pages de la Bible le lecteur découvre d'un texte à l'autre des différences de style et de thématique, voire une manière différente de parler de Dieu, car en Gn 2-3 les anthropomorphismes abondent.

On peut parvenir dans ce cycle à distinguer, comme en Ex 14 (voir p. 26-27), des récits anciens, difficiles à dater, et des récits sacerdotaux (voir l'encadré). Une lecture de Gn 2-3 est proposée un peu plus loin (p. 39). Pour les textes sacerdotaux, voir les pages 70-73.

Ces chapitres ne sont pas de l'histoire, mais de la théologie exprimée en images. Le texte aborde les grandes questions que se pose l'homme sur la vie, la mort, l'amour, les origines. Les réponses sont faites à partir de la foi au Dieu d'Israël et en réutilisant des éléments mythiques (voir p. 21).

Le récit commence dans l'optimisme (Gn 1-2), mais très vite l'histoire de l'humanité apparaît comme celle de l'infidélité à Dieu et de la multiplication du mal. À cinq reprises tombe la malédiction (3, 14-17 ; 4, 11 ; 5, 29 ; 9, 25). À chaque fois, Dieu pardonne ou promet le salut. Avec le récit de la tour de Babel (Gn 11, 1-9) le lecteur peut avoir le sentiment que l'humanité vit dans un monde sans issue, où les hommes ne se comprennent plus. Notre histoire a-t-elle un avenir, une espérance ?

Le cycle d'Abraham-Isaac.

Ce cyle s'ouvre sur une promesse qui offre une espérance non seulement à la descendance d'Abraham, mais aussi à tous les clans du sol. Lire le texte de Gn 12, 1-3.

Ancien		P
Chap.	*les origines*	
1		1-31
2		1-4
	5-25	
3	1-24	
4	1-26	
5		1-32
	le déluge	
6	1-8	9-22
7	1-5	6
	7	(8-9)
	10	11
	12	13-16a
	16b	(17a)
	17b	18-21
	22-23	24
8		1-2a
	2b-3a	3b-5
	6-12	13a
	13b	14-19
	20-22	
9		1-17
	de Noé à Abraham	
	18-27	28-29
10		1a
	1b	2-7
	8-19	20
	21	22-23
	24-30	31-32
11	1-9	10-27a
	27b-30	31-32

Bénédiction

Bénir — *bene-dicere* en latin — c'est « dire du bien ». Quand Dieu dit du bien à quelqu'un, cela lui arrive, car la parole de Dieu est toute-puissante et elle fait ce qu'elle dit.

Maudire au contraire — *male-dicere* — c'est « dire du mal » et donc faire advenir le malheur.

Les biens que Dieu dit ou fait peuvent être de l'ordre de l'*avoir* (richesses, fécondité), mais sont surtout de l'ordre de l'*être* : la vie même de Dieu.

L'ensemble du cycle est constitué de traditions légendaires qui offrent dans le texte actuel un enseignement pour un Israël déjà installé dans le pays de Canaan.

Abraham apparaît comme le dépositaire de la bénédiction de Dieu pour tous les peuples. Qu'en fait-il ?
- en Gn 12, 10-20 ?
- en Gn 18, 16-33 ? (Notez les versets 17-18.)
- en Gn 22, 15-18 ?

Vous pouvez aussi voir comment le N.T. reprend la figure d'Abraham : Ga 3, 8 ; He 11, 8 s.

☛ *UN TEXTE CLÉ : Gn 12, 1-3*

1. Le Seigneur dit à Abram :
« Pars de ton pays, de ta famille et de la maison de ton père pour le pays que je te ferai voir.
2. Je ferai de toi une grande nation et je te bénirai.
Je rendrai grand ton nom. Sois en bénédiction.
3. Je bénirai ceux qui te béniront,
qui te bafouera je le maudirai ;
en toi seront bénis tous les clans du sol. »

Comment ce récit est-il une réponse à Gn 3-11 ? Notez le retournement entre 11, 4 et 12, 2.

Quel est le mot clé du texte ? Combien de fois revient-il ? Notez le temps des verbes : impératif - futur.

Sachez que le mot *nation* désigne un peuple organisé et installé sur un territoire.

Lisez Gn 12, 6-9. Quelle nouvelle promesse est faite à Abram (verset 7) ?

Le sacrifice d'Abraham-Isaac (Gn 22, 1-19).

Lisez ce récit dans votre Bible en observant le rôle du verset 1 (« Dieu met à l'épreuve »).

Il y a sans doute, à la base, un vieux récit montrant que Dieu ne veut pas de sacrifices d'enfant comme cela avait lieu parfois (2 R 16, 3), mais là n'est pas l'essentiel.

Que demande Dieu à Abraham ? Comment celui-ci répond-il à Dieu ? Quelle conception du sacrifice propose le texte ? Notez dans les versets 3-14 ce qui relève du sacrifice intérieur et les marques qui sont celles de tout sacrifice cultuel (autel, bois, couteau, bélier). Dans la tradition juive, l'*Aqé-*

dah (ou ligature) d'Isaac sur l'autel est importante : voir l'encadré sur Targum de Gn 22, 10 ci-dessous.

Le cycle de Jacob.

Comme dans le cycle d'Abraham nous sommes en présence de récits sur les ancêtres du peuple d'Israël. Des traditions sur deux clans différents, celui de Jacob et celui d'Israël, ont été fusionnées et on attribue les deux noms au même personnage qui devient le petit-fils d'Abraham.

Lisez Gn 28, 13-16 : la promesse de Dieu à Jacob.

Gn 32, 23-33 : dans sa lutte avec Dieu Jacob reçoit le nom d'Israël. Voyez les notes des Bibles sur ce texte célèbre.

Targum sur Gn 22, 10

Au début de notre ère, les Juifs, à la synagogue, lisaient les Écritures *en hébreu*, la langue sacrée ; mais le peuple qui parlait *araméen* ne la comprenait plus. Il fallait donc traduire. Mais au lieu de faire du mot à mot, on faisait une *traduction large* qu'on appelle « targum » (voir page 81). Ces traductions araméennes sont très intéressantes, car elles nous montrent comment on comprenait l'Écriture à l'époque du Christ. Parfois il s'agissait de petites transformations, parfois on ajoutait des explications. C'est le cas pour le récit du sacrifice d'Isaac. Après le verset 10, le targum ajoute :

Isaac prit la parole et dit à Abraham son père : « Mon père, lie-moi bien pour que je ne te donne pas de coups de pied de telle sorte que ton offrande soit rendue invalide... » Les yeux d'Abraham étaient fixés sur les yeux d'Isaac et les yeux d'Isaac étaient tournés vers les anges d'en haut. Isaac les voyait, mais Abraham ne les voyait pas. À ce moment descendit des cieux une voix qui disait : « Venez, voyez deux personnes uniques en mon univers. L'un sacrifie et l'autre est sacrifié : celui qui sacrifie n'hésite pas et celui qui est sacrifié tend la gorge. »

La « ligature » (*Aqédah* en araméen) que demande Isaac exprime son offrande intérieure : il ne veut pas, en se débattant, risquer de se blesser car il ne serait plus alors une victime pouvant être offerte.

Dans leurs moments d'angoisse, les Juifs demandent à Dieu de se souvenir de cette Aqédah et, à cause d'elle, de leur pardonner leurs fautes et de les sauver.

L'histoire de Joseph.

Fils de Jacob, Joseph est le patriarche de deux tribus (Manassé et Ephraïm) ; son histoire qui se déroule presque totalement en Égypte est celle d'un homme, rejeté par ses frères, qui est l'exemple même de la réussite politique. Cette carrière extraordinaire est en réalité dirigée par Dieu qui accorde sa sagesse à un homme persécuté. D'un mal peut sortir un bien comme le dit Joseph à ses frères : « c'est Dieu qui m'a envoyé en Égypte avant vous pour vous conserver la vie » (Gn 45, 5).

Lire cette histoire à rebondissements (Gn 37-50) et découvrir la place qui y est faite à Dieu.

Les patriarches

Quand nous voulons établir notre généalogie, nous partons de nous pour remonter vers nos ancêtres. Ce qui nous guide, c'est uniquement le lien du sang. C'et important, bien sûr, mais il y a parfois des liens d'amitié ou de compagnonnage qui sont bien plus forts que les liens du sang. Un ami devient un « frère ». On comprend que, encore actuellement, dans certaines tribus, quand on fait alliance on mette tout en commun : ses traditions et ses ancêtres ; puisque maintenant on ne fait plus qu'un groupe, on l'exprime en établissant des liens de parenté entre les ancêtres.

C'est bien ce qu'a fait Israël, semble-t-il, pour les patriarches. Vers le XVIIIe ou XVIIe siècle avant J.-C., s'installèrent en Canaan des clans nomades différents : ceux de Jacob, d'Isaac, d'Israël, d'Abraham... Ils adoptèrent le même Dieu local, El. Ils firent alliance. Devenus frères, leurs ancêtres respectifs devinrent aussi parents : c'est ainsi qu'Abraham devint le père d'Isaac et le grand-père de Jacob identifié avec Israël.

Cette hypothèse proposée par les spécialistes n'a rien d'inquiétant. Elle nous rend seulement un peu plus prudent quand nous prétendons reconstituer l'histoire des patriarches. Mais là n'est pas l'essentiel.

L'essentiel est dans le sens religieux qu'Israël a perçu dans cette histoire. Dans cette « chanson de gestes des ancêtres », il a trouvé, à chaque époque, de quoi alimenter sa méditation et renforcer sa foi. Tantôt il découvre dans les textes une promesse de bénédiction dont hérite le roi, fils de David ; il doit la transmettre à tous. Tantôt il voit en d'autres passages un appel pour ceux qui seraient tentés d'abandonner Dieu pour les idoles cananéennes et découvre en Abraham ou en Jacob un modèle de fidélité à Dieu. Lors de l'exil, lorsque tout est apparemment cassé, Israël s'appuie sur la promesse de Dieu à Abraham : Dieu, un jour, a engagé sa fidélité ; malgré nos péchés, il nous sauvera.

Paul voit en Abraham le modèle même de la foi : il ne s'agit pas de vouloir être juste devant Dieu par ce que l'on fait, nos œuvres, mais de s'en remettre à lui avec confiance. *L'épître aux Hébreux* nous invite à partir à la suite d'Abraham sans vouloir connaître d'avance le chemin...

Et *nous*, qu'allons-nous découvrir en Abraham pour vivre aujourd'hui dans la fidélité à Dieu... ?

☞ LE RÉCIT DE LA CRÉATION
Gn 2, 4 – 3, 24

Lisez d'abord attentivement ce texte bien connu. Notez vos réactions, vos questions...

Reprenez ce texte en vous posant quelques questions (vous pouvez souligner votre texte de couleurs différentes) :

- quels sont les acteurs ? que font-ils ?
- essayez de distinguer différentes parties : de quoi s'agit-il dans chacune d'elles ?
- repérez les thèmes ou expressions qui reviennent. Notamment : où parle-t-on de l'*arbre de vie ?* de l'*arbre de la connaissance du bonheur et du malheur ?* quelles sont les expressions qui expliquent ce qu'on obtiendra en mangeant de son fruit ?

Une réflexion de sagesse.

Quel est le *genre littéraire* de ce texte ? Évidemment pas un « reportage en direct » ni un enseignement sur l'histoire ou la géographie. Il s'agit plutôt d'une réflexion de *sages* qui s'interrogent sur les grandes questions humaines : d'où venons-nous ? Où allons-nous ? Pourquoi la vie, la souffrance, la mort ? Pourquoi cette mystérieuse attirance des sexes ? Quel est le rapport de l'homme avec Dieu, avec la nature (le travail), avec les autres ?...

Pour tenter de répondre à ces questions, l'auteur s'appuie sur *sa propre réflexion*, mais aussi sur celle des *sages d'autres civilisations* ; surtout, il réfléchit à partir de *sa foi* : les croyants qui l'ont précédé ont médité déjà sur l'Exode, l'entrée en Canaan ; dans ces événements, ils ont découvert un certain visage de leur Dieu. C'est surtout à partir de ce qu'il connaît ainsi de son Dieu que l'auteur essaie de répondre.

Nous allons reprendre quelques-unes de ces questions, en les resituant dans le contexte de pensée de l'époque.

* Adam et Ève. Écartons d'abord une difficulté. On entend dire parfois : « Adam et Ève n'ont jamais existé. » Cela montre qu'on n'a rien compris au genre littéraire de ce texte. L'humanité a bien commencé un jour. Avec qui ? Où ? Comment ? C'est à la science de répondre à ces questions, non à la Bible. Mais le ou les premiers couples que la science nous présentera comme premiers hommes, la Bible le ou les appelle « *Adam* et *Ève* ».

Ces noms signifient en hébreu *M. l'Homme et Mme La Vie* ; ce sont donc des noms symboliques représentant à la fois les premiers hommes et tout homme, tous les hommes.

* Naissance de la terre. Quelle idée scientifique (celle de l'époque) est sous-jacente à ce récit ? (Nous verrons que la science de Gn 1 est autre.) Il y a sans doute là l'expérience du nomade pour qui une oasis dans le désert est un paradis.

* Création de l'homme. Quels sont les éléments qui le composent ? Lisez le passage ci-dessous tiré d'un poème babylonien : quelles ressemblances et différences voyez-vous entre les deux textes ? Comment s'exprime le pessimisme de Babylone et l'optimisme de la Bible ?

Ce texte ne contredit en rien la théorie de l'évolution selon laquelle l'homme vient de la vie animale. Il donne un sens religieux à l'apparition de l'homme : lequel ?

Épopée d'Atra-Hasis (avant 1600 à Babylone)

Les dieux sont accablés des tâches qu'ils doivent accomplir :

Lorsque les dieux à la façon des hommes
supportaient le travail et subissaient le labeur,
le labeur des dieux était grand,
pesant leur travail, immense leur détresse...

Les dieux se révoltent. Pour les décharger, on décide de créer l'homme. Le dieu Éa conseille :

Qu'on égorge un dieu,
qu'avec son sang et sa chair
Nintou (la déesse-mère) *mélange de l'argile,*
de sorte que dieu et homme soient mélangés
dans l'argile...

---

* L'homme et la nature. Quel est le rôle de l'homme par rapport à la nature (2, 15) ? par rapport aux animaux (2, 19 ; *nommer*, c'est prendre possession) ? N'est-ce pas proclamer que la science est légitime ?

* Création de la femme. Pourquoi la femme est-elle créée ? Comment est exprimée l'idée que l'homme et la femme sont de même nature et qu'ils sont différents des animaux ?

Torpeur ou *sommeil* (TOB 2, 21r) : ce mot rare exprime une expérience surnaturelle, une sorte d'*extase* comme traduit la Bible grecque.

Peut-être retrouve-t-on ici le vieux mythe selon lequel l'homme ne devient homme que dans son rapport amoureux avec la femme. Voyez le texte ci-dessous.

Épopée de Gilgamesh

Gilgamesh est le héros de la ville d'Ourouk. Pour contrebalancer sa puissance, les dieux créent un monstre, Enkidou, qui vit avec les bêtes sauvages. Sur le conseil d'un chasseur, une prostituée sacrée s'offre à lui. Pendant six jours et sept nuits, il s'unit à elle, puis rassasié, il veut retourner avec les bêtes, mais celles-ci le fuient. Enkidou veut les suivre ; impossible ! Il a perdu sa force, mais il est devenu homme.

Enkidou est sans force,
immobiles restent ses genoux
lorsqu'il veut suivre sa harde.
Affaibli, il ne peut plus courir comme avant,
mais son cœur et son esprit sont épanouis !
Il revient s'asseoir aux pieds de la courtisane
et se met à contempler son visage
et voici que maintenant il comprend
ce que dit la courtisane...

---

* Le serpent. Cet animal tenait un grand rôle dans la mythologie. En Égypte, le serpent s'opposait au dieu soleil pendant la nuit pour l'empêcher d'apparaître. En Canaan, il était un symbole sexuel dans certains cultes. D'après l'épopée de Gilgamesh, c'est lui qui vola la *plante de vie* (voir ci-dessous). Tout cela a pu jouer dans le choix du serpent. Mais l'essentiel, pour le texte, est de montrer que le péché ne vient pas de l'intérieur de l'homme, qu'il ne fait pas partie de sa nature ; il vient de l'extérieur. L'homme est donc responsable de ses actes (comparez avec le texte babylonien ci-dessous).

Théodicée babylonienne (Babylone, 2ᵉ millénaire)

Le roi des dieux créateur des humains,
le dieu Éa qui modela leur argile,
la déesse qui les façonna
ont donné à l'homme un esprit perverti,
ils lui ont à jamais donné,
non pas la vérité, mais le mensonge.

Épopée de Gilgamesh

Hanté par l'idée de la mort, Gilgamesh part à la quête de l'immortalité. Le héros du déluge lui révèle l'existence d'une *plante de vie*. Gilgamesh réussit à l'extraire de l'abîme et veut la rapporter à sa ville. Il marche deux jours puis fait halte.

Gilgamesh vit une vasque aux eaux fraîches.
Il descendit dedans pour se baigner.
Un serpent sentit l'odeur de la plante ;
silencieusement, il monta de la terre
et emporta la plante et, sur le champ,
il rejeta sa vieille peau.
Ce jour-là, Gilgamesh reste là et pleure,
le long de son nez coulent ses larmes...

---

* L'arbre de la connaissance du bonheur et du malheur. Cet arbre et son fruit sont, bien sûr, des symboles (il ne s'agit pas d'une « pomme » !) comme nous disons que « nous goûtons *les fruits* du repos ou de notre travail ». Que représente cet arbre ?

Écartons une fausse interprétation : il ne s'agit pas de l'arbre de la connaissance ou de la science, comme si celle-ci était interdite à l'homme. Le texte affirme le contraire : Dieu donne à l'homme le monde pour qu'il le cultive, les animaux pour qu'il les nomme, c'est-à-dire la science pour qu'il la crée.

En lisant ce texte, vous avez constaté que cet arbre était souvent en relation avec des expressions comme : *Vous serez comme des dieux, possédant la connaissance du bonheur et du malheur* (3, 5) ; cet arbre *est précieux pour la réussite* (ou *pour acquérir le discernement, la clairvoyance ;* 3, 6) ; voyez encore 3, 22.

Si vous avez du temps, vous pourriez lire **Ézéchiel 28** : le prophète reprend les mêmes images (Éden ou paradis, être comme Dieu, chérubins, etc. Voir la note de la TOB) ; le péché du roi de Tyr est de dire : *je suis un dieu* parce qu'il a acquis la sagesse.

Ce qui est interdit à l'homme, c'est donc de refuser d'être homme, de vouloir se faire Dieu. Seul Dieu est « sage », connaissant la racine du bonheur et du malheur. On ne peut voler cette sagesse, mais Dieu la donne à qui l'aime avec respect ou, comme s'exprime la Bible, à qui le « craint » (voir par exemple Pr 3, 18).

La sagesse qu'il a cru voler le laisse finalement « tout nu » ; il découvre qu'il n'est qu'un homme et il participe à l'état du serpent : « nu » et « rusé » sont le même mot en hébreu.

* La souffrance et la mort. L'homme souffrait-il, mourait-il avant le péché ? La question est mal posée. L'auteur regarde lucidement la condition humaine de son temps : il sait qu'il y a souffrance et mort et il cherche le sens. Et il se heurte à la sagesse de Dieu que l'homme ne peut connaître. Vouloir voler cette sagesse, c'est se retrouver nu, désemparé dans cette condition humaine douloureuse. Il découvre donc un lien entre la souffrance et le péché. Avant le péché, Adam souffrait et serait mort, mais il aurait vécu cette condition dans la confiance en Dieu, sans angoisse. (Nous allons revenir sur ce mot : « avant »).

Le péché originel

Ce que les chrétiens appellent « péché originel » ne se trouve pas dans le texte de la Genèse, mais dans l'épître de Paul aux Romains (Rm 5).

Le péché de la Genèse. Si Adam, c'est l'homme, tout homme, son péché, c'est aussi le péché de tout homme, le péché du monde. En ce sens, chacun de nos péchés entre dans ce péché d'Adam, le grossit, lui donne sa consistance.

Pour Paul, l'affirmation du péché originel n'est que la conséquence d'une vérité bien plus importante : *Nous sommes tous sauvés en Jésus-Christ.* Nous le sommes tous, continue-t-il, *parce que nous avions tous besoin de l'être.* Il s'efforce donc de le prouver, de façon statistique d'abord, en montrant que juifs comme païens sont pécheurs (Rm 1-3), puis il reprend sa démonstration de façon symbolique : puisque Adam nous représente tous et qu'il a péché, tous, en lui, nous sommes pécheurs. Mais cela n'est qu'une conséquence. L'essentiel est : nous sommes sauvés en Jésus-Christ. *Là où le péché a abondé, la grâce a sur-abondé.* Autrement dit, il nous déclare que nous ne sommes pas « gracieux » mais « graciés », des pécheurs-graciés. Et cela est merveilleux. Quand on a échappé à un accident mortel, la cicatrice qui nous en reste est merveilleuse : chaque fois qu'on la voit, elle nous rappelle qu'on est vivant ! Le dogme du péché originel devrait, lui aussi, nous enthousiasmer ; il nous rappelle que Dieu nous sauve en Jésus-Christ, que *nous sommes plus que vainqueurs en Celui qui nous a aimés* (Rm 8, 37).

---

* L'arbre de vie. Il apparaît d'abord en 2, 9. D'après 2, 16, l'homme peut en manger. Il réapparaît en 3, 22-23. On découvre ici la bonté de Dieu. Il n'est pas jaloux comme prétend le serpent. Il détient, et lui seul, la vie, et il est prêt à la donner à l'homme à condition que l'homme le veuille : *Voici devant toi la vie et la mort : choisis la vie...* (Dt 30, 19-20).

Le paradis : une tâche à faire.

L'auteur veut exprimer deux choses difficiles à exprimer et à tenir en même temps. La première, il la tient de sa foi : Dieu a créé l'homme pour qu'il soit heureux et libre ; Dieu n'a pas créé le péché et le mal. La seconde, il la sait d'expérience : tout homme est pécheur, tout homme veut se faire Dieu, et cela depuis toujours.

Prenons une pièce de monnaie : il n'est pas possible de voir en même temps les deux faces, ou alors il faut scier la pièce dans son épaisseur, mais ce n'est plus une vraie pièce. C'est un peu ce que fait le texte ici. Ses deux affirmations sont deux faces de la réalité humaine ; il les sépare donc pour les mettre côte à côte, « avant » et « après ». C'est clair, mais ce n'est plus l'homme ! L'« avant », ici, n'est pas un temps historique, mais une image théologique : il veut seulement exprimer le désir de Dieu, désir qui, de fait, ne s'est jamais réalisé comme tel.

Un peu plus tard, le prophète Ésaïe reprendra les mêmes images, mais lui les projette à la fin des temps : voilà ce qu'un jour Dieu réalisera (Es 11, 1-9). Gn 2-3 et Ésaïe nous disent peut-être la même chose : le paradis n'est pas derrière nous comme un beau rêve perdu ; il est devant et c'est une tâche à faire.

Quel Dieu ? Quel homme ?

Nous commencions cette étude en disant : Gn 2-3 essaie de répondre aux grandes questions que nous portons en nous. Au terme : quel éclairage en recevez-vous ?

Quel visage de Dieu vous apparaît ici ?

Qu'est-ce que l'homme ?...

Voir l'explication de cette fresque page 122.

PROPHÈTES DU ROYAUME DE JUDA

Nous allons faire connaissance avec les premiers prophètes qui prêchent dans le royaume de Juda.

NATAN.

Ce prophète n'a pas laissé d'écrits. Mais il a joué un rôle important près de David.

2 S 7, 1-17. Lisez ce texte en le replaçant dans le contexte de la situation religieuse et politique du royaume de David (voir page 34s.).

Relevez les oppositions : *installé/cheminer sous une tente* (TOB) ou *habiter/être en camp volant* (BJ) ; *maison (en dur)/maison-dynastie* ; *mon nom/ton nom*. Retrouvez-vous les deux conceptions de Dieu dont nous parlions page 35. Pouvez-vous les préciser ?

Quel est le rôle du roi en Israël. Voyez les titres donnés à David : *serviteur, berger, roi...*

Si vous aviez du temps, vous pourriez lire **1 Ch 17, 1-15**. Le livre des Chroniques a été écrit après l'Exil, plus de cinq siècles après ce texte de Samuel. Comparez 2 S 7, 14 et 1 Ch 17, 13 (on n'imagine plus que ce *fils de David* puisse pécher), 2 S 7, 16 et 1 Ch 17, 14 (les adjectifs possessifs ont changé). Cela manifeste qu'en cinq siècles la figure de ce *fils de David* a pris de l'importance. Lisez le **Psaume 2** : on lui attribue maintenant la royauté sur le monde entier ! Cela permet de comprendre en quel sens ce titre de *Fils de David* pourra être donné à Jésus.

Les autres interventions de Natan se trouvent en **2 S 12** (le péché de David) et **1 R 1**.

ÉSAÏE.

Ésaïe (ou Isaïe) prêche à Jérusalem entre 740 et 700. Grand poète, politique averti, mais avant tout prophète, Ésaïe exerça une grosse influence sur son temps. Des disciples, deux siècles après, se réclameront de lui et leurs œuvres seront ajoutées à la sienne. Il faut donc distinguer « le livre d'Ésaïe » (66 chapitres) et « les Prophètes » : **Es 1-39** est en partie l'œuvre d'Ésaïe ; **Es 40-55** appartient à un disciple du temps de l'Exil et **Es 56-66** à des disciples d'après l'Exil.

La situation politique au temps d'Ésaïe est complexe. Les deux royaumes de Jérusalem et Samarie sont prospères (au moins pour les riches qui écrasent les pauvres !), mais l'Assyrie est mena-çante. Vers 734, les rois de Damas et de Samarie veulent faire entrer de force Jérusalem dans une coalition contre l'Assyrie : cette *guerre syro-éphraïmite* sera l'occasion des principaux oracles d'Ésaïe.

Les introductions à Ésaïe de la TOB ou de la BJ vous permettront, si vous le voulez, de préciser plus ce contexte social, économique et politique.

Pour une première découverte, on peut se contenter de lire les 12 premiers chapitres ou même **Es 6-12** ainsi que **28, 16-17** et **29, 17-24**.

La *vocation* d'Ésaïe (Es 6) explique son message. Venant au Temple, il fait l'expérience de la présence de Dieu. Il prend conscience qu'il n'est qu'homme et qu'il est pécheur : il se sent perdu. Mais Dieu le fait tenir et le purifie. Ésaïe perçoit que le grand péché, c'est l'*orgueil* (on croit pouvoir tenir par soi-même, se faire Dieu), et le salut, c'est la *foi* (on s'en remet totalement et humblement à Dieu avec confiance).

Ésaïe va s'efforcer de faire faire à son peuple la même expérience : Dieu est comme une énorme *pierre* sur la route ; le peuple doit choisir : l'orgueil, c'est « se buter contre » (8, 14) et trouver la mort (8, 15) ; la foi, c'est « s'appuyer sur elle » (10, 20-21)

« Nul ne peut voir Dieu sans mourir... »

Cette phrase revient souvent dans la Bible et c'est ce qu'expérimente Ésaïe. Non pas que Dieu soit méchant, mais il est tout-autre que nous ! Le courant électrique est une bonne chose, mais si on met la main sur une ligne à haute tension, on est désintégré parce que nous ne sommes pas accordés à cette puissance. De même, nous ne sommes pas accordés à Dieu qui *est* la vie, alors que nous *avons* seulement de la vie. C'est pourquoi quand il se manifeste, Dieu voile sa gloire : voyez par exemple la « vision de dos » accordée à Moïse (Ex 33, 18-23).

Bien plus, nous sommes pécheurs et nous ne pouvons pas tenir devant le Dieu *saint*, c'est-à-dire à la fois *tout-autre* et *parfait*.

Il faut que Dieu nous purifie et qu'il nous tienne. Mais ce n'est finalement qu'en son Fils Jésus que nous « oserons » l'appeler Père.

ou sur cette pierre qu'est *le Messie* (28, 16). Hélas, cette prédication n'aboutira qu'à l'*endurcissement* de la majorité, mais aussi à la constitution d'un *petit reste* de fidèles (6, 9-11).

Ésaïe est judéen. Pour lui, **le roi** est *fils de David - fils de Dieu*, le garant de la foi du peuple et son représentant auprès de Dieu. Aussi souffret-il du manque de foi du roi Akhaz. Celui-ci, affolé par la coalition Damas-Samarie, sacrifie son fils aux faux dieux (2 R 16, 3), mettant ainsi en péril la promesse de Dieu à David. Ésaïe vient lui annoncer que Dieu, envers et contre tout, maintient sa promesse, que déjà un autre enfant est en route, que la jeune femme (la femme d'Akhaz) est enceinte. Et Ésaïe reporte toute son espérance sur cet enfant, le petit Ézéchias, *Emmanu-El*, « Dieu avec nous » (Es 7). Quand Ézéchias devient roi, devient « fils de Dieu », Ésaïe chante l'ère de paix qu'il entrevoit (Es 9) et il célèbre même par avance la venue du véritable Fils de David qui établira un jour la paix universelle (Es 11). Ces différents oracles sont importants mais parfois difficiles : reportez-vous aux notes abondantes de la TOB ou de la BJ.

MICHÉE.

Ésaïe était un aristocrate. Michée est un paysan ; il a souffert dans sa peau de la politique des grands qui amène la guerre, et de l'injustice des riches. Un jour, il monte à Jérusalem y clamer l'indignation de Dieu.

Si on ne retenait de lui qu'un verset, ce serait **Mi 6, 8** où il réussit à faire une magnifique synthèse du message des trois prophètes de cette époque : Amos qui prêche la justice et Osée, la tendresse de Dieu, dans le royaume du Nord, Ésaïe prophète de la foi humble, à Jérusalem.

> *On t'a fait savoir, homme, ce qui est bien,*
> *ce que le Seigneur réclame de toi : rien d'autre*
> *que d'accomplir la justice,*

Si vous travaillez en groupe...

il est bien évident que vous ne pourrez pas, en un mois, étudier tout ce qui est proposé ici. Pourquoi ne pas vous partager le travail : chacun lit l'ensemble de ce chapitre puis en étudie seulement une partie. À la rencontre du groupe, chacun peut ainsi apporter quelque chose aux autres et découvrir certaines convergences.

Prophète

Ce n'est pas « quelqu'un qui annonce l'avenir », mais plutôt quelqu'un qui parle au nom de Dieu, quelqu'un qui a été introduit dans le projet de Dieu (Am 3, 7) et voit tout désormais avec ses yeux.

Faut-il penser à des révélations extraordinaires ? Ce n'est pas exclu, mais il semble plutôt qu'ils découvrent cette Parole de Dieu en deux moments ou endroits : leur vocation et la vie. Leur *vocation* est déterminante : c'est le moment où ils font l'expérience de Dieu, lors d'une visite au Temple comme Ésaïe, dans la prière continue comme Jérémie, dans un amour malheureux comme Osée... À cette lumière, c'est désormais *dans la vie*, les grands événements politiques comme l'existence quotidienne, qu'ils vont découvrir cette Parole, lire les signes des temps.

Tout dès lors leur parle de Dieu, aussi bien une branche d'amandier en fleurs ou une marmite mal calée (Jr 1, 11 s.) que la vie conjugale (Os 1-3 ; Ez 24, 15 s.) ou l'invasion ennemie. Et ils nous apprennent ainsi à lire dans notre vie cette même Parole qui continue de nous interpeller.

Les prophètes s'expriment par *la parole* : oracles (ou déclarations faites au nom de Dieu), exhortations, récits, prières... et par *des actes*. Les *gestes prophétiques* disent la Parole et même font l'histoire (voir dans TOB les références données à la table à « gestes prophétiques » ou BJ Jr 18, 1).

> *d'aimer avec tendresse*
> *et de marcher humblement avec ton Dieu.*

Mais vous pourriez lire encore ses cris contre l'injustice sociale (2, 1-5 ; 3, 1-12 ; 7, 1-7), l'annonce d'un Messie qui ne sera pas fils du David roi de Jérusalem, mais du David petit berger de Bethléem (5, 1-5 cité par Mt 2, 6) ou son message d'espérance (7, 1-10 cité par Lc 1, 73).

Il est important en effet de prendre une vue d'ensemble de la période. Des *prophètes* prêchent, des *sages* s'expriment, le peuple prie (même si on ne sait pas quels psaumes peuvent remonter à cette époque). Dans cette énorme gestation, c'est la Bible qui commence à s'enfanter.

✱

3. LE ROYAUME DU NORD. 930-722

Le roi Jéhu d'Israël rend hommage au roi assyrien Salmanazar III.

Quelque 50 km seulement séparent les deux capitales rivales : Jérusalem et Samarie. Et pourtant, à bien des points de vue, le royaume d'Israël est différent du royaume frère-ennemi de Juda.

Situation géographique. Un coup d'œil sur la carte schématisée en dit plus que de longs discours.
Jérusalem est au milieu des collines, proche du désert de Juda. Le terrain caillouteux produit quelques céréales et permet la culture de la vigne et de l'olivier ainsi que l'élevage du mouton. Le royaume n'a pas d'accès à la mer — la riche plaine de la Shéphéla est occupée par les Philistins — et il est tourné vers la vallée du Jourdain et la mer Morte.
Le *royaume du Nord* au contraire, occupe les collines de Samarie aux vallées verdoyantes ainsi que les plaines de Saron et d'Yzréel. Le déplacement de la capitale indique bien son évolution : Jéroboam, son premier roi, s'était installé à Tirça, tourné vers le Jourdain. Un de ses successeurs, Omri, achète la colline de Samarie et y bâtit sa capitale : on est maintenant tourné vers la mer ; les liens et le commerce sont faciles avec les princes cananéens du Nord (Liban et Syrie actuels). Cela explique en partie la situation économique et religieuse.

Situation économique. Il faut lire, dans le prophète Amos, la description des habitations de Samarie avec leurs murs plaqués d'ébène et d'ivoire (Am 3, 12 ; 5, 11 ; 6, 4) pour percevoir la prospérité du pays. Mais aussi l'injustice sociale qu'elle engendre : les fouilles faites à Tirça, la première capitale, montrent un ensemble d'habitations bien construites, séparées par un mur d'un îlot de bicoques, bidonville avant la lettre.

Fonctionnaire devant le roi. Bas-relief (VIIᵉ s.).

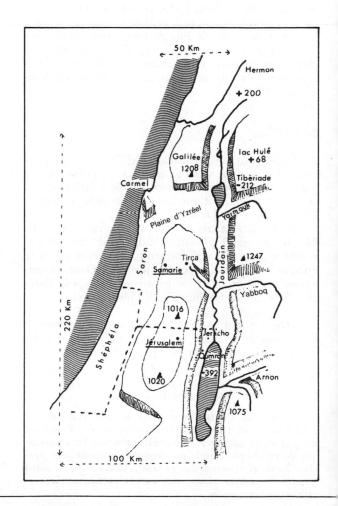

Situation religieuse. Plus que Juda, Israël est en contact avec les Cananéens qui vivent sur son territoire et avec les princes de Tyr, Sidon, Damas. Nous préciserons quelques traits de cette religion, attirante pour un peuple d'agriculteurs, parce qu'elle est centrée sur le culte des forces de la nature divinisées — Baals et Astartés — celles qui sont censées donner la fécondité au sol, aux troupeaux et aux humains. Et Israël est tenté de s'assurer des deux côtés à la fois, de *boiter des deux pieds* comme dira Élie : d'adorer Yahvé tout en servant les Baals.

Pour empêcher son peuple d'aller au Temple de Jérusalem, Jéroboam avait dressé deux taureaux (deux *veaux*, ricaneront les prophètes) aux extrémités de son royaume, à Dan et à Béthel (1 R 12, 26 s). Ces taureaux devaient vraisemblablement servir de piédestal au vrai Dieu Yahvé, lui offrant un lieu pour qu'il s'y rende présent, comme le faisait l'arche d'alliance à Jérusalem. Mais parce que le taureau était le symbole de Baal, le danger d'idolâtrie était grand.

Situation politique. Le système de la royauté, instauré par David et Salomon, continue en Israël. Mais ici les rois ne sont plus descendants légitimes de David ; 8 sur 19 mourront assassinés et les dynasties se succèdent. Le roi n'est pas *fils de David* et il ne peut être *fils de Dieu*. « Ils ont créé des rois sans moi » se plaint Dieu (Os 8, 4). Le roi ne sera donc pas, comme en Juda, le garant de l'unité du peuple et son représentant devant Dieu. En Israël, c'est *le prophète* qui jouera ce rôle, s'opposant souvent aux rois.

Ceux-ci ne seront ni meilleurs ni pires que ceux de Juda et certains seront de grands rois.

Politique internationale. Israël s'est trouvé étroitement mêlé à la politique de son temps.

L'*Égypte* est alors décadente. L'*Assyrie*, puissante, fera plusieurs incursions en Canaan.

Au nord d'Israël, le petit royaume araméen de *Damas* est prospère. Par son origine sémite et sa puissance, il est proche d'Israël et de Juda et sera tour à tour allié ou ennemi. Un document assyrien nous apprend, par exemple, qu'en 853, l'Assyrie doit affronter une coalition de royaumes araméens dont Achab d'Israël avec deux mille chars et dix mille soldats.

C'est vers 750 que les deux royaumes d'Israël et de Juda vont parvenir au sommet de leur puissance. L'Assyrie veut étendre son empire vers la Méditerranée. Le premier obstacle qu'elle rencontre est Damas. C'est merveilleux pour Israël et Juda :

Damas est occupé sur ce second front et ne vient plus les attaquer ; par ailleurs, tant qu'il résiste, il leur sert de bouclier contre l'Assyrie ! Il n'est pas nécessaire d'être très fort en politique pour penser que cela ne durera pas longtemps. Mais pour le moment, gouvernés par des rois intelligents et qui régneront chacun une quarantaine d'années, les deux royaumes en profitent et jouissent de leur prospérité. C'est à cette époque que les prophètes *Amos* et *Osée* prêchent en Israël.

Mais en 732, l'Assyrie prend Damas et, en 722, Samarie. Une partie des habitants est déportée en Assyrie, où elle sera assimilée : on perd sa trace. C'est la fin du royaume du Nord.

Les Samaritains après 722. Tous les habitants n'ont pas été déportés, quelques-uns restent en Samarie. Les Assyriens amènent en Samarie des colons, déportés d'autres provinces de l'empire, qui arrivent avec leurs traditions et leurs dieux. Cela va donner naissance à une nouvelle population, au sang mêlé, qui sert aussi bien le Dieu d'Israël que d'autres dieux. (Voir le récit savoureux et partial de 2 R 17, 24-41.)

Nous aurons l'occasion d'évoquer les démêlés de ces Samaritains avec les Juifs d'exil à Babylone (p. 74 et 79).

On comprend qu'à l'époque du Christ, Juifs et Samaritains se regardent d'un mauvais œil.

ACTIVITÉ LITTÉRAIRE

On rédige, sans doute dès le IXᵉ siècle, les **traditions sur Élie** (1 R 17-19 ; 21 ; 2 R 1-2) et vers 750, les **fioretti d'Élisée** (2 R 3-9) ou de belles **pages d'histoire** comme le récit de la révolution de Jéhu (2 R 9-10).

Des *oracles* d'**Amos** et d'**Osée** sont mis par écrit.

Enfin commencent à se constituer des **ensembles de lois** pour adapter la vieille législation à la nouvelle situation sociale. Très influencés par le message des prophètes, surtout Osée, ces ensembles formeront un jour le noyau du Deutéronome.

PROPHÈTES DU ROYAUME DU NORD

C'est le prophète, dans ce royaume, et non le roi, qui est le garant de la foi. Nous allons donc commencer par écouter trois grands prophètes.

ÉLIE.

Comme Natan à Jérusalem, Élie n'a pas laissé d'écrits. Lui et Moïse sont pourtant les deux grandes figures de la foi juive. Le NT, Luc surtout, présentera Jésus comme le nouvel Élie.

Son nom est un programme : *Élie* est une abréviation d'*Élie-Yahu*, « Mon Dieu c'est Yahvé ! » Il apparaît au IXe siècle, sous le règne d'Akhab. Celui-ci a épousé Jézabel, fille du roi de Tyr. Cette alliance a contribué à la prospérité d'Israël, mais Jézabel amène avec elle sa religion, ses dieux Baals et ses prophètes. Et le peuple adore Dieu tout en servant Baal... Élie, lui, a choisi.

Lisez les quelques pages qui nous le présentent : **1 R 17-19 ; 21 ; 2 R 1-2.** Essayez d'en dégager les principaux traits. En voici quelques-uns.

L'homme devant Dieu. L'expression « Mon Dieu que je sers » ou « devant qui je me tiens » revient souvent. Élie a fait un choix sans partage et il veut obliger le peuple à en faire autant.

Emporté par l'Esprit. Voyez la savoureuse réponse d'Ovadyahou en 1 R 18, 12. De là viennent la force d'âme d'Élie et sa liberté intérieure.

Sa foi sans partage. Lors du sacrifice du Carmel (1 R 18), il veut forcer le peuple à choisir entre le Dieu vivant, personnel, qui intervient dans l'histoire, et les puissances naturelles divinisées, les Baals (voir l'encadré page suivante). Comme nous, Élie croit sans voir : parce que Dieu le lui demande, il annonce la venue de la pluie... mais sans rien voir venir (1 R 18, 41 s.) !

Son intimité avec Dieu. Sa vision de Dieu (1 R 19) est restée, avec celle de Moïse (Ex 33, 18 s.), le modèle de la vie mystique : c'est le maximum qu'il est permis à un homme de voir. Mais Élie reste un homme comme nous, découragé, qui a peur (19, 1 s.). Il faut traduire le verset 19, 12 : « Il y eut la voix d'un fin *silence* » ; Dieu n'est pas dans les forces de la nature divinisées, il est le Dieu mystérieux, dont on pressent la présence dans le silence et le vide, un Dieu caché. Dans sa prière — comme Moïse — Élie ne se répand pas en effusions mystiques : il parle à Dieu de sa mission.

Défenseur des pauvres. Face au roi, aux puissants, il défend le pauvre (1 R 21).

Son universalisme. Parce qu'il croit en Dieu sans partage et qu'il se laisse conduire par l'Esprit, il est très libre pour fréquenter les païens (1 R 17) mais à cette païenne, il demande une foi sans condition (17, 13).

Les *fioretti* d'Élie (2 R 1). Ce récit populaire, à la manière de ceux présentant Élisée, contribuera malheureusement à faire d'Élie un justicier appelant le feu du ciel sur les pécheurs.

L'ascension d'Élie (2 R 2). Parce que, sans doute, on ne connaissait pas le tombeau d'Élie, on en est venu à penser qu'il avait été enlevé près de Dieu. Luc s'inspirera de ce texte pour écrire le récit de l'ascension de Jésus (Ac 1, 6-11) : parce qu'il voit Élie pendant son ascension, on sait qu'Élisée recevra son esprit pour continuer sa mission, comme les disciples recevront l'Esprit de Jésus, puisqu'ils le voient s'élever.

Jésus nouvel Élie chez Luc

Lisez les textes où Luc se réfère explicitement à l'histoire d'Élie : 4, 26 (discours à la synagogue de Nazareth) : 7, 12.15 (résurrection d'un jeune à Naïn) ; 9, 42 (guérison d'un enfant) ; 9, 51.54. 57.61.62 (Jésus monte à Jérusalem) ; 22, 43.45 (agonie : Jésus est réconforté par un ange). On remarquera aussi que Luc a omis la parole de Jésus identifiant Jean-Baptiste et Élie (Mt 11, 14 ; 17, 11-13).

À cette lumière, vous pourriez voir comment les traits que nous avons relevés chez Élie permettent de découvrir le portrait de Jésus d'après Luc : sa relation au Père, fréquemment exprimée dans la prière ; sa liberté intérieure grâce à l'Esprit ; son universalisme et sa tendresse pour les pauvres, les pécheurs, les méprisés, les femmes ; son exigence qui lui fait demander à ses disciples une foi sans conditions. Comme Élie encore, Jésus est l'homme d'un seul but : il *monte* vers son *enlèvement* (9, 51) qui est à la fois sa montée sur la croix et sa montée dans la gloire du Père.

AMOS. Accomplir la justice.

Berger originaire de Téqoa, près de Bethléem, Amos est envoyé par Dieu dans le Nord, au temps de la splendeur de Samarie sous le roi Jéroboam II. Prédicateur populaire au langage vert, il est frappé par le luxe des maisons mais surtout par l'*injustice* des riches. Voir par exemple : 3, 13 - 4,3 (le luxe) ; 2, 6-16 ; 8, 4-8 (l'injustice sociale).

Amos est *prophète* ; à deux reprises, il nous parle de sa vocation : en 7, 10-17, il la raconte ; en 3, 3-8, il essaie d'en donner le sens : un prophète est quelqu'un qui, entré dans le projet de Dieu, voit tout désormais à cette lumière et essaie de déchiffrer ce projet dans la vie et les événements.

Aussi son *enseignement social* est-il fondé sur l'*Alliance* : celle-ci n'est pas une assurance qui permet de vivre n'importe comment ; c'est une responsabilité : *Je n'ai connu en amour que vous*, déclare Dieu, *c'est pourquoi je vous ferai rendre compte de toutes vos iniquités* (3, 1-2).

Si Dieu punit, c'est pour amener à la conversion. Amos prévoit qu'il y aura un petit *reste* : du désastre, quelques-uns seront sauvés (3, 12) et cela permet de garder l'espérance (8, 11-12 ; 9, 11-15).

Le Dieu d'Amos n'est plus seulement un Dieu national : il veille sur la morale même chez les autres nations (1, 3-2, 3, beaux exemples d'oracles). Il le peut parce qu'il est *créateur* : Amos cite un poème (peut-être inspiré d'un hymne cananéen) 4, 13 ; 5, 8-9 ; 9, 5-6.

OSÉE. Aimer avec tendresse.

Originaire du Nord, Osée prêche à la même époque qu'Amos. C'est à travers un événement personnel qu'il découvre la tendresse de Dieu : Osée aime sa femme qui se conduit mal ; par son amour, il réussit à lui redonner son cœur de jeune fille. C'est ainsi que Dieu nous aime : non pas *parce que* nous sommes bons, mais *pour que* nous le devenions (Os 1-3). Dieu nous aime comme un époux aime son épouse : ce thème sera souvent repris dans la Bible et il donne un sens nouveau à la foi : la Loi du Sinaï apparaît comme un contrat d'amour, une alliance entre époux, et le péché comme un adultère, une prostitution, une faute contre l'amour.

Osée dresse un constat implacable du péché de son peuple : il n'y a pas de fidélité, pas de tendresse pour son frère, pas de connaissance en amour de Dieu. Nous allons étudier un texte de façon plus précise, mais en lisant l'ensemble, on pourrait s'attarder aux passages présentant l'amour de Dieu (1-3, comme un époux ; 11, comme un père) ou demandant une réponse d'amour du peuple (4, 1-3 ; 6, 4-6, une phrase que Mt citera deux fois ; 10, 12 ; 12, 3-7). À l'inverse, on pourrait voir ce qu'est le péché (4, 4-10 ; 5, 1-7 ; 7, 1-2).

Si on s'intéresse à ce qui fait la vie du peuple, on pourrait relever tout ce qui est dit des institutions : *Loi — culte — terre — prophète* dont l'importance éclipse celle du *roi — juges*... L'idéal est celui de la vie qu'on menait au désert, lors de l'Exode, sous la conduite du prophète Moïse.

Dieu de l'histoire ou dieux de la nature ?

Israël croit en un Dieu qui est intervenu dans son histoire : le *Dieu d'Abraham, d'Isaac et de Jacob*, le « Dieu-qui-nous-a-tirés-de-la-servitude ». Ce Dieu le guidait quand il était nomade au désert, il l'a introduit dans la terre de Canaan.

Mais maintenant, Israël est devenu sédentaire : il a des champs, des villes. Ce qui l'intéresse c'est : comment obtenir la fécondité du sol et des troupeaux ? à qui s'adresser pour avoir la pluie en son temps ? Et, sur place, il trouve une religion bien équipée pour répondre à ces besoins : les Baals — l'orage et la pluie divinisés — les Astartés — la sexualité et la fécondité divinisées (revoir ce qu'on a dit de la mentalité cananéenne, page 19).

Un Dieu qui est intervenu dans l'histoire, c'est bien. Mais il faut vivre... et il est plus sûr de s'assurer près des Baals !

Il ne faudrait pas trop vite croire que c'est là un problème dépassé : les Baals ont seulement changé de nom. Le chrétien peut connaître le même conflit : il croit en un Dieu intervenu dans l'histoire en son Fils Jésus, mais qu'est-ce que cette foi a à voir avec les nécessités économiques ? N'est-il pas plus sûr de s'assurer près des « puissances » de la nature (sa banque, le pouvoir...) ?

Commencez par lire ce texte, sans tenir compte des annotations en marge. De qui parle-t-on ? avec quelles images ? Que vous dit ce texte ? Notez ce qui vous plaît, vous étonne, vous pose question...

4	*Faites un procès à votre mère, faites-lui un procès,*	DIEU époux
	car elle n'est pas ma femme et moi, je ne suis pas son homme.	accusé
	Qu'elle éloigne de sa face les signes de sa prostitution	juge...
	et d'entre ses seins, les marques de son adultère.	BAALS amants
5	*Sinon je la déshabillerai toute nue*	accusés...
	et je la mettrai comme au jour de sa naissance	PEUPLE femme
	et je la rendrai semblable au désert	mère
	et j'en ferai une terre desséchée	terre...
	et je la ferai mourir de soif.	
6	*Ses enfants, je ne les aimerai pas,*	
	car ce sont des enfants de prostitution.	
7	*Car leur mère **s'est prostituée**,*	1re accusation
	celle qui les a conçus s'est déshonorée, car elle disait :	
	« Je veux courir après mes amants, eux qui me donnent	
	mon pain et mon eau, ma laine et mon lin, mon huile et ma boisson. »	
8	***C'est pourquoi** je vais fermer ton chemin avec des ronces*	punition
	le barrer d'une barrière et elle ne trouvera plus ses sentiers.	
9	*Elle poursuivra ses amants et ne les atteindra pas,*	
	elle les cherchera et ne les trouvera pas. Alors elle dira :	
	« Je vais revenir à mon premier mari	
	car j'étais plus heureuse alors que maintenant. »	
10	*Et elle, elle n'a **pas connu** que c'est moi qui lui donnais*	2e accusation
	le blé, le vin nouveau, l'huile fraîche ;	
	je lui prodiguais de l'argent, et l'or, ils l'ont employé pour Baal.	
11	***C'est pourquoi** je retournerai et je reprendrai*	punition
	mon blé en son temps, mon vin nouveau en sa saison,	
	j'arracherai ma laine et mon lin qui devaient cacher sa nudité.	
12	*Et maintenant, je vais dévoiler sa honte aux yeux de ses amants*	3e accusation
	et personne ne la délivrera de ma main.	
13	*Je ferai cesser toute sa joie, ses fêtes, ses néoménies, ses sabbats,*	
	et toutes ses solennités saisonnières.	
14	*Je dévasterai sa vigne et son figuier dont elle disait :*	punition
	« Voilà le salaire que m'ont donné mes amants. »	
	Je les changerai en fourré et les bêtes sauvages en feront leur nourriture.	
15	*Je lui ferai rendre compte des jours des Baals*	
	auxquels elle brûlait des offrandes :	
	elle se parait de ses anneaux et de ses bijoux,	
	*elle courait après ses amants et moi, **elle m'oubliait** — oracle du Seigneur !*	
16	***C'est pourquoi** c'est moi qui vais la séduire,*	
	je la conduirai au désert et je parlerai à son cœur.	
17	*Et de là, je lui donnerai ses vignobles*	
	et la vallée d'Akor comme une porte d'espérance	
	et là elle répondra comme au jour de sa jeunesse,	
	au jour où elle monta du pays d'Égypte.	Exode

18	**Et il adviendra en ce jour-là** — *oracle du Seigneur* —
	que tu m'appeleras « mon homme »
	et tu ne m'appelleras plus « mon baal ».
19	*J'ôterai de sa bouche les noms des Baals*
	et on ne mentionnera même plus leur nom.
20	*Je conclurai pour eux* **en ce jour-là** *une alliance*
	avec les bêtes des champs, les oiseaux du ciel, les reptiles du sol ;
	l'arc, l'épée et la guerre, je les briserai dans le pays
	et je les ferai dormir en sécurité.
21	*Je te fiancerai à moi pour toujours,*
	Je te fiancerai à moi dans la justice et dans le droit,
	dans la tendresse et dans l'amour.
22	*Je te fiancerai à moi dans la fidélité et tu connaîtras le Seigneur.*
23	**Et il adviendra en ce jour-là** *que je répondrai — oracle du Seigneur —*
	je répondrai aux cieux et eux répondront à la terre.
24	*Et la terre, elle, répondra au blé, au vin nouveau, à l'huile fraîche,*
	et eux répondront à l'attente d'Yzréel.
25	*Je les sèmerai dans le pays et j'aimerai « Non-Aimée »*
	et je dirai à « Non-mon-peuple » : « Tu es mon peuple »
	et lui il dira : « Mon Dieu ».

Marges :
Gn 2, 23
Paix du paradis
Gn 2, 18-23 ;
Es 11, 6-8
voir Os 1, 8
c'est la négation
d'Ex 3, 14

Quels sont les *acteurs* ? Quelles sont les *images* qui les représentent ?

Que font-ils ? Que cherchent-ils ?

Notez les expressions qui reviennent, les mots qui vous paraissent importants, le jeu des adjectifs possessifs (par exemple *le blé, mon blé…*).

Dans ce *procès en divorce* qui se présente comme un ultimatum, notez les trois *accusations* de Dieu (quelles sont-elles ?) et les *punitions* qu'il envisage (quelle est la troisième ?).

Être attentif aux oppositions : *aimé/non-aimé ; donner/prendre ; désert v. 5/désert v. 16* (le sens est-il le même ? pourquoi ?) ; *être épouse* signifie, au début, « se faire entretenir » et en finale ?

Resituez ce texte dans la pensée de l'époque (voir l'encadré à la page 47 et TOB 2, 25 w) : l'enjeu est de savoir qui donne la fécondité, les puissances divinisées (Baals) ou le Dieu de l'histoire. Comment Osée s'appuie-t-il sur l'histoire (voyez les références indiquées en marge) ?

Quel *visage de Dieu* apparaît-il ici ? Fait-il partie de la nature ? Il est celui qui donne sens à tout mais la nature a ses lois qui relèvent de la science (les cieux répondent à la terre, voir TOB w).

Qu'attend-il de l'homme ? Notez les mots qui présentent *la réponse de l'homme.*

✳

Le vocabulaire de l'amour

« Tendresse » (*hésed* en hébreu), un des mots clés d'Osée : lien d'affection entre deux partenaires. (TOB traduit « amour » ou « fidélité » ; BJ « tendresse », « amour » ou « bonté ».) (Voir TOB Os 4, 1 d - BJ Os 2, 21.)

« Amour » (*rahamin* en hébreu) : ce mot réservé à l'amour de Dieu pour nous, est le pluriel (c'est-à-dire le superlatif en hébreu) du mot « sein maternel ». C'est un amour maternel, un amour qui prend aux entrailles (TOB traduit « amour », « aimer », « tendresse », « pris en pitié » ; BJ « amour » ou « aimer »).

« Fidélité ». Les mots de la même racine en hébreu (*émeth, émounah, amen*) indiquent la solidité, la durée dans l'alliance entre deux êtres : ils peuvent se faire totalement confiance (TOB et JB traduisent « sincérité » ou « fidélité ».) (Voir TOB Os 4, 1 d et page 83.)

« Connaissance ». On connaît par tout son être, son intelligence comme son cœur et son corps (le mot exprime aussi l'union des époux). (Voir TOB Os 4, 1 d et Am 3, 2 1 - BJ Os 2, 22.)

« Faire grâce » (*hanan*) : le geste de la maman se penchant sur son bébé. (Jean = Yo-hanan, Dieu fait grâce.)

Ce sont les noms que Dieu inscrit sur sa « carte de visite » : Dieu d'*amour* et de *grâce*, riche en *tendresse* et en *fidélité* (Ex 34, 6).

LE LIVRE DE L'EXODE

Bien que nous ayons lu un texte majeur du livre de l'Exode, le récit de la sortie d'Égypte (Ex 14, voir p. 26-29) et le poème qui le suit (Ex 15, voir p. 30), il convient de présenter l'architecture du livre de l'Exode et de proposer quelques textes à lire en priorité.

Le livre de l'Exode peut se subdiviser en trois parties d'inégale longueur :

— Ex 1, 1 — 15, 21 : Cette première partie du livre pourrait s'intituler « De la servitude à la libération d'Égypte ». Elle s'ouvre sur la présence des « fils de Jacob » en Égypte et s'achève sur le cantique de Moïse (Ex 15, 1-18). Ce poème opère une rupture dans le livre, car il anticipe sur ce qui arrivera plus tard, l'établissement des tribus dans le pays promis par Dieu et la présence d'un sanctuaire sur la montagne, sanctuaire qui ne peut être que celui de Jérusalem.

— Ex 15, 21 — 18, 27 : En Ex 15, 22 commence la marche au désert qui sera ponctuée par des étapes où Dieu manifeste sa providence à l'égard de son peuple. Il lui donne de l'eau à boire (Ex 15, 22 – 27 ; 17, 1-7), de la nourriture à manger (Ex 16) et il lui accorde la victoire face à ses ennemis (17, 8-16). Ces dons de Dieu sont faits pour un peuple qui se plaint et murmure contre Dieu, tenté de revenir sur ses pas et de retourner en Égypte.

— Ex 19-40 : Cette troisième partie s'ouvre sur la grandiose manifestation de Dieu sur la montagne (Ex 19), le lieu symbolique où Dieu donne la loi à Moïse. Ce nouveau don prend une double forme : le Décalogue (20, 1-17) et le Code de l'alliance (20, 22-23, 33 ; voir p. 60). Ce premier ensemble s'achève par une conclusion liturgique qui scelle l'alliance avec sacrifice et aspersion du sang (24, 3-8), puis avec un repas pris devant Dieu (24, 9-11). La scène est grandiose et Moïse, lorsqu'il asperge le peuple avec le sang, déclare : « Voici le sang de l'alliance que le Seigneur a conclue avec vous, sur la base de toutes ces paroles » (24, 8). Le lecteur chrétien ne peut manquer d'évoquer ici la parole de Jésus lors du dernier repas : « Ceci est mon sang, le sang de l'alliance, versé pour la multitude » (Mc 14, 24 ; voir 1 Co 11, 25).

En Ex 25-31 prennent place les instructions que Moïse reçoit de Dieu sur la montagne pour la cons-truction du sanctuaire (« la Demeure »), l'organi-sation du sacerdoce et du culte. Ces chapitres, reliés volontairement à la manifestation de Dieu sur la montagne (25, 15-18) sont attribués à une rédac-tion sacerdotale (voir p. 71).

Arrivé à ce point, le lecteur ne peut qu'admi-rer les dons de Dieu à Israël qui aboutissent à cette « loi de l'alliance » qui doit permettre au peuple de vivre.

Un épisode dramatique s'inscrit dans la trame du texte avec l'épisode du veau d'or (Ex 32). La relation entre Dieu et Israël est rompue ; les dons de Dieu mis en question ; la loi de Dieu abandon-née. À tous égards Ex 32 constitue une rupture d'ordre théologique tout autant que littéraire, car Israël en fabriquant une statue de veau pèche con-tre Dieu en n'obéissant pas à la prescription du Décalogue : « Tu ne te feras pas d'idole » (20, 4). Dès lors, que va-t-il se passer ?

Dans un dialogue avec Moïse Dieu envisage le châtiment suprême, la disparition de tout le peu-ple et son intention de tout recommencer avec le seul Moïse (Ex 32, 10 ; voir Gn 12, 2). Seule l'intercession de Moïse permet au peuple de ne pas subir le châtiment mérité. L'intercession, et donc la prière, dominent les chapitres 32-33 de l'Exode.

Ex 34 marque la reprise de la relation de Dieu avec son peuple, mais désormais Dieu parle avec le seul Moïse à qui il ordonne de refaire deux tablettes et d'y inscrire les paroles de Dieu, puis Dieu conclut alliance avec le seul Moïse (34, 10). On a alors un nouveau texte législatif sur le culte (34, 11-26) qui fait pendant à ceux d'Ex 20-23.

En Ex 35-40 Moïse exécute les ordres qu'il a reçus de Dieu en Ex 25-31, chapitres que l'on doit aussi attribuer à des rédacteurs sacerdotaux.

Le livre s'achève sur la venue de la Gloire divine qui remplit le sanctuaire (40, 34-38).

Les sages-femmes et le pouvoir politique (Ex 1, 15-22).

Face à l'ordre donné par le roi d'Égypte de faire mourir les garçons des Hébreux, les sages-femmes n'obéissent pas à un pouvoir qui veut réduire un peuple jugé trop fort.

Naissance et enfance de Moïse (Ex 2, 1-10).

La mère de Moïse va tout faire pour sauver son jeune enfant dont la beauté est le signe qu'il est promis à un grand avenir. Là encore les femmes sont les instruments de la Providence divine. Le récit est sans doute inspiré d'une histoire, connue en Égypte, sur la naissance de Sargon d'Agadé qui vivait en Mésopotamie vers 2300 avant Jésus-Christ.

Naissance de Sargon d'Agadé

Sargon, roi fort, roi d'Agadé, c'est moi. Ma mère était pauvre ; mon père, je ne l'ai pas connu... Elle me conçut, ma mère, la pauvre, en cachette elle m'enfanta, elle me mit dans une corbeille de roseaux, avec du bitume elle ferma ma porte. Elle m'abandonna au fleuve, qui ne me submergea pas. Le fleuve m'emporta jusque vers Akki, le porteur d'eau. Akki, avec bienveillance me regarda, il me retira. Akki, comme son enfant m'adopta, il m'éleva. Akki pour son jardinage me plaça. Durant mon jardinage, la déesse Ishtar m'aima. Pendant cinquante-cinq ans j'exerçais la royauté.

Le buisson ardent (Ex 3-4).

Alors que Moïse est au désert, Dieu se manifeste à lui à travers la vision du buisson qui brûle sans se consumer. Dieu alors l'appelle, lui annonce sa volonté de libérer son peuple et l'envoie en mission auprès de pharaon. Dieu va même jusqu'à révéler son Nom dans une phrase difficile à traduire : « Je suis qui je serai » (voir TOB 3, 14a - BJ 3, 13 k). Dieu ne se découvre qu'à travers son action dans l'histoire ; il faut donc du temps pour découvrir qui Il est. Dieu se découvre à travers ceux qui le servent avec fidélité : c'est le Dieu d'Abraham, de Moïse, de Jésus-Christ.

La mission de Moïse est d'arracher le peuple de Dieu à la servitude d'Égypte non par la force, mais avec la puissance de Dieu. Le peuple doit quitter le service de pharaon pour entrer au service de Dieu et devenir un peuple libre. Le verbe « servir » est un des mots clés d'Ex 3-14. À vous de le découvrir !

L'intercession de Moïse (Ex 32, 7-14).

Avec Dieu qui ne considère plus le peuple sorti d'Égypte comme *son* peuple, Moïse tente de discuter. Relire son intercession. Quels sont les arguments qu'il invoque ? Au bout du compte, Dieu se découvre comme celui qui pardonne.

La demande de Moïse (Ex 33, 18-23).

Alors que Moïse doit intercéder à plusieurs reprises pour le peuple, il ne demande jamais rien pour lui-même. Il y a toutefois une exception. En 33, 18 Moïse dit brusquement à Dieu : « Fais-moi voir ta gloire. » La demande est exorbitante et le texte offre trois réponses de Dieu. En effet on ne peut voir Dieu sans passer par la mort. Cependant Dieu accorde à son serviteur de bénéficier de son passage. Sous forme de promesse Dieu lui dit : « Tu me verras de dos » (v. 23). Mais ce passage n'est pas raconté ; il est indicible. De plus, si on ne peut voir Dieu, il est donc impossible de le représenter par une image. La demande de Moïse est là pour nous instruire. Le Dieu de Moïse se découvre dans l'écoute de sa Parole.

✱

LE LIVRE DES NOMBRES

Placé entre le Lévitique (voir p. 68) et le Deutéronome (voir p. 56 s.), le livre des Nombres est le moins connu des livres de la Torah ou Pentateuque. Pourtant ce livre est d'une certaine manière la suite du livre de l'Exode puisqu'il renoue avec la marche au désert, interrompue depuis Ex 19 ; il est tout entier orienté vers l'entrée en Terre promise.

Les récits du livre des Nombres racontent les obstacles qui se dressent sur la route qui conduit à la Terre promise. Ces obstacles ne sont pas dus seulement aux peuples rencontrés, mais aussi au peuple lui-même qui ne fait pas confiance à Dieu. À côté de ces récits, le livre des Nombres fait place à des lois et cette juxtaposition, difficile à comprendre pour nous, a fait croire que le livre ne possédait pas de plan cohérent.

Déroutant pour ses lecteurs, le livre des Nombres passe d'un sujet à l'autre, offrant des lois et des récits sans ordre apparent, signe que la logique du livre obéit à des règles qui ne sont plus les nôtres.

Le plan du livre.

Du livre des Nombres on peut proposer un plan très simple qui permet de repérer la répartition des textes.

— Nb 1, 1 – 10, 10 : On a ici une série de textes réglementaires sur divers sujets (recensement ; statut des lévites ; naziréat ; prescriptions cultuelles). Ces textes se présentent comme des discours de Dieu à Moïse dans le désert du Sinaï (1, 1.19 ; 3, 4.14 ; 9, 1.5) ou au mont Sinaï (3, 1).

— Nb 10, 11 – 21, 35 : Les Israélites quittent le désert du Sinaï (10, 12) et reprennent leur marche à travers le désert. Les étapes sont marquées par les révoltes du peuple. Certains chapitres (15 ; 18-19) offrent des textes législatifs.

— Nb 22, 1 – 24, 25 : Ces chapitres constituent le cycle de Balaam. Ce personnage qui n'est pas israélite est un voyant engagé par le roi de Moab pour maudire Israël.

— Nb 25 : Ce chapitre renoue avec le récit de la marche dont le fil a été rompu par le cycle de Balaam.

— Nb 26-36 : Nouvelle série de prescriptions qui s'ouvre sur un second recensement (26 ; voir 1, 1-47). On a là une succession d'ordres divins qui doivent être mis en œuvre lors de l'entrée dans le pays de Canaan.

Même s'il est fait usage de matériaux anciens, ceux-ci ne sont pas très nombreux. La composition du livre comme telle est tardive et doit dater de la période post-exilique. L'influence du milieu sacerdotal y est très forte.

Propositions de lecture.

Dieu, mère du peuple (Nb 11, 4 – 15.18-23). Le peuple se plaint à Moïse de ne pas avoir de viande à manger. Dieu réagit très mal à cette contestation. De son côté Moïse déclare à Dieu que ce n'est pas à lui de nourrir le peuple. La vraie mère du peuple, c'est lui Dieu ; c'est à lui de le nourrir. Noter les verbes « concevoir », « mettre au monde ». À qui sont-ils réellement appliqués ?

Le don de l'Esprit aux anciens (Nb 11, 16 – 17.24-30). Moïse est ici considéré comme prophète (voir Os 12, 14 ; Nb 12, 1-8), mais l'idéal serait que tout le peuple de Dieu soit prophète, c'est-à-dire que le Seigneur mette son esprit en chacun. En attendant ce jour, l'esprit de Dieu se pose sur ceux qui sont choisis pour conduire le peuple.

La sainteté de la communauté (Nb 16-17). La communauté d'Israël se dresse contre Moïse et Aaron : « Tous les membres de la communauté sont saints, et le Seigneur est au milieu d'eux. De quel droit vous élevez-vous au-dessus de l'assemblée du Seigneur ? » (16, 3.) À travers cette parole pointe cette prétention de se passer de toute médiation, de celle de Moïse (16, 12-14) ou celle du prêtre Aaron (16, 11). À qui Dieu donne-t-il raison ? Voyez aussi ce que fait Aaron (17, 11-15) et ce qui arrive à son bâton (17, 16-25).

Le péché de Moïse (Nb 20, 1-13). Le livre des Nombres contient le plus bel éloge de Moïse (lire Nb 12, 6-8). Pourtant Nb 20 parle du péché de Moïse, lui qui n'a pas cru en la puissance de la parole de Dieu pour faire sortir l'eau du rocher. L'eau sera tout de même donnée, mais Moïse par son manque de foi ne pourra pas entrer dans le pays promis (20, 12). D'ailleurs Myriam (20, 1), Aaron (20, 22-29) et Moïse (Dt 34) meurent avant d'atteindre le but de la marche, ainsi que toute la génération qui s'est révoltée contre Dieu.

Le cycle de Balaam (Nb 22-24). Balaq, roi de Moab, fait appel à un devin, Balaam, fils de Béor, pour maudire Israël, « ce peuple sorti d'Égypte » et jugé trop puissant. Le nom de ce personnage se trouve dans une inscription découverte à Deir 'Alla que l'on peut dater de 750 av. J.-C. (voir encadré). Balaam, dont l'ânesse est plus clairvoyante que lui, sera amené par Dieu à bénir Israël (24, 1).

Il serait bon de lire Nb 24, 15-19. Voici comment on comprenait 24, 17 à l'époque du Christ, d'après la traduction araméenne (targum) qu'on en faisait alors :

texte hébreu	targum
Un *astre* issu de Jacob devient chef un *sceptre* se lève, issu d'Israël.	Un *roi* se lèvera de la maison de Jacob et un *sauveur* (ou *messie*) de la maison d'Israël.

Le texte du targum peut-il vous aider à comprendre Mt 2, 1 s. ? Qui est cet astre pour Matthieu ?

Témoignage archéologique sur Nb 6, 24-27

En 1979, lors de la fouille de tombes dans la vallée de la Géhenne, près de Jérusalem, furent mises au jour deux minces lamelles d'argent, formant chacune un petit rouleau, au centre duquel pouvait passer un cordon de suspension. On a pu y lire une version abrégée de la bénédiction sacerdotale de Nb 6, 24-25 :

Que Yahvé te bénisse et te garde !
Que Yahvé fasse rayonner sur toi sa face
et t'accorde sa grâce !

Ainsi la bénédiction sacerdotale comme formule liturgique doit remonter au moins au VIIe siècle av. J.-C.

Balaam, le voyant

Admonitions du livre de Balaam, fils de Béor,
l'homme qui voit les dieux.
Les dieux vinrent vers lui, de nuit,
et il vit une vision comme un oracle de El.
Ils dirent à Balaam, fils de Béor :
« Ainsi l'homme fera la destruction de sa postérité,
tu n'as jamais vu ce que tu as entendu ! »
Et Balaam se leva le lendemain matin.

(trad. E. Puech.)

✳

4. DERNIÈRE PÉRIODE DU ROYAUME DE JUDA 722-587

Prisonnier emmené par un guerrier assyrien Ninive (VIIᵉ s.).

En commençant notre parcours, nous nous étions surtout attardés sur le royaume uni de David-Salomon (p. 34-35). Puis nous sommes passés dans le royaume du Nord (p. 44-45). Nous revenons maintenant dans le royaume du Sud ou de Juda : nous sommes à la dernière période de son existence qui s'étend entre la chute du royaume du Nord (722) et la prise de Jérusalem (en 587).

Juda de 930 à 722.

Petit royaume coincé entre Israël et les Philistins (voir la carte page 44), Juda s'étend sur les collines autour de Jérusalem et sur le désert du Néguev. Il vit de la culture, de l'élevage, du mouton surtout, mais aussi du commerce avec l'Arabie et l'Égypte.

Sur le plan politique, il subit, bien sûr, les contre-coups de la situation internationale. Pendant toute une partie de cette période, les grandes puissances, Égypte et Assyrie, sont affaiblies. L'activité politique et militaire se concentre donc sur le territoire de Canaan : luttes, alliances, victoires et défaites entre les petits royaumes de Juda, Israël et Damas.

La situation change, à partir de 745, avec le retour sur la scène de l'Assyrie. Pour résister, Damas et Israël se coalisent et ils veulent forcer Juda à se joindre à eux : c'est la guerre syro-éphraïmite, occasion d'oracles du prophète Ésaïe (voir p. 42). Le jeune roi de Juda, Achaz, préfère appeler à l'aide le roi d'Assyrie. Celui-ci arrive, s'empare de Damas en 732, puis Samarie est prise en 722.

Les répercussions pour le royaume de Juda de la chute de Samarie sont importantes aussi bien au plan politique que psychologique.

Juda entre 722 et 587.

Tout le territoire au nord de Jérusalem (l'ancien royaume du Nord) devient province assyrienne. Le roi Achaz qui, par son appel à l'Assyrie, est en partie responsable de la destruction du royaume uni, reste jusqu'à sa mort fidèle à l'Assyrie.

Ézéchias, son fils, règne une trentaine d'années et même une quarantaine puisque son père l'associa au gouvernement pendant douze ans. Malgré les conseils d'Ésaïe, il mène une politique complexe d'alliances avec l'Égypte et avec un roi de Babylone qui, un temps, s'est révolté contre le roi d'Assyrie.

En 701, Sennachérib, nouveau roi assyrien, fit une campagne contre Juda. Ézéchias fortifie sa capitale et fait creuser dans le roc le « canal d'Ézéchias », sorte de tunnel qui amène les eaux de la source de Guihon jusqu'à la piscine de Siloë à l'intérieur des remparts. Mais Sennachérib l'enferme dans Jérusalem « comme un oiseau en cage ». Il finit par lever le siège (peut-être à la suite d'un fléau ravageant son armée), se contentant d'un lourd tribut de la part d'Ézéchias.

Manassé, roi violent et impie, règne 45 ans, se soumettant sans histoire au roi d'Assyrie. Celui-ci est alors Assourbanipal : ce roi artiste et lettré nous a laissé une bibliothèque composée de plus de 20 000 tablettes où, sur l'argile cuite, sont gravées les annales du royaume et les grandes œuvres littéraires du Proche-Orient. Mais, vers la fin de son règne, la carte politique commence à changer : une nouvelle dynastie apparaît à Babylone ; plus à l'est, en Iran actuel, les Mèdes deviennent puissants et, à l'ouest, l'Égypte se réveille.

C'est dans ce contexte que **Josias** va régner à Jérusalem une trentaine d'années. Après deux rois impies, Manassé et Amon, l'avènement de ce roi pieux est salué avec ferveur, d'autant plus que Josias réussit à récupérer une partie des territoires du royaume du Nord. Josias va-t-il être un nouveau David ? Sous son règne, en 622, on découvre dans le Temple un rouleau contenant des lois provenant de l'ancien royaume du Nord : complété, cet ensemble de lois deviendra le Deutéronome. Cette décou-

Roi cananéen. Ivoire (Megiddo entre 1350-1150).

verte tombe à point nommé : elle va servir de base à la grande réforme qu'entreprend Josias, dans un but politique et religieux (2 R 22-23).

Une nouvelle génération de prophètes prêche à cette époque : SOPHONIE, NAHUM, HABACUC et surtout JÉRÉMIE.

En 612, coup de théâtre : Ninive, la capitale assyrienne est prise par les Mèdes et les Babyloniens conduits par leur roi Nabopolassar. En 610 les coalisés mettent le siège devant Harran.

Le roi Josias veut barrer la route au pharaon Nékao et il est tué à Megiddo. Cette mort tragique du saint roi est ressentie douloureusement par les fidèles : pourquoi celui qui se confie en Dieu meurt-il si lamentablement ? C'est la fin de la réforme lancée par Josias et qui n'a pas eu le temps de pénétrer profondément dans les cœurs.

En 605, sa victoire à Karkémish ouvre à Nabuchodonosor la route de la Palestine. Il prend Jérusalem en 597 et en déporte le roi et une partie des habitants. Parmi eux, un prêtre prophète : ÉZÉCHIEL. Nabuchodonosor avait installé à Jérusalem un roi à sa solde. Dès qu'il a le dos tourné, celui-ci s'allie à l'Égypte. Furieux, Nabuchodonosor revient. Le 9 juillet 587, il s'empare de la ville, la détruit, brûle le Temple, déporte les habitants à Babylone... C'est la fin du royaume de Juda.

Cette prise de Jérusalem fut un choc psychologique considérable pour les croyants, nous le verrons dans notre prochaine étape. Pour le moment, il faut revenir sur ce premier choc que fut la prise de Samarie : c'est lui qui explique, en partie, la réflexion menée en Juda à partir de 722.

Choc de la chute d'Israël en 722.

Dans le royaume de Juda la chute de Samarie et la conquête de son territoire par l'Assyrie ont fait réfléchir les plus lucides des Judéens. La disparition du royaume du Nord était celle du royaume-frère. Certes, les deux royaumes étaient séparés et s'étaient battus. Ils avaient pourtant le même Dieu, les mêmes traditions et la même certitude d'être le « peuple de Dieu », à qui Dieu avait donné une terre. L'annexion de Samarie mettait en cause ces deux pôles de la foi : le peuple et la terre. Ce peuple devait-il se réduire au seul Juda ? Grâce aux prophètes et aux sages, l'espérance restera vive de voir

Dieu accomplir un jour la réunification du peuple : le véritable peuple, c'est Juda et Israël.

Ce contexte politique et religieux explique en grande partie l'intense activité littéraire qu'a connue le royaume de Jérusalem sous les rois Ézéchias et Josias.

ACTIVITÉ LITTÉRAIRE

Après la chute de Samarie (722) Jérusalem devient le centre d'une intense activité littéraire.

Les réfugiés qui viennent du nord apportent leurs traditions, des recueils de récits (cycles d'Élie et d'Élisée), de lois et d'oracles prophétiques (Osée).

Un premier recueil de lois est constitué, cœur du futur Deutéronome, mais il n'entre pas en vigueur et il faudra l'action du roi Josias (622) pour qu'il le soit.

Sous le règne d'Ézéchias commencent vraisemblablement à être rédigés des ensembles littéraires qui fusionnent traditions du Nord et traditions du Sud. C'est une des étapes vers la composition du Pentateuque.

Le fonds ancien des livres de Josué (2-9) et des Juges (3-16) ainsi que des Rois prend forme. Plus tard, ces livres auxquels il faut joindre ceux de Samuel sont relus en adoptant la perspective théologique qui est celle du Deutéronome et de son école (voir page 56).

Des psaumes sont alors recueillis ou composés. Des recueils de proverbes sont également réalisés par les scribes du roi Ézéchias (Pr 25, 1).

LE DEUTÉRONOME

Jérusalem en 622. Sur l'ordre du roi Josias, on fait des travaux dans le Temple. Le grand prêtre y découvre « le livre de la Loi » (2 R 22) et Josias fait de ce « livre de l'alliance » (2 R 23, 2) la base de la grande réforme qu'il entreprend. On vient ainsi de découvrir le noyau central de ce qui va devenir le Deutéronome.

Le livre lui-même a une histoire complexe et sa rédaction s'étale sur plusieurs siècles. Il représente donc *un courant de pensée* qu'il nous faut repérer, car cette façon de réfléchir sur l'histoire d'Israël se retrouve dans plusieurs livres de la Bible.

Le Deutéronome actuel et son histoire.

Notre livre se présente comme une suite de discours de Moïse. Avant de mourir, celui-ci donne au peuple des lois et ses derniers conseils sur la façon de vivre dans le pays qu'on va conquérir.

Le livre actuel est l'aboutissement d'une longue histoire dont on peut résumer ainsi, avec vraisemblance, les principales étapes.

Dans le royaume du Nord, avant donc la chute de Samarie en 722, on prend conscience que la Loi donnée autrefois par Moïse ne colle plus très bien avec la réalité. Des problèmes nouveaux sont apparus, graves ou mineurs, par exemple : l'appel sous les drapeaux d'un jeune marié ; le danger des cultes païens pratiqués en Canaan ; l'injustice des riches qui écrasent les petits... Il est donc nécessaire de réajuster la Loi, d'en faire une sorte « de deuxième édition ». C'est ainsi que naissent, peu à peu, des lois et des coutumes qui constitueront un jour le cœur du Deutéronome ou « deuxième Loi ».

Les lévites qui rassemblent et interprètent ces lois et coutumes sont très influencés par la prédication de prophètes comme Élie, Amos et surtout Osée. Ils découvrent mieux que la Loi donnée par Dieu à son peuple n'est pas n'importe quelle sorte de contrat, mais que c'est une alliance, un lien d'amour semblable à celui qui unit le fiancé et celle qu'il aime (voir Osée 1-3).

Après la chute de Samarie en 722, des lévites se réfugient à Jérusalem où règne Ézéchias. Ils apportent avec eux ces lois ; ils les organisent, les complètent. Ils réfléchissent aussi sur les causes de

---

> ## Quelques traits du deutéronomiste
>
> Au plan de la forme :
> - un style très affectif. L'auteur ne se contente pas d'enseigner, il veut convaincre d'obéir :
> - de nombreuses répétitions, par exemple : *Le Seigneur ton Dieu... Écoute, souviens-toi, Israël... Gardez les commandements, lois et coutumes...*
> - un mélange continuel de *tu* et de *vous*. C'est sans doute le signe de deux étapes dans la rédaction. Dans le livre actuel, cela devient l'affirmation que le peuple est un (on peut lui parler en disant *tu*), mais que chaque croyant, dans ce peuple, garde sa personnalité (on leur dit *vous*).
>
> Quelques idées-force :
> - Le Seigneur est *le seul Dieu* d'Israël.
> - Il s'est choisi *un peuple*. En réponse à cette *élection*, le peuple doit *aimer* Dieu.
> - Dieu lui a donné *une terre*, mais à condition que le peuple lui soit fidèle, *se souvienne, aujourd'hui*, de son *alliance*.
> - C'est surtout dans la *liturgie* que le peuple, assemblée convoquée par Dieu comme à l'Horeb, se souvient et entend la parole de Dieu.

---

la ruine de leur royaume : qu'est-ce qu'il aurait fallu faire pour rester fidèle à Dieu ? Leurs lois sont ainsi, parfois, purement théoriques : elles veulent davantage donner un esprit qu'édicter des règles qu'il n'est pas ou plus possible d'appliquer ; ainsi, tous les sept ans, on doit remettre les dettes, libérer les esclaves (Dt 15) ; quand on prend une ville, il faut en tuer tous les habitants pour ne pas être contaminé par leur religion (Dt 20) ; il faut monter en pèlerinage à Jérusalem pour les trois grandes fêtes annuelles (Dt 16), etc. Cette dernière loi, notamment, est significative : pour refaire l'unité du peuple, les lévites veulent recentrer la foi autour du lieu unique où Dieu se rend présent, le Temple de Jérusalem, faisant ainsi passer au second plan des sanctuaires antiques comme Sichem ou Silo.

Cette première mise en forme, à Jérusalem, par des lévites apportant leurs traditions du Nord, constitue le noyau ancien du Deutéronome (les passages écrits en *tu* des chapitres 5 à 26). Le règne du roi impie Manassé fait tomber ce « livre » dans l'oubli. Déposé dans le Temple, c'est lui qu'on retrouve en 622.

Josias en fait la base de sa grande réforme politique et religieuse, par laquelle il veut recréer un peuple uni autour de Jérusalem. C'est peut-être à cette époque, ou plus tard, qu'on ajoute les passages écrits en *vous* ainsi que les chapitres du début et de la fin.

Enfin, après d'autres remaniements, ce livre entrera dans la grande synthèse réalisée vers 400 : La Loi en cinq tomes ou Pentateuque.

Parce qu'on a conscience d'être fidèle à la pensée de Moïse, ou, autrement dit, parce qu'on est sûr que les lois qu'on édicte sont celles que Moïse aurait données s'il avait vécu à cette époque, on les place sur ses lèvres comme de grands discours qu'il prononce avant de mourir.

« T'avais qu'à... »

C'est un peu facile de récrire l'histoire, de dire après coup : « Tu aurais dû... T'avais qu'à faire cela... » ! On a envie de répondre : « J'aurais bien voulu te voir à ma place... » Mais si c'est Dieu, comme ici, qui nous le dit... ?

Dans leur récit des tentations de Jésus, Matthieu et Luc nous montrent comment, en Jésus, nous avons vu Dieu à notre place ! Le diable, en effet, fait revivre à Jésus les tentations du peuple et les nôtres. Et Jésus répond par des versets du Deutéronome : il répond comme le peuple aurait dû le faire. En lui, c'est donc l'histoire du peuple et la nôtre qui, enfin, réussissent.

Est-il possible d'aimer Dieu ? se demande le Deutéronome. Le Nouveau Testament répond : en Jésus, désormais, tout est possible.

Un courant de pensée.

Mais le Deutéronome n'est pas seulement un livre. On parle de *tradition deutéronomiste* (désignée par la lettre *D*) : cela signifie qu'il s'agit d'un courant de pensée, d'une façon de relire l'histoire dans un contexte précis, celui de l'échec que représente la chute du royaume du Nord.

En 587, le royaume du Sud, à son tour, sera détruit. D'autres théologiens méditeront aussi sur cet échec et reliront l'histoire déjà écrite. En mettant la dernière main aux livres de Josué et des Rois — également mais de manière moins nette aux livres des Juges et de Samuel — ces écrivains essaieront de montrer comment il aurait fallu vivre fidèles à Dieu pour que l'histoire d'Israël prenne un autre cours.

Quelques textes du Deutéronome.

C'est tout le livre, bien sûr, qu'il faudrait lire pour y percevoir l'amour de Dieu pour son peuple, pour entendre l'appel à lui répondre en l'aimant de tout son être au long de sa vie quotidienne et en aimant ses frères. Mais on pourrait commencer par quelques textes importants.

L'élection (4, 32-40). Ce choix de Dieu repose avant tout sur son amour. Ce n'est pas un privilège mais une mission...

« *SHEMA ISRAËL...* » (6). Le début de ce chapitre est devenu la prière de tout Juif et forme le cœur de sa foi. *Écoute-obéis* (le mot a les deux sens), *Israël, le Seigneur est unique !* Voilà l'affirmation fondamentale, et la conséquence en est : *Tu aimeras le Seigneur de tout ton cœur...*

La vie quotidienne comme examen (8, 1-5). Dieu nous éprouve pour voir si nous mettons notre confiance uniquement en lui. Ce texte est repris dans le récit des tentations de Jésus.

La Loi n'est pas un code extérieur, mais une exigence de répondre à l'amour par l'amour (10, 12 s.).

Le Temple : c'est le lieu unique où Dieu se rend présent pour son peuple (12, 2-28) ; trois fois l'an il faut y monter en pèlerinage (16, 1-17).

Le vrai prophète (18, 15-22). Dieu annonce la venue du Prophète définitif. Les premiers chrétiens y reconnaîtront Jésus.

Maudit soit celui qui est pendu au bois (21, 23). Ce verset jouera un grand rôle dans la pensée de Paul sur le Crucifié (voir par exemple Ga 3, 13).

Sens social (24, 14-22) : ici et à bien d'autres endroits apparaissent la délicatesse du Deutéronome et son amour pour les petits.

L'« eucharistie » des primeurs (26, 1-11). Nous étudierons ce texte à la page suivante.

La Parole de Dieu dans notre cœur (30, 11-20).

Voici quelques siècles qu'Israël habite en Canaan. Il adore un Dieu qui est intervenu dans l'histoire : c'est ce que rappelle le « credo » inséré au centre de ce texte. Mais maintenant, l'Israélite est devenu paysan, commerçant : ce qui l'intéresse, c'est la fécondité du sol, du bétail. On retrouve le conflit que nous avions évoqué à propos d'Osée (p. 47) : « Dieu de l'histoire ou dieux de la nature ? » « Chaque année à l'occasion de la récolte, le cananéen célébrait une fête en l'honneur de Baal, divinité de la fécondité et de la végétation » (note de la TOB). Israël a adopté ce rite, mais quel sens lui donne-t-il ?

Si l'on ne craignait pas l'anachronisme, on dirait que ce texte suit le schéma encore utilisé dans nos liturgies eucharistiques : offrande — récit (« credo » qui raconte une histoire ou récit de la dernière Cène) — adoration et communion. En quoi le fait de raconter une histoire sur nos dons, sur notre vie, les transforme-t-il ?

C'est un peu tout cela et bien d'autres choses que ce texte nous invite à découvrir.

Commencez par le lire attentivement sans tenir compte des notes en marge.

1. *Quand tu seras venu dans la terre que le Seigneur ton Dieu*
   te donne en héritage et que tu la posséderas et y habiteras,
2. *alors tu prendras des primeurs de tous les fruits du sol*
   que tu auras fait venir de la terre que le Seigneur ton Dieu te donne
   et tu les mettras dans un panier
   et tu iras vers le lieu qu'aura choisi le Seigneur ton Dieu
   pour y faire habiter son nom   (Temple de Jérusalem)
3. *et tu viendras vers le prêtre qui sera en ce jour-là et tu diras :*
   « Voici, je déclare aujourd'hui au Seigneur ton Dieu que je suis venu
   dans la terre que le Seigneur a juré à nos pères de nous donner. »
4. *Et le prêtre prendra le panier de ta main*
   et le déposera devant l'autel du Seigneur ton Dieu.
5. *Et tu parleras et tu diras devant le Seigneur ton Dieu :*

   Araméen errant [était] mon père   « CREDO » = un récit
   et il est descendu en Égypte   Objet : une terre
   et il y a vécu-en-émigré en petit nombre   Le Seigneur
   et il est devenu là une nation grande, puissante et nombreuse.   est absent
6. *Et les Égyptiens nous ont maltraités*   Objet : une terre
   et ils nous ont appauvris   de liberté
   et ils nous ont donné une dure servitude.
7. *Et nous avons crié vers le Seigneur, le Dieu de nos pères*   Le Seigneur
   et le Seigneur a entendu notre voix   au service
   et il a vu que nous étions pauvres, malheureux et opprimés.   de son peuple
8. *Et le Seigneur nous a fait sortir d'Égypte par sa main et son bras*
      étendu
   et par une grande terreur et par des signes et par des prodiges
9. *et il nous a fait venir dans ce lieu*
   et il nous a donné cette terre, terre ruisselant de lait et de miel.
10. *Et maintenant, voici, j'ai fait venir les primeurs des fruits*   Objet : le bonheur
    du sol que tu m'as donné, Seigneur.   dans une terre
                                                         qu'on ne possède pas

   Et tu les déposeras devant le Seigneur ton Dieu
   et tu te prosterneras devant le Seigneur ton Dieu   Le Seigneur
11. *et tu te réjouiras pour tout le bonheur que t'a donné le Seigneur ton Dieu,*   reconnu comme
    à toi et à ta maison, toi et le lévite et l'émigré qui est au milieu de toi.   Seigneur

Commencez par lire ce texte attentivement en vous aidant de la « boîte à outils » (p. 14).

Quels sont les acteurs ? Que font-ils ? Que donnent-ils ? Le Seigneur est-il présent partout ? Quels sont les lieux ? Quelles sont les expressions qui reviennent ? Notez le jeu des pronoms : *je/tu — nous*...

Au début du texte, il s'agit seulement de *toi* ; à la fin, on regroupe « toi-lévite-émigré ». Qu'ont donc de commun ces trois acteurs pour qu'on puisse les regrouper ? (Pour les lévites, voir TOB, Lv 25, 32 w.) En quoi ce regroupement change-t-il la relation du *toi* avec sa terre ?

Replacez ce texte dans le contexte religieux de l'époque (voir p. 45) ; comment résout-il le conflit : Dieu de l'histoire — puissances de la nature ?

Quelques pistes pour le cas où vous seriez en panne (ne les lisez pas tout de suite !) :

Un récit commence quand on manque d'un objet et se termine quand celui-ci est obtenu. On peut trouver ici trois récits qui s'emboîtent.

Verset 5b. Le manque d'une *terre* est comblé puisque de l'ancêtre sort une grande nation. Mais la suite du texte avertit que cela a raté. L'objet va donc se préciser : « une terre de liberté ». Pourquoi cela a-t-il raté ? C'est le seul passage du texte où Dieu soit absent ! Est-ce pour dire qu'une recherche sans Dieu ne peut aboutir solidement ?

Versets 6-9. Face aux Égyptiens qui donnent la servitude, Dieu donne la « terre de liberté » (notez l'apparition du *nous* dans une situation difficile). Mais Dieu semble ici au service de son peuple, comme les dieux de la nature.

Versets 10-11 qui reprennent les versets 1-4. Parce qu'on raconte leur histoire, les produits du sol changent de signification. Au début ils étaient « mes fruits que je te donne » ; ils deviennent « les fruits que tu me donnes de faire pousser ». Dieu est ici reconnu comme Seigneur.

La relation à la terre est changée elle aussi. Le lévite et l'émigré jouissent d'une terre qui ne leur appartient pas. De même le *toi* ! Nos biens ne nous appartiennent pas : ils sont au service de notre bonheur et de celui de tous les hommes.

Prophètes premiers

Ces livres que nous appelons « historiques » : **Josué, Juges, Samuel, Rois**, les Juifs les nomment *prophètes premiers* les mettant ainsi sur le même plan que les *prophètes derniers* : **Ésaïe, Jérémie** et les autres.

Il y a là plus qu'un changement d'étiquette. Quand un auteur, aujourd'hui, choisit de publier son livre dans une collection d'histoire ou de philosophie, il nous indique par là quel est son propos et comment il veut que nous le lisions.

Ces livres ne sont donc *pas des livres d'histoire*. Ils ne cherchent pas à reconstituer les événements avec exactitude et si l'archéologie nous apprend, par exemple, que Jéricho était pratiquement en ruine quand Josué l'a prise, cela n'a pas d'importance. L'auteur n'est pas un reporter photographiant une bataille, mais un prophète qui cherche le sens de l'événement.

Livres prophétiques : cela signifie que les auteurs ont médité les traditions qui leur transmettaient les événements pour découvrir de quelle parole de Dieu ceux-ci étaient porteurs. Les auteurs cherchent moins à *dire* les événements qu'à découvrir ce que ces événements *veulent dire* pour nous. Au cours des âges, ils pourront donc être repris, médités, racontés, de façon différente, porteurs d'une nouvelle parole de Dieu dans une situation historique nouvelle.

En lisant le Deutéronome, nous avons surtout découvert *un courant de pensée*. La rédaction définitive de ces prophètes premiers a probablement été faite par des scribes marqués par ce courant. Ils avaient à leur disposition des récits déjà rédigés. Ils les ont repris et en ont fait la synthèse pour en tirer une leçon. Après la catastrophe de 587, le récit des fautes d'Israël et des rois devient un appel à la conversion. Dieu reste fidèle à sa promesse de donner la terre, mais à condition que le peuple lui soit fidèle. Dieu reste présent à son peuple comme il l'était dans son Temple, mais à condition que le peuple revienne à lui. Dans cette méditation sur le *passé*, c'est avant tout une lumière pour le *présent* que recherchent ces prophètes et une espérance pour l'*avenir*.

Décalogue et Code de l'alliance

Dans le livre de l'Exode la loi que Dieu donne à Israël prend une double forme : le Décalogue et le Code de l'alliance (voir p. 50).

☞ **Le Décalogue.**

En Ex 20, 1-17 le texte du Décalogue vient couper en deux le récit de la manifestation de Dieu sur la montagne (Ex 19, 1-25 ; 20, 18-21) ; selon toute vraisemblance il a donc connu une existence indépendante, ce que confirme la présence d'une autre version du Décalogue en Dt 5, 6-21. De ces deux versions il est d'ailleurs possible que la plus ancienne soit celle de Dt 5. Par le contexte où elles se trouvent elles se rattachent à l'alliance conclue par Dieu avec Israël.

Le Décalogue (« Les dix Paroles » ; voir Ex 34, 28) se présente d'abord comme parole directe du Seigneur. Il s'ouvre par cette autoprésentation, comptée comme premier commandement dans le judaïsme, où Dieu rappelle : « C'est moi le Seigneur, ton Dieu, qui t'ai fait sortir du pays d'Égypte, de la maison de servitude » (Ex 20, 2). Celui qui parle ici, c'est le Dieu sauveur qui s'est suscité un peuple et l'a tiré de la servitude d'Égypte. Avant de préciser sa volonté, Dieu rappelle ce qu'il a fait pour Israël et ce qui le fonde à proposer une loi.

La tradition biblique parle à plusieurs reprises des deux tables sur lesquelles a été gravé le Décalogue (Ex 31, 18 ; 34, 1-4). On peut assez facilement découvrir que sur chacune des tables étaient gravés cinq commandements, les cinq premiers concernant Dieu et son culte (Ex 20, 3-12) et les cinq derniers le prochain (Ex 20, 13-17). Cette articulation est pleine de sens. Pourquoi ?

Dans le Décalogue la formulation la plus souvent adoptée est celle de l'interdit : « Tu ne feras pas » ; elle est tranchante, brève et ne comporte ni motivation, ni sanction. À travers elle cependant, il est fait appel à la liberté de l'homme qui est ainsi appelé à l'obéissance. Pourtant le Décalogue contient deux commandements positifs, celui sur le sabbat comme jour consacré à Dieu (20, 8-11) et celui sur l'honneur dû aux parents (20, 12). Si le premier relève du culte, le second tranche sur le reste et devrait être rangé parmi les préceptes qui concernent le prochain. En réalité ce n'est pas le point de vue du Décalogue. L'honneur dû aux parents tient non pas d'abord au fait qu'ils ont transmis la vie, mais à leur mission de transmettre la tradition d'Israël. C'est eux qui ont à initier leurs enfants à l'observance du sabbat et à sa signification.

Dans sa seconde partie le Décalogue condamne le meurtre, l'adultère, le vol, le faux témoignage et la convoitise ; par là il protège les droits fondamentaux de l'être humain : le droit à la vie, au mariage, à l'honneur et à la propriété. Le Décalogue mérite bien son nom de Décalogue moral ; il comporte une loi morale naturelle indépendante de la Révélation. Toutefois par son rapport avec la première partie cette morale est une exigence pour un culte en vérité.

Dans le Nouveau Testament, lire Mt 15, 1-9 ; 19, 16-30 ; Mc 10, 17-31.

☞ **Le code de l'alliance.**

Cet ensemble législatif n'a reçu sa forme actuelle qu'au VIIIᵉ siècle av. J.-C. au plus tôt. Il est composé d'un bloc de lois casuistiques (« si telle chose survient, telle sera la décision ») que l'on trouve en Ex 21, 1-22, 18 et d'un autre bloc qui est particulièrement consacré à la protection des faibles (étranger, veuve, orphelin, pauvre) en Ex 22, 20 - 23, 19. Le code s'achève sur des prescriptions liturgiques (23, 14-19) où figure un calendrier pour les fêtes de pèlerinage. Ce texte mérite d'être comparé à celui d'Ex 34, 11-26 qui est plus ancien.

S'il s'achève sur un calendrier liturgique, le code s'ouvrait par la loi de l'autel (Ex 20, 24-26). Cet encadrement liturgique de la totalité du code manifeste clairement qu'il n'y a pas de séparation entre la morale et le culte. Toute la vie doit se vivre sous le regard de Dieu. La distinction entre un droit profane et un droit sacré n'existe pas en Israël. Loi de l'alliance dans le cadre de la manifestation de Dieu sur la montagne, le code manifeste que la loi a pour but d'établir une relation avec Dieu et que l'homme doit apprendre à s'unifier grâce à elle, car « le Seigneur est un et tu aimeras le Seigneur ton Dieu de tout ton cœur, de tout ton être et de toute ta force » (Dt 6, 4-5).

PROPHÈTES DE JUDA AU VIᵉ SIÈCLE

La voix d'Ésaïe s'est tue, on ne sait pas quand. D'après la tradition juive, il aurait été martyrisé par le roi Manassé. Mais une autre génération de prophètes se lève, que nous allons écouter.

NAHUM.

Il faut lire son hallucinante évocation du combat de chars dans Ninive inondée : longtemps avant l'événement — il prêche sans doute vers 660 — Nahum « voit » la ruine de la capitale assyrienne en 612. Étonnant acte de foi en la puissance de Dieu, évoquée dans le psaume qui ouvre le livre : à cette époque, en effet, l'Assyrie est au sommet de sa force.

SOPHONIE.

Quand Sophonie prend la parole, le règne de l'impie Manassé vient de se terminer ; le jeune roi Josias qui monte sur le trône en 640 n'a pu encore entreprendre sa grande réforme religieuse.

La première partie du livre (1, 1 – 3, 8) est un constat tragique. Un même mot hébreu y revient traduit en français par deux mots : « s'approcher – au milieu » de (ou « au sein de »). Sophonie est atterré ; il a beau chercher : *au milieu du peuple*, il n'y pas a de justes, sauf Dieu ; mais il est seul ! *Jérusalem ne s'est pas approchée de son Dieu* (3, 2), alors c'est *le grand jour de la colère du Seigneur qui est proche* (« *Dies irae dies illa...* » 1, 14 s.).

Puisque puissants, rois, prophètes, prêtres ont failli, le prophète se tourne vers *les pauvres de cœur*, ceux qui ne se fient pas dans leur propre force, mais mettent leur confiance en Dieu (2, 3). Sophonie inaugure ainsi un thème — celui de la pauvreté spirituelle — qui s'épanouira dans le Nouveau Testament.

Mais l'amour du Seigneur est le plus fort. Dieu entrevoit, pour l'avenir, ce moment où il pourra enfin être *au sein de la Fille de Sion*, au milieu de son peuple et de tous les peuples purifiés par son amour et, rien qu'à y penser, Dieu se met à danser de joie (3, 9-20) !

HABACUC.

Habacuc prêche vers 600 quand les Babyloniens commencent à déferler sur la Palestine. Ils sont, pour lui, les instruments de Dieu destinés à punir les Assyriens qui ont opprimé Israël. Mais cela lui pose une question : comment Dieu peut-il se servir d'instruments aussi impurs ? Pourquoi les méchants réussissent-ils toujours ? Habacuc pose le problème du mal au niveau des nations. Dieu lui répond dans une phrase dont Paul fera le résumé de son message : *C'est par la foi que le juste vit* (2, 4).

Sa prière (Ha 3) exprime sa foi et sa joie en Dieu au milieu des pires épreuves.

Fille de Sion

Il est traditionnel, dans toutes les civilisations, de symboliser un peuple par une figure féminine (pensons à « Marianne » chez nous !). Osée avait comparé le peuple à une épouse infidèle à qui Dieu, par son amour, rendait un cœur de jeune fille.

Michée est le premier à utiliser cette expression curieuse « Fille de Sion » ; elle désigne sans doute le quartier nord de Jérusalem, sommet de la colline de Sion où se sont regroupés les rescapés du désastre de Samarie en 722. Il s'agit donc d'un petit *reste* purifié par la souffrance.

Ce reste d'Israël, Sophonie le voit, pour l'avenir, tellement purifié que Dieu peut habiter en son sein. Et tous les peuples purifiés y sont associés (So 3, 9). Cette image ainsi nous concerne ; il s'agit de notre destin à chacun de nous puisque c'est celui du peuple de la fin des temps.

Jérémie insiste plus sur le mystère douloureux de la purification nécessaire (4, 11 ; 6, 23). De même les Lamentations. Mais enfin purifiée, cette « Femme » recherchera Dieu, son mari (Jr 31, 22).

Les disciples d'Ésaïe qui prêchent à la fin de l'Exil montrent cette Vierge Sion, épouse du Seigneur, enfantant de nombreux fils (Es 54, 1 ; 60 ; 62, *Fille de Sion réjouis-toi...*). Elle va même enfanter le peuple nouveau (Es 66, 6-10).

Les premiers chrétiens reprendront ce thème pour présenter le mystère de l'Église, cette Femme qui dans les douleurs du calvaire et tout au long de l'histoire doit enfanter le Christ (Jn 16, 21-22 ; Ap 12). Et pour Luc, Marie est l'image de cette Église comblée de grâces à la fin des temps (Ep 1, 6) accueillant en son sein le Seigneur (Lc 1, 28-31).

JÉRÉMIE.

« Sans cet être extraordinaire, l'histoire religieuse de l'humanité eût suivi un autre cours... Il n'y eût pas eu de christianisme » (Renan).

Le drame terrible qui s'abat sur son peuple en 597 puis 587, Jérémie l'a vécu. Plus encore, il l'a prévu, a tenté d'y préparer le peuple insouciant et celui-ci l'a persécuté.

Jérémie commence à prêcher à l'époque du roi Josias. Sa prédication, alors, ne diffère pas de celle des prophètes qui l'ont précédé. Il veut faire prendre conscience à son peuple qu'il s'est fourvoyé, que la vie qu'il mène le conduit à la catastrophe. Dans les six premiers chapitres qui résument cette prédication, deux mots clés reviennent : le peuple a *abandonné* Dieu — il doit *revenir* à Dieu, se convertir.

Curieusement, pendant la réforme religieuse entreprise par Josias et qu'il approuve certainement, Jérémie se tait.

En 605, le Babylonien Nabuchodonosor bat les Égyptiens à Karkémish, dans le nord de la Syrie ; devenu roi en 604, il vient peu après à Jérusalem et la ville fait sa soumission. Jérémie a compris que l'ennemi viendrait du nord, de la Babylonie. Il entrevoit la catastrophe et y prépare son peuple. Quand un événement douloureux nous arrive (maladie, accident...) et que nous n'y pouvons plus rien, il nous reste à essayer de lui donner sens. « C'est après coup que l'on comprend » disions-nous en commençant (p. 9). C'est ce que des prophètes comme Ézéchiel et des disciples d'Ésaïe, vivant en exil à Babylone, essayeront de faire (voir l'encadré « Dieu va vous punir... »). Tout le mérite de Jérémie est de comprendre « avant coup », de donner un sens à l'événement destructeur avant qu'il n'arrive. Bien sûr, le peuple ne l'écoutera pas, le rejettera et le persécutera, préférant suivre de faux prophètes qui le rassurent. Mais quand l'événement aura donné raison à Jérémie, on se souviendra de son message. Grâce à lui, le peuple pourra vivre l'événement douloureux avec, par avance, un sens possible. Et c'est cela qui, en grande partie, permettra au peuple de vivre l'exil dans la foi et l'espérance, de ne pas sombrer dans le malheur, mais au contraire d'y retrouver un nouveau sens à sa vie.

Vous ne pourrez sans doute pas lire tout Jérémie. Voici au moins quelques textes que vous pourriez lire.

• *La vraie religion.* Le peuple pratique bien sa religion : il va au Temple, il offre des sacrifices... Il pratique, mais le cœur n'y est pas. Il estime que, puisqu'il respecte bien ces rites extérieurs, Dieu doit le protéger, lui et Jérusalem, la ville sainte. Il a fait de sa pratique une sécurité qui le dispense d'aimer. Jérémie annonce que Dieu va détruire toutes ces fausses sécurités : l'arche d'alliance (3, 16) ; le Temple (7, 1-5 ; 26) ; Jérusalem (19), car ce que Dieu demande, ce n'est pas une circoncision extérieure, dans la chair, mais celle du cœur (4, 4 ; 9, 24-25). Ces attaques ont paru tellement blasphématoires que Jérémie n'échappe à la mort que de justesse. Il préfigure ainsi les attaques de Jésus contre nos pratiques vides de sens.

• *La nouvelle alliance.* Le chapitre 31 est le sommet de son message. Par-delà le malheur, il prêche l'espérance : Dieu pardonne et fait du neuf.

Sur quoi repose cette sécurité ? Lisez 31, 20.

La responsabilité personnelle (v. 29-30) : Ézéchiel développera longuement cet aspect (Ez 18).

Quels sont les traits qui rendront *nouvelle* l'alliance (31, 31-34) ? Luc (22, 20) et Paul (1 Co 11, 25) la verront réalisée dans le sang du Christ.

• *Les actes prophétiques.* Comme tous les prophètes, mais plus que d'autres, Jérémie prêche par ses actes autant que par ses paroles. Ces gestes symboliques sont souvent plus qu'une simple annonce : parce que le prophète est porteur de la Parole de Dieu, Parole efficace, ils rendent en quelque sorte présent par avance l'événement annoncé.

• *Le journal intime de Jérémie.* Jérémie est, avec Paul, le personnage de la Bible que nous connaissons le mieux. Il nous livre en effet ses réactions, sa foi et ses doutes dans des passages très personnels qu'on appelle parfois ses *confessions.* (Vous en trouverez la liste en TOB 11, 18 n - BJ 15, 10d.) Vous pourriez lire au moins 12, 1-5 et 20, 7-18 : comment ces « prières » nous aident-elles à comprendre Dieu ? nous-mêmes ? notre relation à Dieu ?

• *La vocation* (1, 4-19). La façon dont un prophète présente sa vocation, son appel par Dieu, est souvent très éclairante sur son message. Pour Jérémie, rien d'extraordinaire : tout semble se passer dans l'intimité de la prière. Essayez, à partir de ce texte, de découvrir quelle est la mission confiée à Jérémie et quelques traits de son caractère. Sur quoi repose sa sécurité ? Les deux *visions* (v. 11 s. et 13 s.) nous montrent comment un prophète « voit » Dieu dans les événements. Comment cela peut-il nous aider à découvrir dans notre vie et dans les événements du monde la Parole de Dieu ?

« Dieu va vous punir... »

Le message des prophètes risque de nous choquer : il présente souvent un Dieu qui menace son peuple de châtiments parce qu'il a péché. Catastrophes naturelles, guerres, injustice des hommes seraient-elles donc punition de Dieu... ? Cette image d'un Dieu vengeur nous est insupportable.

Prenons une parabole. Voici un jeune, fou de moto. Un jour, c'est l'accident : hôpital, longs mois de soins ; médecins ; infirmières... et une infirmière qui le soigne bientôt avec des sentiments autres que professionnels. Enfin, ils se marient. Il est possible que ce garçon dise à celle qui est devenue sa femme : « Au fond, j'ai eu de la chance de m'être cassé la figure, sinon je ne t'aurais jamais connue. » Nous acceptons cette phrase, mais trouverions odieux que l'aumônier le reçoive en lui disant : « Tu as de la chance... » Pourquoi ? Dans le premier cas, c'est l'intéressé lui-même qui, de l'intérieur et après coup, donne un sens à son accident ; on ne lui impose pas cela de l'extérieur. Par ailleurs, l'accident pour lui reste un mal ; ce qu'il considère comme une chance, c'est l'effet bon sorti de ce mal.

Transformons l'histoire pour la rapprocher des textes prophétiques. Supposons que ce garçon menait, avant son accident, une vie dissolue, égoïste. La souffrance, les longs mois de solitude l'amènent à réfléchir sur le vide de sa vie et c'est un autre garçon qui sort de l'hôpital, décidé à changer de vie, à se mettre au service des autres. Ayant même retrouvé la foi, il est possible qu'il dise un jour à Dieu : « Tu as bien fait de permettre cet accident, car ainsi j'ai retrouvé un sens à ma vie. » On accepte cette prière, mais on trouverait odieux l'aumônier qui aurait dit : « Tu vois ; Dieu t'a puni... »

Les prophètes sont ce garçon et non l'aumônier. Ézéchiel est déporté avec le peuple ; Jérémie est persécuté et porte par avance les souffrances du peuple. Ils réfléchissent sur les événements qui, pour eux, restent un mal. Mais, de l'intérieur et après coup (ou « avant coup » pour Jérémie), ils essaient de donner un sens à ces événements, de voir l'effet bon qu'ils peuvent avoir ; ils amènent le peuple à reconnaître qu'il a mal vécu, qu'il doit changer de vie. Ces événements sont pour eux — même s'ils l'expriment en formules un peu abruptes — moins des punitions de Dieu que des occasions de découvrir l'amour de Dieu qui les invite à une nouvelle vie.

Un guerrier assyrien tranche la tête d'un prisonnier. Peinture assyrienne (VIIIᵉ s.).

5. L'EXIL À BABYLONE 587-538

Taureau ailé à tête d'homme, Assyrie (VIIIᵉ s.).

Juillet 587 : après un an de siège, l'armée du roi de Babylone, Nabuchodonosor, s'empare de Jérusalem. C'est la fin du royaume de Juda.

Dix ans de folie. 597-587.

En 597, Nabuchodonosor a déjà pris Jérusalem. Il s'est contenté alors d'en recevoir un lourd tribut, de déporter une partie des habitants (parmi eux, le prophète Ézéchiel) et d'y laisser un roi à sa solde.

Cela a-t-il servi de leçon au peuple ? On pouvait l'espérer. Mais égaré par de faux prophètes qui le bercent d'illusions, lui font croire que ce n'est qu'un mauvais moment à passer, le peuple vit dix années de folie. Il continue sa vie d'insouciance, fait alliance avec l'Égypte contre Babylone...

À Jérusalem, le prophète Jérémie prêche la soumission aux Babyloniens. Pour lui, l'essentiel n'est pas que la nation soit libre ou politiquement soumise, mais qu'elle soit juste, qu'elle soit libre spirituellement en servant son Dieu et en pratiquant la justice. La voix de Jérémie, déclaré « traître à sa patrie », s'étouffe dans la citerne pleine de boue où on le jette...

À Babylone, Ézéchiel tient le même discours à ses frères déportés avec lui. Rien n'y fait. Ceux-ci préparent en cachette les drapeaux pour accueillir leurs frères venant les délivrer... En 587, ils les voient arriver — du moins ceux que l'épée a épargnés — non pas en libérateurs, mais la corde au cou, épuisés par 1 500 kilomètres de route, suivant un roi aux yeux crevés gardant dans ses prunelles vides la dernière vision de ses fils égorgés...

Reconstitution d'une « ziggourat » ou tour à étages comme était la « tour de Babel ».

Le miracle de l'exil.

Le peuple a tout perdu ce qui faisait sa vie :

• *la terre*, signe concret de la bénédiction de Dieu pour son peuple ;

• *le roi* par lequel Dieu transmet cette bénédiction, garant de l'unité du peuple et son représentant près de Dieu.

• *le Temple*, lieu de la présence divine.

À la limite, Israël a même perdu *son Dieu*. À cette époque, on pense que chaque pays est protégé par son Dieu national, qui donne force à ses armées. Le Dieu d'Israël a donc été vaincu par le Dieu Mardouk de Babylone. On ne reste pas au service d'un Dieu vaincu...

Le grand miracle de l'exil, c'est que cette catastrophe, au lieu d'être la ruine de la foi d'Israël, provoque un sursaut de cette foi et la purifie. Cela, on le doit à des PROPHÈTES, comme *Ézéchiel* et un disciple d'*Ésaïe* qu'on appelle « le Second Ésaïe », ainsi qu'aux PRÊTRES : ceux-ci amènent le peuple à relire ses traditions pour y découvrir un fondement à son espérance. Ensemble, ils vont ainsi inventer une nouvelle façon, plus spirituelle, de vivre sa foi. Il n'y a plus de Temple ni de sacrifices ? On peut se réunir *le sabbat* pour célébrer Dieu et méditer sa parole. Il n'y a plus de roi ? Mais *le seul vrai Roi* d'Israël n'est-il pas Dieu ? Il n'y a plus de terre ? *La circoncision* dans la chair va délimiter un royaume aux dimensions spirituelles... Ainsi, en exil, va s'inaugurer ce qu'on appelle le JUDAÏSME, c'est-à-dire une façon de vivre la religion juive qui sera celle du temps de Jésus et du nôtre.

Au bord des fleuves de Babylone...

Quelle était la situation des Juifs déportés ? Il n'est pas très facile de répondre. Le peuple a subi un choc psychologique et moral terrible, et il a souffert aussi dans sa chair. À cette époque, prise d'une ville, déportation, cela signifie : femmes violées, petits enfants brisés contre les rochers, guerriers empalés ou écorchés vifs, yeux crevés, têtes coupées... On peut lire dans le Psaume 137 un écho de cette souffrance. Mais par ailleurs, il ne faut pas imaginer la vie à Babylone comme celle d'un camp de déportation. Les Juifs y jouissent d'une liberté relative (qui n'exclut pas les corvées !) ; Ézéchiel est libre de visiter ses compatriotes qui peuvent se livrer à l'agriculture. À la fin de l'exil, certains d'entre eux préféreront rester en Babylonie où ils formeront un groupe important et prospère. Les archives de la banque « Murashu » à Nippour (au sud de Babylone) nous apprennent qu'un siècle après l'exil, un certain nombre de Juifs avaient un compte bancaire bien rempli.

La ville de Babylone et ses traditions vont impressionner les Juifs. La ville se présente comme un immense quadrilatère couvrant 13 km², traversé par le fleuve Euphrate. L'allée sacrée, s'ouvrant par la porte d'Ishtar aux briques émaillées multicolores, longe l'enceinte des temples au milieu desquels se dresse le *ziggourat* (ou tour à étages) : la *tour de Babylone* ou *de Babel*. Chaque année, au Nouvel An, ils entendent réciter les grands poèmes *(Enouma Elish, Épopée de Gilgamesh...)* qui racontent comment le Dieu Mardouk, Dieu de Babylone, a créé le monde, comment le Dieu Éa a sauvé l'humanité du déluge... Ils découvrent la pensée des sages sur la condition humaine... Les Juifs sont ainsi en contact direct avec une pensée qui était déjà largement répandue dans tout le Proche-Orient et cela ne manquera pas de les aider à réfléchir.

Le « messie » Cyrus.

Le 29 octobre 539, « sans tirer un coup de feu », sans doute grâce à la complicité de Babyloniens excédés de l'incapacité de leur roi, Nabonide, Cyrus s'empare de Babylone.

Cyrus était un roitelet de Perse, une des provinces de l'empire des Mèdes qui s'étendait à l'est et au nord de Babylone. À partir de 550, il s'empare du pouvoir en Médie, va jusqu'en Asie Mineure rafler les fabuleux trésors du roi Crésus et revient vers Babylone. Sa prodigieuse ascension est suivie avec passion par les exilés juifs et le Second Ésaïe ; ne serait-ce pas lui que Dieu a choisi, a « marqué de son onction » (« messie » en hébreu) pour les libérer ?

De fait, en 538, d'Ecbatane, sa lointaine capitale d'été, Cyrus accorde aux Juifs de reconstruire le temple (Esd 6, 2-5) et leur donne même les moyens financiers pour faire face aux dépenses. Est-ce à cause de sa bienveillance naturelle ou de son sens politique ? Il a intérêt, en effet, à ce que la nation juive, bastion avancé de son empire face à l'Égypte, lui soit totalement dévouée. Quoiqu'il en soit, c'est pour les Juifs la fin du cauchemar. Un grand nombre rentre alors dans « la terre ».

ACTIVITÉ LITTÉRAIRE

Les Juifs ont tout perdu. Il ne leur reste que leurs traditions. Ils vont donc les relire avec passion.

Les prophètes **Ézéchiel** et le **Second Ésaïe** prêchent l'un au début, l'autre à la fin de l'exil babylonien.

Les prêtres rassemblent des lois déjà écrites à Jérusalem avant l'exil. Complété, ce recueil deviendra la **Loi de sainteté** (Lv 17-26). Avec d'autres textes, cette législation formera le **Lévitique** au retour de l'exil.

Pour soutenir la foi et l'espérance du peuple, les prêtres lui proposent une méditation du passé. Cette relecture de l'histoire est connue sous le nom d'**Histoire sacerdotale** (P), écrit qui entrera dans la composition du Pentateuque.

Le désastre, la souffrance, mais aussi le contact avec la pensée des autres peuples vont amener les sages d'Israël à approfondir leur réflexion sur la condition humaine. Cela aboutira à des œuvres comme Job dans la période qui suit l'exil.

On peut imaginer aussi que la prière de ces croyants va prendre une tonalité nouvelle. Des **Psaumes** (par exemple 137 ou 44 ; 80 ; 89) peuvent être nés alors comme un appel au Dieu fidèle.

À Jérusalem, quelques Juifs épargnés par la déportation exhalent leur plainte dans les **Lamentations**, faussement attribuées à Jérémie.

LES PROPHÈTES DE L'EXIL

Ézéchiel.

Ézéchiel fait partie du premier convoi de déportés en 597. Pendant dix ans, à Babylone, il tient le même langage que Jérémie resté à Jérusalem : il reproche au peuple de Dieu (Ez 3-24) et aux nations (25-32) leur mauvaise conduite.

À partir de 587, quand la catastrophe est arrivée et que le peuple a perdu tout espoir, sa prédication devient message d'espérance : Dieu va restaurer son peuple (33-39). Ézéchiel en est tellement sûr qu'il décrit, de façon futuriste, la Jérusalem de l'avenir, transfigurée par Dieu (40-48).

Un personnage déconcertant.

Ézéchiel ne peut rien faire comme tout le monde ! Il a des *visions* comme ses prédécesseurs, mais les siennes sont époustouflantes : lisez, par exemple, le récit de sa vocation (chap. 1). Il fait des *gestes prophétiques*, mais parfois à la limite du bon goût : voyez les chap. 4-5. Certains passages de ses *allégories* feraient rougir un corps de garde : ne lisez donc pas les chap. 16 ou 23 ! Mais c'est à travers même cette démesure qu'Ézéchiel atteint le pathétique et, quand il veut, il sait être un très grand poète lyrique : ainsi son cri contre le prince de Tyr (chap. 28). Comparez-le avec Gn 2-3 (en vous aidant de TOB s - BJ e sur Ez 28) : vous constaterez que ces deux textes exploitent, différemment, les mêmes traditions mythologiques.

Le père du judaïsme.

Le message d'Ézéchiel servira de base à ce qu'on a appelé le « judaïsme », c'est-à-dire la façon juive de vivre son existence devant Dieu et avec les autres, telle qu'elle prendra forme après l'exil.

Ézéchiel a un sens très vif de *la sainteté de Dieu* et il veut que cela se traduise par tout l'être d'où l'importance qu'il attache, parce qu'il est prêtre, aux rubriques et au culte.

Il s'inspire ainsi de la « Loi de sainteté » (Lv 17-26), codifiée par les prêtres à Jérusalem avant l'exil (voir p. 69).

Jérémie insistait sur l'aspect intérieur de la religion ; son idéal nourrira la piété des « pauvres de Dieu » ; le danger : que la religion devienne désincarnée. Ézéchiel prêche aussi une religion intérieure, mais insiste sur un aspect complémentaire : cette foi doit s'exprimer par le corps, dans des rites ; le danger : que l'on pratique des rubriques sans que le cœur y soit.

☞ Quelques textes d'Ézéchiel.

La sainte présence de Dieu.

Dieu se rendait présent dans son Temple. Mais Natan déjà (2 S 7 ; voir p. 42), puis les autres prophètes avaient pressenti que « Dieu ne veut pas habiter matériellement un lieu, mais spirituellement un peuple de fidèles » (Congar). Vivant en exil Ézéchiel, à sa façon à lui, montre cela réalisé.

Lisez à la suite : Ez 9, 3 ; 10, 4-5 ; 11, 22-23, puis Ez 1, enfin Ez 37, 26-28 ; 43, 1-12. À travers ces images extraordinaires, que veut exprimer Ézéchiel ? Où Dieu est-il présent ? Comment ? (Luc pensera peut-être à Ez 11, 23 en situant l'Ascension sur la montagne à l'orient, le mont des Oliviers).

« Je suis le bon berger ». Ez 34 et 37, 15-18.

Quels sont les bergers du peuple ? Comment se sont-ils conduits ? Qui va être le vrai berger ?

Jésus s'inspirera de ces textes (Mt 18, 10-14 ; Lc 15, 1-7 ; Jn 10). Qui est le berger ? Quelle force et quel sens cela donne-t-il aux paroles de Jésus ?

« Voici que je fais tout à neuf ».

Ez 33, 1-11 et 37, 1-14. Le peuple exilé est désespéré ; il est comme de vieilles carcasses séchant au soleil... Qu'annonce Dieu dans la vision du chap. 37 ? Dieu recrée son peuple par sa Parole et lui donne la vie par son Esprit. Qu'est-ce que cela peut dire maintenant à des chrétiens ?

Ez 36, 16-38 et 47, 1-12. Que fait l'Esprit ? D'où jaillit-il ? Cela précise Jr 31, 31-34 : en quoi ? Comment ces textes aident-ils à comprendre Jn 7, 37-39 et 19, 34 ou Ga 5, 22-25 ?

SECOND ÉSAÏE. « LA VOIX QUI CRIE. » Es 40-55.

Être exilé, méprisé, humilié, après avoir tout perdu, être manœuvre sans espoir, travailleur étranger... et se mettre à chanter le Dieu qui fait des merveilles, d'une voix si convaincante qu'elle rend espérance à tout un peuple, voilà qui est étonnant ! Où donc ce disciple d'Ésaïe, qui s'efface derrière sa mission en se nommant simplement « La Voix qui crie », a-t-il trouvé cette force ? Dans sa foi en Dieu. Dieu est toujours « Celui-qui-nous-a-tirés-de-la-maison-de-servitude » lors de l'*Exode*, il peut donc encore nous libérer. Il en a la puissance, car lui seul est *créateur*. Il le fera parce qu'il est fidèle et nous aime plus qu'une mère.

Avant d'étudier un texte important, relevons quelques thèmes majeurs de ce prophète émouvant.

L'Évangile.

Trois fois résonne cette « bonne nouvelle » ou « évangile » que Dieu va enfin venir établir son Règne, se manifester comme vrai Roi en faisant disparaître le mal, l'injustice, la souffrance (40, 9 ; 41, 27 ; 52, 7. Voir aussi 35, 3-6 datant de la même époque). En faisant des *miracles* et en criant les *Béatitudes*, Jésus proclamera que, par lui, cela se réalise : les pauvres vont être heureux parce que, désormais, c'en est fini de leur pauvreté.

La tendresse de Dieu. 43, 1-7 ; 49, 14-16.

Rien d'aussi beau n'a été dit sur l'amour d'un Dieu qui a pour nous des entrailles de mère.

Le nouvel exode.

La libération est vue comme un Exode plus merveilleux que le premier. Voir par exemple : 40, 3 ; 41, 17-20 ; 43, 16-23 ; 44, 21-22 ; 48, 17-22... (BJ 40, 3 h ; 52, 12 a). Les premiers chrétiens interpréteront la vie de Jésus et la nôtre à la lumière de l'Exode (voir références en marge dans votre Bible).

Le « messie » Cyrus.

Voici un bel exemple d'interprétation de l'histoire. Cyrus prend Babylone pour s'agrandir. Lui-même interprète cela comme un appel du Dieu Mardouk de Babylone (voir l'encadré ci-contre). Pour Ésaïe, c'est le Dieu d'Israël qui l'a appelé, l'a « marqué de l'onction » (41, 1-5.25-29 ; 42, 5-7 ; 44, 27-28 ; 45, 1-6.11-13; 48, 12-18). C'est la foi — et elle seule — qui fait percevoir un sens dans les événements.

☞ Le Serviteur de Dieu. Es 52, 13-53, 12.

Ce texte est le sommet du message. Son interprétation est discutée. Nous suivrons la TOB.

Commencez par repérer ceux qui parlent ;
- *Dieu* annonce la gloire qui attend son Serviteur. 52, 13-15.
- *Les nations* qui ont persécuté ce Serviteur s'étonnent et confessent leur erreur. 53, 1-6.
- *Le prophète* médite sur le sort de ce Serviteur victime innocente, mis à mort... 53, 7-9.

Puis il prie (interprétation de la TOB) :
Seigneur, que broyé par la souffrance, il te plaise ;
fais de sa personne un sacrifice d'expiation ;
qu'il voie une descendance et prolonge ses jours
et que le bon plaisir du Seigneur par lui aboutisse.
- *Dieu* exauce cette prière 53, 11-12.

Ce Serviteur est sans doute la personnification du peuple d'Israël, humilié, méprisé, mis à mort. Le malheur s'est abattu sur lui, il n'y peut plus rien, sauf lui donner un sens (revoir : « Dieu va vous punir », p. 63).

Comment est transformée cette situation de mort du Serviteur ? Quel en est le résultat final ? Pourquoi ? (Voyez les deux aspects : attitude du Serviteur — action de Dieu).

Ce Serviteur servira beaucoup aux premiers chrétiens pour comprendre Jésus. Comment cela vous aide-t-il à découvrir le sens :
- de la mission du Christ ? (TOB 53, 12 c) ?
- de sa mort *pour la multitude* (Mc 10, 45 ; Rm 4, 25 ; récits de la Cène : Mt 26, 28 et Mc, Lc) ?
- du mystère de Pâques ? Lisez Ph 2, 6-11.

Comment cela peut-il donner sens à notre vie ?

Le cylindre de Cyrus

Sur un cylindre d'argile retrouvé à Babylone, Cyrus donne son interprétation des événements :

Mardouk, le grand Seigneur [de Babylone], le gardien de ses gens, regarda avec joie les bonnes actions de Cyrus et son cœur droit et lui ordonna d'aller vers sa ville Babylone. Il lui fit prendre la route de Babylone, alla sans cesse à son côté comme un ami et un compagnon... Il le fit entrer à Babylone sans bataille ni combat...

LE LÉVITIQUE

Un livre merveilleux rempli de tabous sexuels et de sang ! Il faut du courage pour s'y risquer : répétitions incessantes, ton ennuyeux, règles minutieuses et étranges : tout nous déroute. Et pourtant...

Il faut des rites...

Parce que nous sommes corporels, nos sentiments s'expriment par des gestes concrets. Regardez la maîtresse de maison disposer le couvert :

Sacré - Sacerdoce - Sacrifice

Le « sacré » est, dans toutes les religions, le domaine de la divinité, totalement séparé du « profane » (pro-fanum : ce qui est « devant le lieu sacré »). Israël participe largement de cette mentalité. Dieu est « le Saint » c'est-à-dire « le Tout-Autre ».

Par ailleurs, Israël a le sentiment aigu que l'homme n'existe que s'il est en relation, avec les autres et surtout avec Dieu. Mais comment franchir la séparation entre le Dieu saint et l'homme ?

Le *prêtre* va en être chargé. Il doit, pour cela, entrer dans la sphère du sacré et cela se fait par la consécration qui est séparation : séparation du peuple pour être réservé au culte, du profane et des activités quotidiennes pour entrer dans le Temple. Et le sommet de son activité est le *sacrifice*. Ce mot ne veut pas dire « privation », mais transformation : « sacri-fier » c'est « faire-sacré » ; ce qu'on offre passe dans le domaine de Dieu. Et en retour, le prêtre peut transmettre au peuple les dons de Dieu : pardon, instructions, bénédictions.

Avec Jésus-Christ, cette conception sera totalement transformée. En lui, le sacré devient profane ! Il n'y a plus de distinction possible entre les deux : tout devient, par lui, sanctifié. Et il est le seul prêtre, parfait médiateur ; son sacrifice est l'unique sacrifice (l'épître aux Hébreux développera longuement cet aspect). Mais la tentation de l'Église sera toujours d'exprimer le sacrifice et le ministère des prêtres en revenant au schéma de l'Ancien Testament : bien des difficultés actuelles sur le sacerdoce dans l'Église catholique s'expliquent aussi par là.

---

tout est conventionnel, codifié, et pourtant c'est par là qu'elle dira à ses amis la joie de les recevoir. Mais c'est aussi le danger possible des rites : la façon dont le serveur, au restaurant, distribue les couverts peut n'être que parfaite indifférence.

Quand on se prépare à rencontrer Dieu, il faut aussi des rites. C'est là, comme disait le renard au Petit Prince, une façon de « s'habiller le cœur ». La rencontre de Dieu, pour ces croyants d'Israël, est la grande affaire, la seule valable. La minutie des rites est donc, pour eux, une façon d'exprimer le sentiment qu'ils ont de vivre en présence du Dieu saint.

« Soyez saints parce que je suis saint ».

Bien des rubriques ici présentées appartiennent à une culture qui n'est plus la nôtre et ce serait contresens que de vouloir les appliquer. Mais ce qu'elles disent demeure essentiel : Dieu est présent et nous vivons devant lui. Dieu est sans cesse nommé (plus de 350 fois) et « devant lui » revient comme un refrain (plus de 50 fois). Lisez le chapitre 19 : une seule légitimation scande toutes les prescriptions, de l'amour du prochain (verset 18) à la justice envers le salarié (verset 13) en passant par toutes les situations de la vie quotidienne : « C'est moi le Seigneur votre Dieu. » C'est donc dans son amour pour Dieu que le croyant perçoit la façon dont il doit vivre dans le monde et avec les autres.

Ce Dieu est le Dieu « saint », c'est-à-dire « tout autre » que nous. Il est le Dieu « vivant », il est « la vie ». Et cela explique le respect mystérieux que provoquent le sang et la sexualité.

« Le sang, c'est la vie » Lv 17, 11.14.

Le sang est sacré parce qu'il est la vie, la vie même qui vient de Dieu et qui coule dans nos veines. On ne peut donc répandre le sang d'un homme. On ne peut boire le sang d'un animal (et *a fortiori* d'un homme) : ce serait prétendre augmenter sa vie par soi-même, alors que Dieu seul en est le maître. Il ne s'agit donc pas là d'une règle culinaire (ne pas manger de boudin !), mais du respect de la vie. En revanche, l'offrande du sang, dans les sacrifices, est une façon de reconnaître ce don de la vie que Dieu nous fait. Dans ces sacrifices, on n'offre pas la victime — qui n'est plus qu'un cadavre — mais le sang « chaud » (mot à mot *vivant*), c'est-à-dire la vie même de la victime. Il faudrait prendre l'habitude de remplacer mentalement ce mot « sang » par son équivalent : « vie offerte » ; ces textes du Lévitique ou de l'épître aux Hébreux en deviendraient terriblement évocateurs.

Il en va de même pour tous *les interdits sexuels*. Au-delà des tabous (qui existent), c'est d'abord le sentiment impressionnant de participer, par la sexualité, à la transmission de la vie venant de Dieu, qui en explique le caractère sacré.

Composition du Lévitique.

Le fond de la *Loi de sainteté* (Lv 17-26) a été mis par écrit à Jérusalem avant l'exil. Au moment où l'on rédigeait le Deutéronome, centré sur l'alliance et l'élection divines, les prêtres de Jérusalem ont voulu codifier les coutumes pratiquées dans le temple et centrées sur le culte, pour rappeler que Dieu est saint et appelle son peuple à la sainteté.

La *Loi sur les sacrifices* (Lv 1-7) et la *Loi de pureté* (Lv 11-16) ont été rédigées, elles, après l'exil, ainsi que la *Loi sur les fêtes* (Nb 28-29).

Quelques textes du Lévitique.

Vous ne pourrez sans doute lire tout le livre. Mais il serait dommage d'ignorer certains textes.

Lv 19, 1-17 : la sainteté de Dieu est la source de l'amour fraternel et de la vie en société.

Lv 23 vous rappellera comment on sanctifiait le temps par le sabbat et les grandes fêtes.

Lv 16 présente le grand *Jour du pardon* ou *Yom Kippour* : seule fois de l'année où le grand prêtre pouvait pénétrer au-delà du voile, dans le Temple, pour obtenir la rémission des péchés. L'auteur de l'épître aux Hébreux utilisera cette liturgie pour exprimer le sacrifice du Christ. Ce chapitre reprend aussi une vieille coutume, un peu magique : celle du « bouc émissaire ».

Enfin si vous voulez vous repérer dans les différentes sortes de sacrifices, lisez Lv 1-7 (et l'introduction de la TOB).

Impur ou sacré ?

« Pur », « impur » sont, pour nous, des notions *morales*.

Dans la Bible, comme dans toutes les religions, ce sont des notions très proches de celle de « tabou » ou de « sacré ». On est « impur » quand on est entré en contact avec une puissance mystérieuse, qui peut être bonne ou mauvaise. Il faut alors pratiquer un rite qui « purifie », qui fait échapper à la contagion de cette puissance.

Certaines maladies, par exemple, peuvent rendre l'homme impur, parce qu'on pense qu'il est alors sous l'influence de démons.

À l'inverse, le contact avec Dieu peut rendre « impur ». Ainsi, on pouvait lire, il y a peu de temps encore, dans les livres liturgiques catholiques, cette rubrique : « Après la communion, le prêtre purifie le calice » (avec un linge appelé « purificatoire »). Ce calice était-il devenu « impur » (au sens moral) pour avoir contenu le sang du Christ ? Non ! Il était devenu « sacré » parce qu'il était entré dans le domaine de Dieu et sa « purification » était un rite de « désacralisation » permettant d'en faire, de nouveau, un certain usage profane. La femme qui vient d'accoucher doit, elle aussi, se « purifier ». On peut se demander s'il ne s'agit pas là encore d'un rite de « désacralisation » : parce qu'elle est entrée en contact avec Dieu, la source de vie, en donnant la vie, elle doit passer par un rite pour pouvoir, de nouveau, vivre dans l'existence profane.

Cette question du pur et de l'impur est très complexe et discutée entre les spécialistes. On la simplifie ici à outrance en la faussant d'autant. On peut en retenir au moins quelques points :

• les notions de pur et d'impur n'ont souvent aucun caractère moral, mais s'apparentent davantage aux notions de tabou ou de sacré ;

• parfois pourtant, ces mêmes mots prennent un sens moral ;

• la confusion des deux sens de ces mêmes mots est sans doute en partie responsable du discrédit jeté sur la sexualité : là où la Bible parlait d'impureté au sens de « sacré », nous avons lu impureté au sens « moral ».

L'HISTOIRE SACERDOTALE

Exilé, le peuple a perdu tout ce qui faisait de lui un peuple. Il risque d'être assimilé et de disparaître, comme un siècle et demi plus tôt, l'Israël du Nord déporté en Assyrie. Qui va lui permettre de tenir dans l'épreuve ? Des *prophètes* comme le prêtre Ézéchiel et le Second Ésaïe, mais surtout les *prêtres*. Ceux-ci formaient, à Jérusalem, un groupe solide, bien organisé, à la piété profonde. Ce sont eux qui vont soutenir la foi des exilés. Ils vont réussir à adapter la religion à la situation difficile et lui donner un nouvel avenir.

Ils vont inventer de nouvelles formes de pratique ou leur donner une valeur nouvelle. Le *sabbat* pour sanctifier le temps et la *circoncision* pour marquer l'appartenance au peuple vont devenir primordiaux (revoir p. 64). Les *assemblées* (ou *synagogues*) où l'on prie et on médite la Parole de Dieu vont remplacer les sacrifices : c'est l'origine de ce qui deviendra plus tard le culte synagogal.

L'Histoire sacerdotale — désignée par la lettre P (prêtres) — va naître dans ce contexte. On relit l'histoire passée pour y découvrir une réponse à des questions angoissantes : pourquoi ce silence de Dieu ? Comment croire en Dieu dans ce monde babylonien qui célèbre le dieu Mardouk comme créateur ? Quelle est la place des autres nations dans le projet de Dieu ?... Cette tradition nous invite ainsi à prolonger sa réflexion, à chercher comment aujourd'hui, dans une situation nouvelle, nous devons vivre notre foi et répondre aux questions du monde. La *promesse* de Dieu est toujours valable : il faut travailler à l'accomplir.

☛ *UN TEXTE CLÉ : Gn 1, 28*

Dieu les bénit et leur dit :
Soyez féconds, multipliez,
emplissez la terre et soumettez-*la et* dominez *sur les poissons de la mer et sur les oiseaux du ciel et sur tous les animaux qui rampent sur la terre.*

Bénédiction extraordinaire qui exprime la foi des prêtres exilés. Ces cinq verbes contredisent exactement leur situation actuelle ! Ils expriment la

---

Quelques traits du sacerdotal

Le *style* est sec. Le Sacerdotal n'est pas un conteur. Il aime les chiffres, les énumérations. Il répète souvent deux fois les mêmes choses : *Dieu dit... Dieu fait...* Exemples : le passage de la mer (voyez page 26) ; la création (Gn 1) ; la construction du sanctuaire (Ex 25-31 et 35-40).

Le *vocabulaire* est souvent technique, cultuel.

Les *généalogies* sont fréquentes. Elles sont importantes pour un peuple exilé, déraciné. Elles l'enracinent dans une histoire et rattachent cette histoire à celle de la création (Gn 5, 1-32 ; 10 ; 11, 10-26...).

Le *culte* est primordial. Moïse l'organise ; Aaron et ses descendants auront la charge de l'assurer par les pèlerinages, les fêtes, les sacrifices, le service du Temple, lieu saint de la présence de Dieu. Le *sacerdoce* est l'institution essentielle qui assure l'existence du peuple ; il remplace même l'institution de la royauté.

Les *lois* sont généralement situées dans des récits. Elles sont ainsi rattachées à des événements historiques qui en donnent le sens. Exemples : loi de fécondité (Gn 9, 1) dans le récit du déluge ; loi sur la pâque (Ex 12, 1s) accrochée à la 10° plaie...

À cause de toutes ces caractéristiques, les textes sacerdotaux sont les plus faciles à repérer dans le Pentateuque.

---

volonté du Dieu créateur : celle-ci s'accomplira donc un jour, mettant fin au mal et à l'exil.

Vous pourriez voir comment cette bénédiction scande le livre de la Genèse en donnant une coloration nouvelle aux épisodes racontés : Gn 8, 17 et 9, 1-7 (déluge) ; 17, 20 (Abraham) ; 28, 1-4 et 35, 11 (Jacob) : 47, 27 (Joseph). En Ex 1, 7, ce n'est plus une promesse, mais une réalité qui doit se poursuivre tout au long de l'histoire.

SURVOL DE L'HISTOIRE SACERDOTALE

Comme la tradition yahviste, l'histoire sacerdotale va de la création à la mort de Moïse (Dt 34, 7). Nous étudierons, page suivante, le récit de la création. Nous lisons ici quelques textes.

L'alliance avec Noé et le déluge. Gn 6-9.

Deux traditions narratives sont mélangées dans le récit actuel du déluge (TOB 6, 1 h - BJ 6, 5 a). Toutes deux suivent de près le récit mythique du déluge raconté par l'Épopée de Gilgamesh. Le Sacerdotal insiste sur la construction de l'arche, bâtie avec trois étages comme le Temple de Salomon : c'est dans le Sanctuaire que l'homme trouve le salut (6, 16).

Ce récit se termine par l'*alliance* avec Noé, avec ses descendants, avec la terre entière (9, 8-17). Ainsi, le Dieu d'Israël est le Dieu universel et son alliance concerne tous les hommes. Toutes les nations prennent place dans le projet de Dieu.

Mais Israël a-t-il une place particulière ?

L'alliance avec Abraham. Gn 17.

La loi de la *circoncision* est rattachée à un récit qui consiste en quatre discours de Dieu. Essayez de voir comment la pensée progresse de l'un à l'autre. Que demande Dieu à Abraham ? qu'il *marche en sa présence* (rappelez-vous le Lévitique) et soit *intègre*, « sans défaut » ou « sans tare » comme l'offrande pour le sacrifice (Ex 12, 5 ; Lv 1, 3...). La *circoncision* devient le signe distinctif du peuple.

En exil, Israël prend conscience qu'il a péché, qu'il a rompu l'alliance bilatérale passée au Sinaï. Selon les termes de cette alliance, il est normal que Dieu l'ait laissé tomber... Les auteurs, nous allons le voir, passent donc vite sur le Sinaï pour remonter à l'alliance avec Abraham. Il s'agit ici d'une promesse où Dieu seul s'est engagé. Quels que soient ses péchés, Israël (et nous à sa suite) peut y avoir recours.

Cette tradition s'intéresse à l'achat par Abraham d'un terrain à Hébron pour enterrer Sara (Gn 23). Cela est important pour des exilés : leur ancêtre avait acheté un morceau de terre, il y est enterré (25, 9). On a donc des droits sur ce sol !

L'Exode.

Ces exilés insistent sur la dure servitude en Égypte (Ex 1, 13-14 ; 2, 23-24) et sur la promesse de Dieu à Abraham (Ex 6 : vocation de Moïse). Ces prêtres rappellent la façon de célébrer cette libération : le culte rend présent, pour chaque génération, l'action du Seigneur qui libère (Ex 12, 1-20). Le passage de la mer devient un acte de la puissance du Dieu créateur (revoir p. 26) ; celui-ci est capable de le renouveler pour son peuple exilé. La loi du *sabbat* est rattachée au don de la manne (Ex 16) : le peuple peut donc chômer ce jour-là sans crainte, Dieu ne le laissera pas mourir de faim !

L'alliance au Sinaï.

Cette alliance était trop importante pour que les exilés puissent la passer sous silence. Mais ils en transforment le sens. Il n'y a pas de conclusion d'alliance. Dieu annonce seulement qu'il fera d'Israël *un royaume de prêtres et une nation sainte* (Ex 19, 5-6). Israël n'est pas dirigé par des rois comme les autres nations, mais par des prêtres.

Dieu ne donne pas de loi pour son peuple, mais des ordres pour construire un *sanctuaire* (Ex 25-27), établir des *prêtres* (Ex 28-29) et le *culte* ; la seule loi est celle du *sabbat* (Ex 31, 12-17).

Face à la faillite de l'alliance du Sinaï, on se tourne vers la promesse de Dieu à Abraham. Et l'institution chargée de rappeler au peuple et son péché et le pardon de Dieu, c'est le sacerdoce.

La sainte présence de Dieu. Ex 25, 10-22 ; 40, 34-38.

Dans cet ensemble Ex 25-31 et 35-40, il faut lire au moins le début et la fin. *Ils me feront un sanctuaire pour que je demeure parmi eux* (25, 8). Le texte nous centre sur le *propitiatoire* (plaque d'or pur qui couvre l'arche) et sur cet espace vide entre le propitiatoire et les deux chérubins : c'est là que Dieu se rend présent pour son peuple ; c'est sur ce propitiatoire qu'une fois l'an, le grand prêtre fait l'aspersion de sang obtenant le pardon de Dieu (Lv 16).

Pour dire que le Christ est présence réelle de Dieu et que son sang nous accorde le pardon, Paul écrira : *Dieu l'a exposé propitiatoire par son sang...* (Rm 3, 25).

Pour étudier ce texte bien connu, vous pourriez utiliser la *Boîte à outils* de la page 14.

Dans ces deux pages-ci, vous trouverez quelques éléments de réponse, dans l'ordre des questions. Ne les lisez donc pas maintenant ! Si vous essayez de répondre à toutes les questions de la page 14, vous n'aurez même pas du tout à les lire : vous aurez tout trouvé par vous-même.

Prenez donc cette *Boîte à outils* et votre Bible.

*

Après avoir terminé votre étude, vous pouvez, si vous le voulez, lire ce qui suit.

Parmi les *mots* ou *expressions* qui reviennent :

• *Dieu dit...* dix fois. Ces *Dix paroles* font penser aux *Dix commandements*. Dieu crée le monde comme il a créé son peuple au Sinaï. (TOB 1, 3 f).

• *Dieu agit* (verbes divers). Cette opposition entre création par la parole ou par l'action est peut-être l'indice d'un double récit antérieur ou seulement le style habituel du Sacerdotal.

• *Il y eut un soir...* La création est répartie en six jours pour aboutir au *sabbat*. Il s'agit donc d'une organisation liturgique (et non scientifique) pour fonder l'importance du sabbat.

L'époque de rédaction de ce texte : nous sommes en exil, on l'oublie trop souvent. Cela contribue pourtant à lui donner tout son sens d'acte de foi. À première vue, il apparaît comme poésie, évasion hors du réel : « Tout le monde il est beau... » Or l'auteur écrit en exil, dans un monde cassé. En deçà du mépris, du mal, de la souffrance, il affirme sa foi en un Dieu qui veut un monde beau et juste.

Des expressions ou des réalités qui avaient *un sens particulier à l'époque*.

On a vu l'importance du *sabbat* pour les exilés. Montrer que Dieu lui-même l'a pratiqué, c'est lui donner un caractère sacré.

On ne parle pas du soleil et de la lune, mais des deux *luminaires* (TOB 1, 18 m - BJ 1, 16 i). Ce mot fait partie du vocabulaire cultuel des prêtres ; il désigne les lampes qui brûlent dans le Temple (voir par exemple Ex 25, 6 ; 27, 20...). Soleil et lune ne sont donc pas des dieux comme à Babylone, mais des signes chargés d'indiquer une présence (comme la « lampe du S. Sacrement » dans la tradition catholique) et d'indiquer les moments *pour les fêtes*. Le Temple de Jérusalem est détruit ? Mais l'univers entier est le Temple de Dieu !

Il est intéressant de comparer ce texte avec les *récits mythiques babyloniens*.

Dieu ici ne crée pas à partir de rien ; il crée en *séparant*. On reprend le vieux mythe connu aussi bien à Babylone qu'en Égypte : relisez les textes de la page 19. Le mot « abîme » se dit en hébreu *tehom* et rappelle la *Tiamat* babylonienne. Mais il n'y a pas trace de lutte, ici : Dieu est le Dieu unique.

On pourrait comparer ce récit avec bien d'autres textes bibliques. On se contentera de deux.

1. La création en Gn 1 et en Gn 2.

• La « science » (celle de l'époque) sous-jacente à ces deux récits est différente. En Gn 2, la terre apparaît comme une oasis au milieu du désert. Ici, elle est une île au milieu des eaux. Par des séparations successives, Dieu fait apparaître le sec pour y placer l'homme.

• En Gn 2, l'homme (le mâle) est créé en premier pour cultiver la terre ; puis vient la femme. Ici, l'humanité (homme-femme) est créée en dernier. C'est une autre façon d'en montrer la dignité : dans une procession liturgique, le plus digne vient en dernier. C'est l'humanité (l'homme) qui est créée. Dans un second temps seulement, on indique qu'elle est constituée de masculin et de féminin.

2. Création et passage de la mer (Ex 14).

On a remarqué en étudiant Ex 14 (p. 26) les rapprochements entre ces deux textes : Dieu parle et agit (directement ou par Moïse) ; il *sépare* les eaux pour que *le sec* apparaisse. Ainsi la libération est montrée comme un acte de la toute puissance du Dieu créateur et la création comme un acte du Dieu libérateur qui veut que, non seulement un peuple, Israël, mais tous les peuples, l'humanité entière, soient libres.

Reprenons, de façon plus synthétique, quelques aspects parmi d'autres de ces textes.

*

Un poème liturgique.

Il ne faut pas chercher ici un enseignement historique ou scientifique. Il s'agit d'un poème, exprimant la foi — extraordinaire — de prêtres en leur Dieu. Le monde est créé en six jours pour légitimer le *sabbat*. Ce sabbat a une double signification. Il est le temps où Dieu *fait sabbat*, c'est-à-dire *cesse d'œuvrer* lui-même ; le septième jour est ainsi le temps de l'histoire humaine, le temps donné à l'homme pour œuvrer et continuer la création ; après, viendra le « huitième jour », celui de la fin. Mais on célèbre ce sabbat en cessant de travailler, pour sanctifier le temps, pour faire hommage à Dieu de notre travail d'homme.

Du Dieu libérateur au Dieu créateur.

Le Dieu qu'Israël a découvert d'abord, c'est celui qui le libère de la servitude d'Égypte ; un Dieu qui agit dans l'histoire. Et c'est vers ce Dieu que les exilés de Babylone se tournent de nouveau dans l'espérance d'une nouvelle libération. Mais — comme le Second Ésaïe l'exprime avec force — ce Dieu est capable d'agir dans l'histoire, parce qu'il a créé l'histoire.

L'homme à l'image de Dieu.

En quoi l'homme est-il image de Dieu ? Le récit insiste sur deux aspects.
L'homme est créé responsable. Par sa maîtrise sur le monde, par la science, l'homme manifeste le pouvoir de Dieu. Il a donc la charge d'organiser l'univers, de le rendre habitable. Il en est responsable.
L'homme est relation d'amour. L'image du Dieu amour ne peut être un individu solitaire : c'est un couple, un homme et une femme qui s'aiment et dont l'amour produit la vie. Il faudra attendre la révélation de Jésus pour découvrir tout ce que cette image peut évoquer du mystère même de Dieu. Mais en retour, c'est bien de ce Dieu trinité que le couple humain est sacrement.

Un Dieu qui n'a pas de nom...

Nommer quelqu'un, c'est avoir un certain pouvoir sur lui ; donner son nom, c'est se donner un peu soi-même. Aussi Dieu n'a pas de nom propre. (Voir Gn 32, 23-33 : Dieu refuse de donner son nom.)

El. Élohim. La première façon de le nommer sera d'utiliser le nom commun *el, dieu*. Déjà, au 3e millénaire, des sémites appelaient ainsi leur dieu principal : *Le dieu*. Les Musulmans ont gardé cet usage : *Allah* vient de *al-Ilah, Le Dieu*. On dira simplement *Le El d'Abraham, d'Isaac...* Et cela est un premier enseignement : Dieu demeure l'inconnaissable. On ne peut découvrir quelque chose de lui qu'à travers ce qu'il est en ceux qui l'adorent : c'est le Dieu d'Abraham, de Jésus, de M. ou Mme Untel... Le pluriel *Élohim* marque la majesté.

YHWH. À Moïse, Dieu semble donner son nom (Ex 3, 14-15). En fait, c'est moins un nom que l'indication d'une présence. On ne sait d'ailleurs pas comment le prononcer ! Par respect, en effet, les Juifs ne prononçaient jamais ce nom de Dieu. Ils écrivaient les quatre consonnes du mot YHWH (on parle parfois du *Tétragramme* ou « quatre lettres », en grec), mais lisaient *Adonaï*, « le Seigneur ». Les Massorètes (voir page 7), ont donc mis les voyelles de *Adonaï* sur les consonnes *YHWH*, ce qui a donné le barbarisme *Jéhovah*.

Les Septante (ou Bible grecque) ont traduit le Tétragramme par *Kurios*, « Le Seigneur ». Et les premiers chrétiens les ont imités. Par respect pour les Juifs, qui sont très choqués de nous entendre prononcer le Nom ineffable, nous devrions faire de même et toujours lire YHWH par « Le Seigneur ». C'est ce qu'a fait la TOB (mais pas la BJ, malheureusement).

6. ISRAËL SOUS LA DOMINATION DES PERSES. 538-333

Garde royale perse. Suse (v· s.).

En 538, Cyrus qui vient de conquérir Babylone prend des mesures en faveur des Juifs : il fait restituer les objets cultuels pris par Nabuchodonosor en 587 et autorise la reconstruction du temple (Esd 6, 2-5 ; voir 1, 7-12). Cela correspond bien à l'esprit de tolérance de Cyrus, mais aussi à son projet politique : il est nécessaire que Jérusalem, dernier bastion de l'empire face à l'Égypte, soit fidèle.

Pendant deux siècles, les Juifs font partie de l'empire perse aux rois entreprenants, tandis que grandit la puissance grecque. Fixons quelques points de cette histoire mouvementée. (Pour la succession des rois et des événements, voyez le tableau chronologique et les cartes de votre bible.)

L'empire perse.

Après la prise de Babylone, *Cyrus* poursuit ses conquêtes vers l'est. Il y meurt en 530. Son fils *Cambyse* conquiert l'Égypte mais échoue en Éthiopie.

Pendant son long règne, *Darius I*er (522-486) va organiser son immense empire. Il le divise en vingt provinces appelées *satrapies*, gouvernées par un satrape, un chancelier et un général ; elles doivent fournir de lourds impôts. Il établit un réseau routier remarquable, dont la « voie royale » qui va de Suse jusqu'à Éphèse sur la Méditerranée. Il conquiert la Thrace et la Macédoine, au nord de la Grèce, mais il échoue à Marathon (490).

Après *Xerxès I*er battu, lui aussi, par les Grecs à Salamine (480), *Artaxerxès I*er (464-424) doit d'abord pacifier l'Égypte qui s'est révoltée. Le juif NÉHÉMIE, fonctionnaire royal à la cour du roi perse, est envoyé à Jérusalem.

La Grèce connaît alors son âge d'or — le « siècle de Périclès » — en art (le Parthénon), en littérature (Sophocle, Euripide), en philosophie (Socrate, Platon)...

Scribe assyrien. Peinture murale assyrienne (VIIIe s.)

Darius II (424-404) doit se battre en Égypte. Dans l'île d'Éléphantine, près de l'actuel barrage d'Assouan, se trouve une colonie de militaires juifs qui a son temple au Dieu Yahô. Sa correspondance avec les autorités de Jérusalem et la cour perse nous renseigne un peu sur sa religion.

Quand *Artaxerxès II* devient roi (404-359), l'Égypte reprend son indépendance. La province de Jérusalem retrouve donc son importance de bastion avancé. En 398, le roi y envoie **Esdras**. Celui-ci s'efforce de rétablir la paix entre Juifs et Samaritains qui vont jouir d'un statut spécial dans l'empire : ils doivent obéir à la « Loi du Dieu du ciel » (Esd 7, 21), sous la direction du grand prêtre. Cette fragile union entre Juifs et Samaritains ne durera qu'un peu plus de soixante ans.

Les derniers rois perses doivent faire face à la révolte de différentes satrapies, avant d'être emportés par une nouvelle puissance : celle de la Macédoine. En 338, *Philippe de Macédoine* refait à son profit l'unité de la Grèce. Avec l'arrivée au pouvoir de son fils *Alexandre*, en 336, c'est une nouvelle ère de l'histoire qui commence.

Le retour d'exil.

Cyrus met fin à cinquante ans d'exil pour les Juifs de Babylonie. On ne sait que peu de choses sur le retour des exilés et leur nombre.

En 538, Sheshbaçar reçoit mission de restituer au temple de Jérusalem les objets cultuels d'or et d'argent emmenés à Babylone par Nabuchodonosor (Esd 1, 7-11). On ignore le nombre de Juifs qui l'accompagnèrent alors. Malgré l'édit de Cyrus (Esd 1, 2-4) il ne semble pas qu'il y eut alors un afflux d'exilés à Jérusalem et beaucoup ont préféré rester en Babylonie.

La réinstallation des exilés en Judée dut rencontrer de nombreuses difficultés. Il y a conflit entre ceux qui sont restés dans le pays et ceux qui reviennent d'exil à propos des terres. Le manque de moyens en hommes et en ressources a amené à interrompre la reconstruction du temple.

Entre 522 et 520, sous le règne de Darius, un nouveau convoi d'exilés, conduit par le descendant davidique Zorobabel et le prêtre Josué, arrive à Jérusalem. Le convoi est important (Esd 2 ; Ne 7). Sous leur direction et l'impulsion des prophètes Aggée et Zacharie, le temple est reconstruit et consacré en 515.

515. L'ère du Second Temple.

Après cinq ans d'efforts, le Temple est reconstruit. Les anciens qui ont connu la splendeur du Temple de Salomon ne peuvent retenir leurs larmes tant celui-ci leur paraît minable (Esd 3, 10-13 ; Ag 2, 3). Peu importe : il existe. Agrandi et embelli par Hérode de 19 avant J.-C. à 64 après, il sera détruit par les Romains en 70 de notre ère.

Retenez cette expression « Second Temple » : elle désigne un édifice, mais plus encore une époque, celle qui va du retour d'exil jusqu'à 70 de notre ère. C'est l'époque du judaïsme.

Les deux missions de **Néhémie** (en 445 puis 432) vont permettre la reconstruction du rempart de Jérusalem, puis le repeuplement de la ville et la restauration de la communauté.

En 398 (c'est du moins une date possible, la chronologie est ici très embrouillée), **Esdras** est chargé par le roi Artaxerxès de réorganiser la région. D'une poigne de fer, il rétablit la pureté de la foi, fait rompre les mariages contractés avec les non-juifs, impose comme loi d'État la « Loi du Dieu du ciel ». Cette Loi est sans doute le Pentateuque actuel qu'Esdras a rédigé à partir des différentes traditions.

Le culte solennel décrit en Ne 8-10 compte parmi les heures importantes de l'histoire d'Israël : il est comme la naissance officielle du judaïsme. La réunion ne se tient pas au Temple, mais sur la place publique ; elle ne consiste pas en sacrifices sanglants, mais dans la lecture de la Loi et dans la prière. Le culte synagogal est né.

Des aspects importants.

Bien des détails de l'histoire d'Israël nous demeurent obscurs. Mais on peut au moins relever quelques points plus généraux.

Le pouvoir des prêtres.

Ce sont les prêtres qui réorganisent le peuple. Ils vont être les véritables chefs religieux et politiques.

Les Juifs dans le monde. La « diaspora ».

De nombreux Juifs sont restés à Babylone, y formant une communauté vivante. On apprend l'existence d'une communauté à Éléphantine, en Égypte. Celle d'Alexandrie, en Égypte encore, se révélera bientôt importante... On assiste ainsi à une « dispersion » (diaspora en grec) du judaïsme : le centre reste Jérusalem, mais d'autres centres importants se constituent dans le monde.

Une langue commune : l'araméen.

L'araméen, langue proche de l'hébreu, est alors la langue internationale de l'empire perse pour le commerce et la diplomatie (un peu comme l'anglais de nos jours). En Judée, cette langue supplante peu à peu l'hébreu qui restera seulement comme langue liturgique. À l'époque du Christ, le peuple parle araméen et ne comprend plus l'hébreu.

Cette langue commune et la diaspora vont contribuer à ouvrir les Juifs à l'universalisme.

ACTIVITÉ LITTÉRAIRE

Des prophètes comme **Aggée, Zacharie, Malachie, Abdias** et surtout le **Troisième Ésaïe** prêchent alors.

Mais cette époque est surtout marquée par l'influence des scribes et des sages.

Des scribes comme **Esdras**, relisent les Écritures, les assemblent (**Pentateuque**), les complètent (**Chroniques, Esdras, Néhémie**).

Les sages recueillent les réflexions antérieures et commencent à produire de grandes œuvres comme **Ruth, Jonas, Proverbes, Job**.

Les Psaumes commencent à être réunis dans des collections qui deviendront bientôt un livre.

LES PROPHÈTES DU RETOUR

AGGÉE.

En 520, Aggée adresse aux rapatriés un message bref mais cinglant : « Quoi ! Voilà bientôt vingt ans que vous êtes rentrés. Vous avez rebâti vos maisons et la maison de Dieu est toujours en ruine ! » Il s'agit de savoir si Israël va reconstruire sa vie nationale avec ou sans Dieu... La question est toujours valable !

PREMIER ZACHARIE. Za 1 - 8.

Les quatorze chapitres qui constituent le livre actuel rassemblent la prédication de deux prophètes. Nous lirons le message du second au chapitre suivant.

Le Premier Zacharie appuie la prédication d'Aggée, mais il le fait dans son langage à lui qui est déjà celui des Apocalypses (voir p. 89).

MALACHIE.

Quand Malachie prêche, le Temple est reconstruit. On a repris le culte, les sacrifices... et aussi les mauvaises habitudes d'avant l'exil : on accomplit des rites, mais n'importe comment, et, dans le même temps, on est injuste, infidèle...

Malachie réagit vigoureusement et son message aura une grande influence, jusque dans le Nouveau Testament.

Son livre se présente comme un dialogue entre Dieu et son peuple, préludant au dialogue définitif de l'Évangile : « J'ai eu faim... Quand donc, Seigneur, t'avons-nous vu avoir faim ?... » *Je vous aime, dit Dieu. Et vous dites : En quoi nous aimes-tu ?...* « *Et vous dites...* » : huit fois ce refrain contre un peuple de discuteurs ! Huit fois pour mettre à nu le péché soigneusement refoulé. Péché de ceux qui offrent à Dieu leurs restes (1, 6 s.), des prêtres qui ne prêchent plus la Parole de Dieu (2, 1 s.), de ceux qui répudient leur femme (2, 10 s. : une magnifique méditation sur le mariage), de ceux qui ne savent même plus distinguer le bien du mal (2, 17 s.)...

Dieu annonce en finale qu'il enverra sur terre le prophète Élie avant le Jour du jugement. Ce texte contribuera à donner à Élie une importance considérable dans le judaïsme. Jésus déclarera que Jean-Baptiste a rempli ce rôle (Mt 17, 9 s.).

JOËL.

On ne sait pas quand prêche ce prophète « écologiste ». La pollution généralisée lui apparaît comme un signe de la venue du *Jour du Seigneur*, le jour où Dieu dépouille l'homme de son péché. Mais en l'homme ainsi dénudé, Dieu met son *Esprit*. Pierre citera Joël 3 le jour de la Pentecôte (Ac 2).

Parole de Dieu

Certains risquent d'être étonnés : ils ouvraient la Bible pour y trouver la « Parole de Dieu » et elle apparaît de plus en plus comme « paroles d'hommes ».

On a parfois une idée un peu magique de la Parole de Dieu : quelque chose qui tomberait du ciel. Alors que Dieu se révèle dans une histoire, à travers les événements de la vie des hommes ; c'est là qu'il faut la déchiffrer.

N'est-ce pas le même étonnement qu'éprouve le chrétien en face de Jésus ? Il reconnaît en lui le Fils de Dieu, le Verbe. Or ses contemporains ont vu un homme, comme eux. Jean n'écrit pas « *Nous avons vu le Verbe* », mais « Ce que *nous avons vu, entendu du Verbe* » (1 Jn 1, 1), c'est-à-dire à travers *ce que* nous avons vu (des gestes humains, des paroles comme les nôtres), nous avons perçu, éclairés par la foi et l'Esprit, le Verbe.

Dieu n'a pas agi autrement dans l'Ancien Testament. Les Juifs vivaient des événements ordinaires ; mais les croyants, et en premier lieu les prophètes, y lisaient une parole de Dieu comme nous savons percevoir une parole dans des gestes : « Ce fait est éloquent », « Ce sourire en dit long... »

Mais nous pouvons nous tromper... Sommes-nous sûrs que les prophètes et les autres croyants ne se sont pas trompés ? C'est ici que la foi en l'Esprit Saint, éclairant le croyant, prend son importance. « *L'Esprit vous conduira vers la vérité tout entière* » disait Jésus (Jn 16, 13). Attendre une « parole de Dieu tombée du ciel », ce peut être simplement refus de croire à l'Esprit et de vivre dans la foi : dans une telle « parole » nous aurions Dieu sous la main, alors qu'il se révèle à nous, humblement, sous les apparences humaines.

TROISIÈME ÉSAÏE. Es 56 - 66.

Galvanisés par les promesses du Nouvel Exode promis par le Second Ésaïe, des exilés sont rentrés au pays. Mais les lendemains qui chantent se révèlent amers ! Et l'enthousiasme tombe. On se réinstalle pauvrement. Mais comment reconstruire une nation qui ne croit plus à ses destinées ? Un disciple d'Ésaïe essaie de lui rendre foi en sa mission.

La tâche est difficile, car les auditeurs sont désunis : rapatriés de Babylone — *Juifs restés au pays* — *étrangers* installés entre-temps — *Juifs de la diaspora*. La division ou la haine s'infiltre et le mépris de l'étranger, l'idolâtrie menace, l'espérance est atteinte... À tous, le prophète essaie de communiquer son enthousiasme.

Le livre actuel se présente comme une belle courbe où les textes se correspondent deux à deux autour du sommet, le chapitre 61. Avant d'étudier ce dernier, nous allons parcourir l'ensemble.

56, 1-8. Les étrangers peuvent appartenir au peuple de Dieu car *sa Maison de prière est pour tous les peuples.* 66, 17-24. Dieu rassemblera tous les peuples pour une création nouvelle.

56, 9 - 57, 21. Le prophète se lamente sur ceux qui croient faire partie automatiquement du peuple de Dieu. 66, 1-16. En contraste, il montre Dieu donnant à la Fille de Sion le pouvoir d'enfanter le peuple nouveau (revoir p. 61).

58. La vraie pratique religieuse, le vrai jeûne qui plaît à Dieu, c'est partager son pain, supprimer l'injustice, libérer les opprimés... 65. Béatitudes et malédictions : ceux qui se laissent aimer par Dieu et ceux qui refusent.

59, 1-15. L'accusation du prophète porte ses fruits : le peuple confesse ses péchés. 63, 7 - 64, 11. Un beau psaume de supplication anticipant le Notre Père ; appel à la tendresse de Dieu pour qu'il déchire les cieux et qu'il vienne. Pour Marc, cela sera réalisé lors du baptême de Jésus (Mc 1, 10).

59, 15-20 et 63, 1-6. On ne se moque pas de Dieu. Celui-ci, comme un vendangeur, écrase ses ennemis... L'Apocalypse (19, 13) appliquera ce texte tragique au Christ : le sang qui coule est donc, finalement, le sien versé pour nos péchés.

☛ Étude d'un texte : Ésaïe 60 - 63.

Es 61 est le sommet du livre. Mais il forme un tout avec les chapitres 60 et 62 qui se correspondent. Il faut donc étudier les trois ensemble.

Fille de Sion, réjouis-toi... Es 60 et 62.

Lisez ces deux chapitres en essayant de voir comment sont présentés les différents acteurs :
Dieu. Quel visage en présente-t-on ? Notez les images qui expriment ses sentiments.
La Fille de Sion. Qui désigne-t-elle ? Notez les images qui expriment son changement de situation.
Les fils... Qui sont-ils ? Où viennent-ils ? Par quoi sont-ils attirés ?
Nous avons là une extraordinaire image du peuple de Dieu (et maintenant de l'Église) : comme une cathédrale, éclaboussée du feu des projecteurs, jaillit sur la cité dans l'ombre pour guider ceux qui marchent dans les ténèbres, le peuple est un signe lumineux dressé dans le monde pour indiquer le sens. Mais la lumière ne vient pas de lui, mais de Dieu qui est en lui.

L'Esprit du Seigneur est sur moi... Es 61.

Ce chapitre se divise en trois parties :
61, 1-4. Le prophète se présente.
Comment s'est faite sa vocation ? Quelle est sa mission : à qui est-il envoyé et pour porter quelle *nouvelle* (ou « joyeux message » ou, en grec, « évangile ») ? Notez les images qui expriment la transformation.
61, 5-9. Le prophète parle à son auditoire.
Il parle et le Seigneur parle par lui (v. 8) de l'avenir. Qu'est-ce qui est promis ? Quel sera le rôle du peuple ?
61, 10-11. Le prophète ou le peuple (ou les deux) exprime son enthousiasme. Quelles en sont les raisons et la source ?
Reprenez maintenant l'ensemble de Es 60-62. Quelle est cette bonne nouvelle capable d'enthousiasmer ces rapatriés découragés ?
Lisez Lc 4, 16-21. En quoi Es 61 peut-il exprimer, selon Luc, la mission de Jésus ? Comment permet-il de comprendre le sens des miracles de Jésus et le message des Béatitudes ?

✱

LA LOI OU PENTATEUQUE

Vers la fin de la période perse (IVᵉ siècle), la communauté juive qui vit à Jérusalem possède la Torah, la Loi ou Pentateuque. Ce texte vénérable est alors achevé et l'on en a pour preuve que la traduction grecque du Pentateuque a été faite en Égypte autour de 280-250 av. J.-C. Mais qui donc a contribué à la composition finale de la Loi ? La tradition avance le nom d'Esdras, cet homme qui vient à Jérusalem (en 458 ou 398 ?) avec les pouvoirs et une autorité qu'il tient du souverain perse. En Esd 7, 21 Esdras reçoit le titre de « scribe de la Loi du Dieu du ciel ». De plus, cette Loi est tout à la fois la Loi du Dieu d'Israël et la loi du roi (Esd 7, 26). Cela signifie que tous ceux qui se réclament du Dieu d'Israël doivent obéir à cette Loi et être jugés en fonction d'elle. Esdras est donc envoyé à Jérusalem avec « la Loi de ton Dieu qui est dans ta main » (Esd 7, 14). Il semble que le texte en est fixé. Mais quel est le contenu de cette Loi ? On l'ignore, mais il est certain que l'on est tout proche de l'achèvement du Pentateuque.

Le Pentateuque se présente comme une « histoire sainte » qui se déroule de la création (Gn 1) jusqu'à la mort de Moïse (Dt 34). Dieu est l'auteur principal de cette histoire ; il ne cesse d'intervenir et de prendre la parole. Tout en demeurant le Dieu, créateur du ciel et de la terre, Dieu a un plan qui concerne d'abord Israël au milieu des nations, mais les nations elles-mêmes peuvent trouver le salut en contemplant ce que Dieu fait pour Israël.

Deux personnages humains dominent cette « histoire de Dieu avec les hommes » : Abraham à titre d'ancêtre qui reçoit la promesse divine — Moïse choisi par Dieu pour réaliser cette promesse et faire naître Israël comme peuple, le second ayant un rôle si capital que la Loi est parfois appelée Loi de Moïse.

La Loi ou les cinq livres

Après le récit des origines (Gn 1-11), le reste de la **Genèse** (12-50) présente les patriarches et en premier lieu ABRAHAM. Père des croyants, il est le porteur de la promesse de Dieu (l'alliance : Gn 15 et 17) ; il est l'intercesseur près de Dieu (Gn 18) ; celui à qui il fait totalement confiance même s'il lui demande son fils (Gn 22).

Avec le livre de l'**Exode**, c'est MOÏSE qui entre en scène et va l'occuper jusqu'à la fin. Après le rappel de la servitude d'Égypte et l'appel de Moïse (Ex 1-15), la part du lion est donnée à l'alliance du Sinaï : encadré par des récits sur la vie au désert (Ex 16-18 et Nb 11-12), le centre est occupé par le code de l'alliance (Ex 20-23, voir page 60) et par les différentes lois sacerdotales : Ex 25-31 et 35-40 ; le **Lévitique ; Nombres** 1-10. Dans cet ensemble, l'histoire du veau d'or (Ex 32-34) vient rappeler les risques toujours possibles de rupture de l'alliance. La dernière partie présente la marche vers la Terre promise (Nb 13-36) et les derniers discours de Moïse sur le mont Nébo (**Deutéronome**).

MOÏSE est ainsi présenté comme le médiateur. Il est totalement du côté de Dieu, son instrument pour libérer le peuple de la servitude et l'amener au service de Dieu par la Loi qu'il lui donne. Il est totalement du côté du peuple, dans une solidarité si totale qu'elle va, mystérieusement, jusqu'au péché. Et avec le peuple mort au désert, Moïse mourra avant d'entrer dans la Terre promise, mais, comme ont traduit magnifiquement les rabbins, « dans un baiser de Dieu » (Dt 34, 5).

La Torah, écrite et orale

Pour les Juifs, la Parole de Dieu c'est essentiellement la _LOI_ (_Torah_ en hébreu) que Dieu a donnée à son peuple au Sinaï.

Elle se trouve déposée, sous sa forme _écrite_, dans le Pentateuque. C'est le cœur des Écritures.

Mais — et les rabbins y insisteront très fort — cette Loi n'est pas seulement écrite ; elle comprend aussi la Tradition qui englobe et interprète la Torah écrite. Cette Tradition doit être appelée « Torah orale ».

Les _PROPHÈTES_ sont aussi Parole de Dieu, mais pas tout à fait au même titre. Dans la liturgie, ils auront surtout pour rôle d'éclairer la Loi.

Quant aux _Écrits_, ils sont vénérés mais sans avoir la même importance que la Loi ou les Prophètes.

On comprend alors l'importance d'Esdras qui a donné sa forme définitive à la Loi. « Si la Loi n'avait pas été donnée à Moïse, disait un rabbin, Esdras aurait été digne de la recevoir. » Moïse et Esdras restent les deux grandes figures du judaïsme.

Les Samaritains

Il semble bien qu'Esdras ait réussi à imposer la « Loi du Dieu du Ciel » aussi bien aux Juifs qu'aux Samaritains, dont nous avons vu, p. 45, l'origine très mêlée. En fait, l'union sacrée dura peu de temps et les Samaritains se séparèrent bientôt définitivement des Juifs (peut-être à l'époque d'Alexandre). Ils construisirent même leur propre temple sur le sommet du Garizim. Mais ils conservèrent la Loi (ou Pentateuque) dont le texte est pratiquement identique à celui des Juifs. C'est même les seules Écritures qu'ils reconnaissent.

Les relations entre Samaritains et Juifs sont donc très complexes. On sait par les évangiles combien, à l'époque du Christ, les relations étaient tendues entre les deux communautés. Mais elles se reconnaissaient un même destin.

Une communauté de Samaritains a survécu jusqu'à nos jours et on peut assister, chaque année, au sacrifice de l'agneau pascal sur le Garizim.

I — II CHRONIQUES
— ESDRAS — NÉHÉMIE

Composés sans doute au début de l'époque grecque, les livres des Chroniques présentent un projet ambitieux : écrire l'histoire d'Adam jusqu'à Cyrus. Son auteur utilise des sources dont certaines sont connues (Samuel, Rois). Les livres d'Esdras et de Néhémie sont souvent attribués à ce même auteur, le Chroniste, mais c'est une hypothèse discutable.

Il serait passionnant de comparer certains passages des Chroniques avec ceux de Samuel-Rois : on y verrait comment on écrit un *midrash* (voir la page 81 et la brève comparaison sur la prophétie de Natan à la page 42). Relevons quelques caractéristiques.

Le Chroniste nous offre *une théologie de l'histoire*. Pour montrer ce que devrait être la vie du peuple aujourd'hui, il idéalise un moment de l'histoire passée : celle de David-Salomon. Il passe très vite d'Adam à David (surtout des généalogies). Pour David, il s'étend, choisit ses sources, élimine les épisodes défavorables à ses héros (péché de David, luxe, idolâtrie de Salomon). David est le roi selon le cœur de Dieu, lieu-tenant de Dieu qui reste le seul Roi d'Israël. David a su doter son royaume d'une capitale, Jérusalem, et préparer la construction du Temple et l'organisation du culte.

Le Chroniste passe sous silence l'histoire du royaume du Nord. Il s'intéresse avant tout à *l'histoire du Temple et du culte*. Prêtres et lévites ont chez lui une grande importance.

Il entend montrer que quand rois et peuple sont fidèles, ils sont heureux ; quand ils sont infidèles, ils sont malheureux. De façon un peu simpliste, il essaie ainsi de montrer en images, ce que pourrait être le Royaume de Dieu vécu sur terre.

☞ Vous pourriez lire : Néhémie 8-9.
• **Ne 8.** Quels sont les éléments de ce culte ? Dans quel lieu ? Qui préside ? Quelle est la nouveauté par rapport au culte du Temple ? (TOB 8, 5 m).
• **Ne 9.** Dans cette confession des péchés, à quels points de l'histoire se raccroche-t-on ? Sur quoi s'appuie-t-on : ses mérites ? Dieu ? Quelles sont les qualités reconnues à Dieu ? Comment cela peut-il inspirer notre propre prière ?

LA SAGESSE

Tous, vous comme moi, nous sommes des *sages*, mais nous ne sommes pas tous des *écrivains* rédigeant des œuvres de sagesse.

Le *sage*, en effet, c'est celui qui essaie de vivre bien, qui cherche à découvrir, dans son existence et celle du monde, ce qui favorise la vie ou au contraire, ce qui conduit à la mort. Il réfléchit donc aussi sur les grandes questions humaines : la vie, la mort, l'amour, la souffrance, le mal... L'existence humaine a-t-elle un sens ? et lequel ? Et chacun à son niveau, le jeune enfant comme le vieillard, le professeur comme l'ouvrier manuel ou la mère de famille, se fait sa philosophie, sa sagesse, son art de vivre.

Et parfois, des poètes, des philosophes s'emparent de toute cette réflexion diffuse, s'en nourrissent et produisent de grandes œuvres.

C'est aussi ce qui s'est passé pour Israël. Depuis que le peuple existe, il cherche le sens de sa vie, il réfléchit sur les grands problèmes et nous avons vu, par exemple, que les récits de la création sont « une réflexion de sagesse » (p. 39 et 72). Tout au long de sa vie, il exprime sa réflexion dans des *proverbes*, sortes de dictons populaires, dans des *prières*, des ébauches d'œuvres.

Mais c'est seulement après l'exil que des écrivains vont reprendre toute cette réflexion et, au terme de cette longue gestation, composer les grandes œuvres que nous allons commencer à lire.

Il faut donc mettre en garde contre un danger possible de notre étude. Au cours des cinq étapes précédentes, nous avons écouté les *Prophètes*, vu comment peu à peu naissait le *Pentateuque* et c'est seulement dans cette sixième étape que nous abordons les *livres de Sagesse*. Cela pourrait laisser croire qu'Israël a d'abord vécu et écrit son histoire et qu'il a attendu huit ou neuf siècles pour se mettre à penser ! C'est faux, bien sûr. Nous lisons maintenant les *livres*, les œuvres littéraires produites à cette époque. Mais nous verrons comment elles reprennent une longue réflexion antérieure, comme le Pentateuque a repris les éléments composés auparavant.

Qui sont les sages en Israël ?

Tout Israélite. La sagesse est *populaire.* Beaucoup de proverbes, par exemple, reprennent la sagesse des anciens condensée en des dictons bien frappés.

Quelques traits de la sagesse

La sagesse est *l'art de vivre bien.* Elle cherche à découvrir ce qui va vers la vie et non vers la mort. Elle est *réflexion sur les grandes questions humaines* : vie, mort, amour, souffrance, mal, relation à Dieu et aux autres, vie sociale...

La sagesse est *universelle* et *intemporelle.* La souffrance et la mort, la vie et l'amour ne connaissent pas de frontières. Le malade qui hurle de souffrance à Babylone ou en Israël deux mille ans avant J.-C. ne réagit pas autrement que celui qui agonise dans un hôpital moderne.

Les sages d'Israël vont donc puiser abondamment dans la réflexion des autres civilisations, Égypte et Babylone, puis Grèce. Mais — et c'est là son originalité — toute cette réflexion est refondue dans le creuset de *la foi au Dieu unique.* La vérité source de la sagesse, finalement, c'est Dieu et la seule façon de l'obtenir est d'avoir une relation étroite et pleine de respect avec ce Dieu, ce que la Bible appelle *la crainte de Dieu.*

Le roi. Il est chargé de gouverner le peuple et donc de discerner ce qui est bon ou non pour lui. Il est censé participer à la sagesse divine.

Les scribes. La sagesse est populaire, mais elle est aussi *savante* : elle s'apprend à l'école. Les scribes, le plus souvent fonctionnaires de la cour, sont les premiers sages et, grâce à leur sagesse politique, ils détiennent le pouvoir. Il y aura souvent des conflits entre les prophètes, défenseurs des petits, et cette classe de scribes.

Les sages d'après l'exil sont les héritiers de tous ces courants. Ayant appris à réfléchir et à écrire, leur sagesse est réflexion humaine, mais ils y reconnaissent en même temps, un don de *Dieu, le seul Sage.*

ÉCRITS DE SAGESSE À L'ÉPOQUE PERSE

Commençons par deux livres qui sont classés dans nos bibles, l'un dans les Écrits (TOB), l'autre dans les Prophètes, mais qui sont tous deux des écrits de sagesse.

RUTH.

Humour de Dieu ! Pour ramener la pureté de la foi, Esdras vient d'obliger les Juifs qui ont épousé des étrangères à les répudier. Dieu est bien obligé de l'approuver, mais trouve qu'il va un peu fort et il inspire ce charmant récit. Booz, juif pieux de Bethléem, épouse Ruth, une étrangère de Moab. Un fils leur naît, Obed, père de Jessé et grand-père de... David !

Leçon d'universalisme et rappel plein d'humour de Dieu à nous tous qui croyons l'aimer parce qu'on a bien observé ses prescriptions : « C'est bien de m'aimer, mais sans fanatisme. Soyez intelligents et ne confondez pas la fin avec les moyens... » Ruth sera citée dans la généalogie de Jésus (Mt 1, 5).

JONAS.

Un prophète en désaccord avec les méthodes de Dieu : tel est Jonas, le héros de ce merveilleux récit. Dieu l'envoie prêcher à Ninive, la capitale des terribles ennemis assyriens. Ninive est à l'est. Jonas s'embarque vers l'ouest. Il fuit : vers l'ouest, dans la cale du navire, dans le sommeil, dans la mer (là, on l'aide un peu !). Mais Dieu le fait récupérer par un gros poisson qui le crache en direction de l'est. Il y va donc...

Arrivé à Ninive, il prêche que Dieu va détruire la ville et il en est tout heureux. Mais les habitants se convertissent et Dieu ne les détruit pas...

Magnifique leçon d'universalisme. Dieu aime tous les hommes. « Il ne veut pas la mort du pécheur, mais qu'il se convertisse et qu'il vive » (Ez 33, 11).

Jonas sera pour Jésus un signe de son appel à la conversion (Lc 11, 29 ; Mt 16, 4) et, pour Matthieu une image de la résurrection (Mt 12, 40).

Midrash et Targum

Très tôt s'est posée aux Juifs la question de l'actualisation de l'Écriture. Cette Parole de Dieu a été donnée dans une situation qui n'est plus celle qu'on vit. Il faut donc la relire pour rechercher comment elle peut avoir sens dans le présent.

On appelle *MIDRASH* (de la racine *darash*, « rechercher ») aussi bien *la méthode d'interprétation* que *les œuvres* composées selon cette méthode.

On distingue deux sortes de midrash :
- le *midrash halakah* (d'une racine signifiant « route », « chemin »). On cherche des règles de conduite, des lois. Dans le judaïsme, *Halakhôt* (pluriel de *halakah*) est synonyme de « lois ».

- le *midrash aggadah* (d'une racine signifiant « raconter »). On cherche surtout à édifier.

L'histoire sacerdotale qui relit les traditions dans le contexte de l'exil pour y trouver sens et espérance, l'œuvre du Chroniste qui cherche dans l'histoire une façon de vivre le royaume de Dieu sont déjà des amorces de *midrash halakah*. Ruth et Jonas sont plutôt de type *midrash aggadah*.

Le TARGUM (on prononce targoum) est la *traduction orale, en araméen*, de l'Écriture. L'hébreu restera toujours la langue sacrée. Mais vint un temps où le peuple ne la comprend plus parce qu'il parle araméen. Dans la liturgie, on lisait l'Écriture en hébreu, puis un scribe la traduisait en araméen. Mais au lieu d'en faire une traduction littérale, il en développait le sens tel qu'on le comprenait alors. (Voyez les exemples aux p. 37 et 53).

Lors du culte présidé par Esdras (Ne 8-9), après la lecture de l'Écriture, des lévites l'expliquent au peuple. C'est peut-être une des premières attestations de cette pratique.

Les principaux targums ont été fixés vers le début de notre ère. Ils permettent de voir comment au temps du Christ, on comprenait certains textes.

Les premiers chrétiens adopteront cette façon d'interpréter l'Écriture. Ils la liront souvent à la lumière des targums et ils écriront parfois des *midrash* chrétiens (les récits de l'enfance de Jésus selon Matthieu, par exemple).

JOB.

À l'époque où en Grèce, de grands poètes mettaient en scène, comme dans *Les Perses* ou *Antigone*, les tragédies de l'histoire et de l'homme, un poète juif se mit à jouer le drame du croyant aux prises avec la souffrance : Job.

Le livre actuel a une longue histoire. Un vieux conte en prose (début et fin du livre), déjà connu peut-être au temps de Salomon, a servi de cadre, au retour de l'exil, à des dialogues entre Job et ses amis, dialogues encore augmentés plus tard.

Le drame de Job, c'est celui de tout croyant qui souffre sans raison. Job croit en Dieu, en un Dieu juste et tout-puissant. Il souffre et il a beau faire son examen de conscience (sur la justice et l'amour des autres), il se trouve innocent.

Ses amis sont chargés de présenter les thèses traditionnelles : *Si tu souffres, c'est que tu as péché... c'est que Dieu t'aime bien, car il châtie ceux qu'il aime...* Tout cela, c'est du baratin, crie Job. Affronté au silence de Dieu, Job crie, se révolte, blasphème...

Dieu, enfin, parle. Pour s'expliquer ou consoler ? Non ! Pour écraser Job par la splendeur de sa création et lui poser une seule question : « De quel droit me demandes-tu des comptes ? » Et Job se prosterne, dans l'adoration.

On n'en sait pas plus, en finale, sur le pourquoi du mal. Mais il était bon qu'un livre exprime ainsi notre révolte devant le mal. On sait maintenant que la révolte et le blasphème peuvent être prière (*Seul Job a bien parlé de moi*, déclare Dieu, 42, 7), que les explications pieuses ne valent rien et que la seule attitude possible pour le croyant est celle de la confiance. « L'heure terrible où Dieu n'est pas vrai et où je continue à l'aimer quand même », écrit Marie Noël dans ses *Notes intimes*. L'attitude du Christ en croix.

On pourrait lire au moins :
• Le désespoir de Job : 3 ; 6-7 ; 29-30 (l'absence et le silence de Dieu).
• Le poème sur la sagesse dont Dieu seul a le secret : 28.
• L'examen de conscience de Job : 31.
• La « réponse » de Dieu : 38.

LES PROVERBES.

Le livre des Proverbes donne un bon aperçu de la littérature de sagesse et de son évolution.

Il se présente comme un ensemble de neuf collections de longueur, de style et d'époque différents. Les plus anciens proverbes peuvent très bien remonter au temps de Salomon (dans les chapitres 10-22). Deux collections (30 et 31) sont attribuées à des sages étrangers, ce qui marque bien l'universalisme de la sagesse. La collection des sages (22, 17-24, 22) offre des rapprochements avec un texte égyptien : la *Sagesse d'Amenemopé*. Le début (1-9) et la fin (31, 10-31) ont été composés après l'exil.

On pourrait commencer par les collections les plus anciennes. Il ne s'agit pas de lire à la suite ces chapitres, mais de les déguster à dose homéopathique, comme on feuillette un livre de dictons. On peut s'amuser à se composer sa petite anthologie (un moyen pratique : on attribue une couleur à chaque thème et on note d'un point de couleur dans sa bible les proverbes). Voici quelques exemples pour amorcer cette recherche :
• La *crainte de Dieu*, source de la sagesse : 10, 27 ; 14, 2.26-27...
• *Dieu* (TOB : *Le Seigneur* ; BJ : *Yahvé*) est parfois nommé : que fait-il ? 10, 22.29 ; 11, 1 ; 12, 2.22.
• Les *méthodes actives en éducation* : 10, 13 ; 12, 1 ; 19, 29...
• *Quelques vertus* (amour, humilité, justice...) : 10, 2 ; 11, 2 ; 12, 28...
• Les *femmes* (une jolie collection mysogyne) : 11, 22 ; 18, 22 ; 19, 13 ; 21, 9.19 ; 27, 15...
• De petits *tableaux de mœurs* : *l'adultère* : 7, 6-27 ; *le paresseux* : 19, 24 ; 24, 30-34 ; *le commerçant* : 20, 14 ; *l'ivrogne* : 23, 29-35...

PROVERBES SUMÉRIENS
(fin du IIᵉ millénaire)

*Pour le pauvre, mieux vaut être mort que vivant
s'il a du pain, il n'a pas de sel,
s'il a du sel, il n'a pas de pain...*

*Qui n'a jamais fait vivre femme ou enfant
n'a jamais porté de laisse à son nez.*

*La cruche dans le désert est la vie de l'homme.
L'épouse est l'avenir de l'homme.
Le fils est le refuge de l'homme.
La fille est le salut de l'homme.
Mais la bru, c'est l'enfer de l'homme !*

Dame sagesse. Pr 1 - 9.

Les premiers chapitres (ainsi que 31, 10-31) ont été composés en dernier, sans doute à l'époque perse. L'auteur reprend le message du Deutéronome, de Jérémie, du Second Ésaïe. C'est un maître qui parle à son fils, son disciple ; il lui apprend à mener sa vie selon la sagesse, à aimer son prochain (3, 27 s.), à se garder de la débauche. L'amour humain est célébré avec des accents qui évoquent par avance le Cantique des Cantiques (5, 15-23).

Dans certains passages, la sagesse est présentée comme *quelqu'un : Dame Sagesse* (opposée un moment à *Dame Folie* : 9, 13 s.). Elle est *prophète* (1, 20-33), *hôtesse* offrant son repas (9, 1-6) et même *Fille de Dieu* (8, 1-31). Nous allons étudier un texte très caractéristique (8, 22-31). Nous verrons, au chapitre suivant, comment les sages poursuivront dans cette ligne : la Sagesse devient de plus en plus Quelqu'un, émanant de Dieu même. Ces textes permettront aux premiers chrétiens d'exprimer la divinité du Christ, Sagesse de Dieu (1 Co 1, 24).

☛ *ÉTUDE D'UN TEXTE : Proverbes 8, 22-31*

22. *Le SEIGNEUR m'a engendrée, primeur de son activité,*
     prélude à ses œuvres d'antan.
23. *Depuis toujours j'ai été formée,*
     dès la première heure, avant les origines de la terre.
24. *Quand il n'y avait pas d'abîme, j'ai été enfantée,*
     quand il n'y avait pas de sources chargées d'eaux.
25. *Avant que les montagnes soient enfoncées,*
     avant les collines, j'ai été enfantée,
26. *alors qu'il n'avait fait ni terre ni champ*
     ni la première des poussières du sol.
27. *Quand il établit les cieux, MOI, là,*
     quand il fixa un cercle sur la face de l'abîme,
28. *quand il épaissit les nuages, tout là-haut,*
     quand il rendit puissantes les sources de l'abîme,
29. *quand il imposa à la mer son décret-fixe*
     pour que les eaux ne transgressent pas son ordre,
     quand il fixa les fondements de la terre,
30. *alors, j'étais auprès de lui, maître d'œuvre,*
     alors, j'étais ses délices, jour après jour,
     jouant devant lui tout le temps,
31. *jouant sur le sol de sa terre*
     et mes délices avec les HOMMES.

Avant la création

ou *sacrée*.
Voir Pr 8, 15 ; Ps 2, 6

Pendant la création

ou *petite fille*

Quels sont les *acteurs* ? Comment sont-ils répartis dans le texte ? Voyez les mots et expressions qui se correspondent.

Que fait *Dieu* ? Que fait la *Sagesse* ? Quelle est sa situation par rapport à Dieu (voyez les verbes) ? par rapport à la création ? par rapport aux hommes ? Quel est le rôle de la Sagesse ?

Bien des expressions sont difficiles, les notes de votre bible (TOB surtout) vous éclaireront.

Au terme de cette étude, vous pourriez vous demander : comment ce texte peut-il aider à comprendre le rôle du Christ ? Voyez Col 1, 15-20.

'amen — 'amôn — 'amoun

Le verset 30 est une bonne occasion de percevoir la richesse — et la complexité — de l'hébreu. En hébreu, comme en arabe, on n'écrit que les consonnes. On ajoute les voyelles à la lecture, selon le sens. Ici, nous avons les trois consonnes de la racine *'MN* qui évoque quelque chose de *solide*. Dans la liturgie, *'aMeN* signifie : « C'est solide ! C'est sûr ! » Ici, on peut lire un participe présent *'aMôN :* « celui qui fonde, qui porte », d'où « architecte, maître d'œuvre » ; on peut lire le participe passé *'aMouN :* « celui qui est porté », d'où « nourrisson, petite fille ».

7. ISRAËL SOUS LES GRECS. 333-63 ET LES ROMAINS. Après 63

Victoire de Samothrace (vers 250-200 av. J.-C. ?).

333 : par sa victoire d'Issos (au nord d'Antioche), *Alexandre* s'ouvre la porte du Proche-Orient. 332 : il est en Égypte et fonde Alexandrie. 331 : il prend Babylone, Suse, Persépolis. 327 : il atteint les frontières de l'Inde. Et en 323, meurt à Babylone ce jeune roi de trente-trois ans qui, en dix ans, de victoires en victoires au long de 18 000 km de marche, a fondé dans son immense empire plus de soixante-dix villes (dont plusieurs s'appellent Alexandrie), a répandu la culture grecque, avec son art, ses piscines et ses stades, et créé ce moyen d'unité qu'est une langue commune. La *Koiné*, ou langue *commune* parlée alors en Grèce, va devenir pendant huit siècles, jusque vers 500 de notre ère où elle sera remplacée par le latin, la langue parlée dans tout le bassin méditerranéen. C'est dans cette langue que l'Ancien Testament sera traduit — ce qu'on appelle la *Septante* — et que le Nouveau Testament sera écrit.

Israël sous les Lagides : 333-198.

À la mort d'Alexandre, ses généraux, les Diadoques se disputent son empire et se le partagent enfin en trois, fondant des dynasties portant le nom du premier de leur roi : les *Antigonides*, en Grèce, les *Lagides*, en Égypte, les *Séleucides*, en Syrie (de la Méditerranée à l'Inde).

Pendant plus de cent ans, la Palestine est sous la coupe des *Lagides d'Égypte*. Ces rois, dont la plupart s'appellent Ptolémée, habituellement respectueux des diversités nationales, laissent les Juifs vivre en paix, selon leur statut fixé par Esdras. Les Juifs jouissent ainsi d'une large autonomie.

Pendant cette période, les *trois centres principaux du Judaïsme* commencent à se diversifier.

En **Babylonie**, la communauté, dont on sait peu de choses, continue à vivre. Elle produira, dans quelques siècles, des œuvres importantes pour le judaïsme, notamment le Talmud de Babylone.

En **Égypte**, la communauté juive d'Alexandrie se développe rapidement. À l'époque du Christ, elle formera un cinquième de la ville. Elle invente une forme de judaïsme, vécu en bonne intelligence avec la pensée grecque. C'est là que la Bible va être traduite en grec (la *Septante*), que des œuvres comme le livre de la *Sagesse* vont être composées et qu'à l'époque du Christ, le philosophe juif *Philon* essaiera de repenser la foi en grec.

En **Palestine**, la communauté est divisée. Les uns sont tentés par la civilisation grecque, par ses jeux, ses piscines, et certains vont même jusqu'à dissimuler leur circoncision par une opération chirurgicale. D'autres sont très inquiets devant cette volonté d'héllénisation. Très attachés à leur foi juive et à la façon dont elle s'est exprimée jusqu'alors dans des pratiques et des rites, ils s'attachent à montrer qu'elle permet un épanouissement humain et que pour maintenir la foi juive, il faut maintenir aussi ses expressions concrètes. (On sent bien que c'est là un problème de toujours qui peut expliquer bien des

oppositions actuelles dans l'Église.) C'est dans ce contexte que naissent des œuvres comme *Qohélet*, *Tobie*, *Siracide*...

La persécution qui, avec les Séleucides, va s'abattre sur cette communauté, accentuera le clivage et bouleversera cette communauté palestinienne.

Israël sous les Séleucides : 198-63.

En 198, des éléphants syriens enfoncent l'armée égyptienne et c'est l'ère des martyrs qui commence pour Israël. À Paneion, aux sources du Jourdain, le roi Séleucide Antiochus III arrache à l'Égypte la domination de la Palestine.

À la différence des Lagides, les *Séleucides* vont vouloir imposer aux Juifs, par la force, la culture et la religion grecques. En 167, *Antiochus IV* supprime les privilèges des Juifs, interdit le sabbat et la circoncision, profane le Temple en y installant *l'abomination de la désolation*, c'est-à-dire une statue de Zeus. La crise est d'autant plus grave que les grands prêtres ne sont pas unanimes, certains soutenant l'hellénisation.

Un prêtre donne le signal de la révolte en égorgeant un émissaire d'Antiochus venant imposer de sacrifier aux idoles. Il prend le maquis avec ses cinq fils. Le cinquième s'appelle *Judas* et il va donner son surnom à la famille : *le Martel* ou *Maccabée*. Par des coups de mains heureux, Judas réussit à libérer Jérusalem. Le culte est rétabli au Temple le 15 décembre 164. La fête de la Dédicace commémorera désormais l'événement. Deux frères de Judas, puis des descendants lui succèdent fondant ainsi la *dynastie des Maccabées* ou *dynastie hasmonéenne* et prendront même le titre de roi, restaurant ainsi pour un temps la royauté en Israël.

Hélas ! L'histoire des Hasmonéens, commencée dans le sang des martyrs, s'achèvera dans la boue. Les successeurs de Judas obtiendront, souvent par l'argent, de se faire nommer *grands prêtres* par les rois séleucides, certains crucifieront des juifs fidèles, hostiles à leurs agissements...

En 63, divisés en groupes rivaux soutenant deux rois différents, les Juifs en sont réduits à demander l'arbitrage de *Rome* qui, en la personne du général *Pompée*, arrive au Proche-Orient. Prenant le parti de l'un d'eux, Pompée s'empare de Jérusalem après trois mois de siège. C'est le début de la domination romaine qui durera jusqu'au VIIe siècle de notre ère, lors des invasions arabes.

Les sectes juives.

On appelle *sectes* — le mot n'est pas péjoratif — les groupes religieux juifs. La plupart naissent à cette époque.

Les **pharisiens** ou « séparés » appartiennent à ce courant des *hassidim* (de la racine *hésed*, voir p. 49) ou Juifs « pieux » qui, dès l'époque d'Esdras, veulent reconstruire la nation sur des valeurs spirituelles. Les pharisiens sont profondément religieux, attachés à la Loi et à sa pratique. Par leur piété profonde, leur connaissance des Écritures, ils vont devenir la conscience du judaïsme.

Les **esséniens**, mieux connus depuis la découverte des manuscrits de Qumrân, sont aussi des *hassidim*. C'est sans doute lors de l'insurrection des Maccabées qu'ils se réfugient au désert, près de la mert Morte où ils forment la communauté de la Nouvelle Alliance, préparant la venue du Messie dans la prière et la méditation. Intransigeants, ils rompent même avec les pharisiens qu'ils trouvent trop tièdes.

Les **sadducéens** forment le groupe des prêtres de haut rang. Ils se sont ralliés aux Hasmonéens et semblent surtout soucieux de défendre leur pouvoir, par tous les moyens. Il ne faut pas confondre avec cette aristocratie sacerdotale, les nombreux prêtres « de la base », souvent très pieux et liés plutôt au courant pharisien.

ACTIVITÉ LITTÉRAIRE

Un *prophète*, celui qu'on appelle le **Second Zacharie**, prêche alors.

L'hellénisation va provoquer plusieurs réactions, de défiance ou de sympathie : **Qohélet, Siracide, Tobie, Cantique des Cantiques, Baruch, Sagesse.** Les Écritures sont traduites en grec : la **Septante.**

La persécution d'Antiochus et l'épopée des Maccabées suscitent plusieurs écrits : **Esther, Judith, 1 et 2 Maccabées** et le développement d'un genre littéraire qui commençait à se faire jour chez les derniers prophètes : le *courant apocalyptique* dont le représentant dans l'Ancien Testament est **Daniel.**

Les derniers **Psaumes** sont composés et le **Psautier** se constitue.

UN PROPHÈTE DE L'ÉPOQUE GRECQUE :
LE SECOND ZACHARIE

Si les spécialistes ont coupé Ésaïe en trois, ils ont divisé Zacharie en deux : les chapitres 9-14 sont d'un prophète de l'époque d'Alexandre.

L'arrivée de ce jeune roi, renversant le pouvoir des Perses, suscite l'espérance : Dieu va peut-être enfin intervenir ! Mais pour le prophète, le changement radical ne peut venir que de Dieu. Il relance donc l'espérance messianique, c'est-à-dire l'attente d'un *messie* ou « marqué de l'huile » sainte (*christos* en grec) par qui Dieu établira un jour son Règne. Le portrait qu'il trace du messie est unique dans la Bible : il réunit des traits du *Messie royal, fils de David*, ou « fils de Dieu » (voir p. 42) et ceux du *Serviteur souffrant* d'Ésaïe (p. 67). Quatre poèmes, notamment, nous le présentent qui, tous les quatre, seront appliqués à Jésus par les premiers chrétiens. Nous allons les lire.

☛ Le roi messie, humble et pacifique. 9, 9-10.

9, 1-8 décrit sans doute l'expédition d'Alexandre en Palestine et en Égypte en 333. Serait-ce lui le Messie ? Non ! répond le prophète.

Lisez 9, 9-10. Comment est présenté ce roi ? Sur quoi s'appuie-t-il : sur sa force ? sur Dieu ? Qu'apporte-t-il ?

Lisez Mt 21, 5 (voir la note de la TOB).

☛ Le Berger vendu par son peuple. 11, 4-17 et 13, 7-9.

Les différentes images de cette histoire ne sont pas faciles à décoder ; voici leur signification probable : les *brebis*, « le peuple » ; les *bergers*, « rois » ou « grands prêtres » ; *vendeurs-trafiquants*, « faux prophètes », mauvais prêtres qui livrent le peuple à l'ennemi ; *acheteurs*, « les ennemis » ; les *trois bergers supprimés*, « trois grands prêtres » (?) ; rupture de *faveur* et d'*entente*, sans doute rappel des invasions passées et des schismes entre Juda et Israël en 930 et entre Israël et les Samaritains. L'auteur essaie de comprendre les événements présents à la lumière d'événements passés.

Le *berger* est le prophète mais aussi Dieu (11, 13). Pour se moquer de lui, on le paie le prix d'un esclave.

Lisez Mt 26, 31 et 27, 3-10. Jésus est ainsi identifié au bon berger et à Dieu.

☛ Dieu transpercé. 12, 10-13, 1.

Voilà l'oracle le plus extraordinaire : en celui qui est frappé, Dieu se déclare atteint lui-même !

Quelle est la conséquence inattendue (13, 1) ? Lisez Ez 36, 25 s. et 47, 1-12 : que représente cette source ? d'où jaillit-elle ?

Lisez Jn 7, 38 et 19, 34 : comment Za aide-t-il à comprendre qui est Jésus ? d'où jaillit la source ? Jean ne prétend pas donner un renseignement médical (de quel côté Jésus est frappé), mais théologique : il est le véritable Temple d'où jaillit l'Esprit.

Deutérocanoniques. Apocryphes

Il y a une petite différence entre les bibles catholiques et protestantes pour l'Ancien Testament. Les premières ont en plus 8 livres que les catholiques appellent *deutérocanoniques* et les protestants *apocryphes*.

Le mot « canon » signifie « règle » : un livre est *canonique* s'il est reconnu comme règle de la foi. Le *Canon des livres saints* est l'ensemble des livres reconnus comme règle de la foi.

Les chrétiens ont suivi les Juifs pour l'Ancien Testament. Mais *deux canons* différents furent établis. Vers les années 90 de notre ère, les rabbins de *Palestine* ne reconnurent que des livres écrits en hébreu. Les Juifs d'*Alexandrie* en admettaient d'autres composés ou connus en grec.

Les chrétiens lisant la bible en grec adoptèrent le canon des Juifs d'Alexandrie. Mais S. Jérôme, qui traduisit la Bible en latin au début du Ve siècle, penchait pour le canon hébraïque.

Lors de la Réforme, au XVIe siècle, les *protestants* suivirent plutôt Jérôme en imprimant en finale de leur Bible (d'où ils finirent par disparaître au XIXe siècle) les livres discutés ; ils les appelèrent *apocryphes* (« cachés, tenus secrets »).

Les *catholiques*, au concile de Trente, reconnurent ces livres comme inspirés au même titre que les autres, mais les appelèrent *deutérocanoniques* (admis dans le *canon* en *deuxième* rang).

Il s'agit de *Judith, Tobie, 1 et 2 Maccabées, Sagesse, Siracide, Baruch* et la *lettre de Jérémie* (ces deux derniers textes n'en faisant qu'un seul dans la Vulgate).

ÉCRITS DE SAGESSE

Nous allons présenter les écrits de sagesse composés à l'époque grecque. Il ne vous sera sans doute pas possible de les étudier tous. Si vous travaillez en groupe, chacun pourrait en lire l'un ou l'autre et faire part aux autres de ses découvertes.

QOHÉLET ou ECCLÉSIASTE.

Un livre étrange. Sur toutes nos sécurités et nos certitudes, l'auteur verse du vitriol : l'action, la politique, l'amour, le plaisir... *Tout ça, c'est du vent, dit Qohélet ! Il n'y a qu'une chose qui compte, c'est de bien manger... Il y a Dieu ? Oui. Mais Dieu est au ciel, et toi sur la terre, alors débrouille-toi dans ton monde absurde !*

L'auteur se cache sous un faux nom : *Qohélet* signifie sans doute « l'assemblée ». Il est peut-être la voix de l'assemblée, entendant un beau sermon où tout est prévu, où Dieu est juste et bon, où le monde se déroule selon son plan... la voix de l'assemblée qui ose dire : *Tout ça, c'est du vent !*

Médecine austère qui nous invite à ne pas nous prendre trop au sérieux, à décanter nos illusions... et à agir : *Puisque tu ne sais pas de deux choses laquelle réussira, fais les deux !*

Prenez votre Bible, repérez les titres qui vous accrochent... et vous lirez sans doute l'ensemble !

TOBIT *(deutérocanonique)*.

Un très joli récit ou un *midrash aggadah*. L'auteur relit l'histoire des patriarches et en tire un conte édifiant qu'il situe au moment de l'exil.

Le vieux Tobit, un saint devenu aveugle, se désespère ; la jeune Sarra, jeune fille vertueuse, voit mourir tous ses fiancés et veut mourir... Pourquoi ce mal absurde ! Dieu est-il absent, indifférent ?

L'auteur nous montre comment Dieu est présent en chacune de nos vies, mais caché. Il faut savoir le découvrir.

Ce récit est en même temps un magnifique témoignage sur le mariage et l'amour humain.

Il faudrait lire au moins les belles *prières* (des « eucharisties ») : prière de Tobit désespéré (3, 1-6), de Sarra au bord du suicide (3, 11-15), de Sarra et Tobie dans leur chambre nuptiale (8), de Tobit guéri (13, 1-10).

CANTIQUE DES CANTIQUES.

Un merveilleux poème qui célèbre l'amour humain, dans toute son épaisseur charnelle, avec un réalisme que ne désavoueraient pas des poètes modernes.

Le texte actuel a toute une histoire. Il reprend sans doute de vieux poèmes d'amour chantés à la veillée ; il s'inspire peut-être des rites païens ; mais, sans jamais nommer Dieu, il médite en même temps sur Gn 2, 23-24, Ml 2, 14 et sur ces textes prophétiques qui célébraient l'amour de Dieu pour son peuple à l'image de celui des fiancés.

Ce texte aura aussi toute une histoire : il deviendra le symbole de l'amour de Dieu et du peuple (ou du fidèle) et inspirera aussi bien les Juifs que des chrétiens comme Jean de la Croix.

À une époque où la femme est servante de l'homme, extraordinaires sont ces chants où les deux s'aiment à égalité, dans la fraîcheur d'une tendresse qui n'exclut pas les difficultés.

SIRACIDE ou ECCLÉSIASTIQUE *(deutérocanonique)*.

Un petit-fils modèle traduit en grec l'œuvre écrite par son grand-père vers 180. La tentation de l'hellénisme est grande et bien des jeunes peuvent être tentés d'abandonner les traditions des ancêtres. Ce livre, qui fleure le charme désuet de la bourgeoisie pieuse, veut montrer que la fidélité à la Loi et à ses pratiques permet d'acquérir la vraie sagesse.

On pourrait, comme pour les Proverbes, se faire sa petite anthologie de textes (il y en a de savoureux), mais surtout s'attarder à quelques passages :

• *l'hymne à la crainte de Dieu* (aussi beau que celui à l'amour, de 1 Co 13) : 1, 11-20. La sagesse a été déposée avec nous dans le sein maternel : chacun naît avec un petit grain de sagesse !

• *joie de celui qui cherche la sagesse* : 4, 11-19.

• *Dame Sagesse* présente son rôle dans la création et dans l'histoire : 24. Elle est identifiée à la Loi. Ce passage célèbre a inspiré Jean (Jn 1).

• On trouverait dans *l'éloge de la création* de beaux passages (42, 15-43, 33) et surtout dans la belle *galerie des ancêtres* (à partir du chap. 44). Lire au moins le portrait du *grand prêtre Simon* (50) dont s'est inspiré Lc 24, 50-52.

RETOMBÉES LITTÉRAIRES
DE L'ÉPOPÉE DES MACCABÉES

Brève (trois années : de 167 à 164), l'épopée des Maccabées a profondément marqué le judaïsme. Devant la volonté d'Antiochus IV d'imposer par la force la religion grecque, les croyants ont été amenés à un choix décisif entre l'apostasie et le martyre. L'action, avant tout religieuse, de Judas Maccabée, son succès — la purification du Temple — ont suscité un sursaut de la foi. Mais on l'a vu, ses successeurs se sont bien vite embourbés dans les intrigues politiques et le goût du pouvoir.

Pendant un siècle, cette épopée suscite trois sortes de réactions qu'on retrouve dans la littérature. On pourrait les schématiser ainsi :

1. L'épée au poing. *1 Maccabée*, favorable aux combattants, en raconte l'épopée. *Judith* et *Esther*, sous forme de roman, expriment les sentiments éprouvés alors.

2. Les mains jointes. D'autres croyants, surtout en voyant l'évolution de la dynastie des Maccabées, sont très réticents. Seul Dieu peut apporter la libération. La véritable attitude religieuse n'est donc pas l'épée au poing, mais les mains jointes pour supplier Dieu d'intervenir. *2 Maccabées* représente le courant pharisien : la foi conduit au martyre ; c'est elle qui obtiendra l'action de Dieu.

Le courant apocalyptique, avec *Daniel*, va dans ce sens et attend l'intervention de Dieu pour la fin de l'histoire.

3. La main tendue. Quand l'orage sera passé, et aussi parce qu'il vit à Alexandrie, à l'écart des drames de Palestine, un sage écrit *Sagesse de Salomon*, où il tente de réexprimer sa foi juive dans sa culture grecque.

Nous allons parcourir cette littérature, en nous attardant sur deux textes : *Daniel 7* et *Sagesse 7*.

JUDITH (deutérocanonique) — ESTHER.

Deux histoires édifiantes (des *midrash*) expriment l'enthousiasme soulevé par l'épopée des Maccabées. Ils insistent sur un point essentiel : c'est Dieu qui agit et qui sauve. Il choisit pour cela les moyens les plus faibles : la main d'une femme.

2 MACCABÉES (deutérocanonique).

Ce livre n'est pas la suite de 1 Maccabée ; il a même été écrit avant, vers 124. C'est le résumé d'un autre livre en cinq tomes composé par Jason, peu de temps après Judas Maccabée.

À travers ces histoires pieuses, on découvre la spiritualité des *pharisiens* et leur attachement total à Dieu. Relevons quelques points.

• *Une guerre sacrale.* En racontant les exploits de Judas, l'auteur insiste sur ce fait : c'est Dieu qui donne la victoire ; d'où les prières avant chaque combat, les interventions miraculeuses (8 s.).

• *Le martyre.* L'attachement total à sa foi peut amener à rendre à Dieu le témoignage décisif, celui du martyre. Celui du vieil Éléazar (6, 18-31) et surtout des sept frères (7) sont restés célèbres.

• *La résurrection* (7, 9.23.29). L'auteur reprend, mais plus nettement encore, la doctrine déjà exposée par Daniel (Dn 12, 2) et qui est celle des pharisiens. Nous y reviendrons en étudiant Daniel.

• *La prière pour les morts* (12, 38-45). Ce texte a joué un grand rôle dans la théologie catholique du « purgatoire » : si on doit prier pour les morts, c'est qu'ils ne sont pas tombés dans le néant et qu'ils peuvent être pardonnés après leur mort. Les protestants qui ne reconnaissent pas ce livre s'en remettent simplement à Dieu du sort des défunts, sans chercher à percer le mystère.

• *La création ex nihilo* (7, 28). Jusqu'alors, on ne montrait pas Dieu créant « à partir de rien » (*ex nihilo*), mais en séparant, en ordonnant le chaos primordial (Gn 1 ; voir p. 72).

1 MACCABÉES (deutérocanonique).

L'auteur qui écrit sans doute vers les années 100, est favorable à la dynastie des Maccabées. Il raconte l'histoire des trois premiers : Judas (3-9), Jonathan (9-12), Simon (13-16). Il veut faire une histoire sainte dans la ligne des prophètes premiers (voir p. 59) et nous montre Dieu à l'œuvre libérant son peuple en le sauvant du malheur où l'avait jeté le péché.

LES APOCALYPSES

Tout au long de notre vie, nous sommes affrontés à des événements heureux ou douloureux. Nous essayons de les maîtriser, de les changer pour qu'ils soient heureux, de leur donner un sens. Et nous nous changeons nous-mêmes quand nous comprenons que nous faisons fausse route.

C'est ce que faisaient *les prophètes* ; ils interprétaient les événements, y lisaient une parole de Dieu ; ils invitaient à se changer, se convertir.

Mais il arrive parfois que le mal est tellement grand, la situation tellement bouchée, qu'il semble bien qu'il n'y ait plus d'issue. Il n'a plus qu'à attendre des jours meilleurs. Et si quelqu'un alors pouvait nous dire comment cela se terminera, ce serait pour nous une lumière et une espérance nous donnant du courage pour tenir le coup.

Les apocalypses sont des écrits de ce type. Elles naissent généralement dans une période de crise. Les auteurs portent un jugement pessimiste sur le monde, tout entier sous l'emprise du « prince de ce monde » (ou démon). Pour rendre l'espérance, ils annoncent qu'à la fin, Dieu viendra et créera du neuf. En attendant, il faut « se croiser les bras » pour prier. On perçoit l'ambiguïté de ce courant, à la fois pessimiste et optimiste, provoquant à la foi et risquant de désengager.

Dans le langage courant, *apocalypse* est devenu synonyme d'« obscur, catastrophique ». C'est dommage qu'on n'ait retenu que cet aspect car l'apocalypse est aussi « lumière, espérance ».

Le verbe grec *apo-caluptein* se traduit en latin *revelare* (qui a donné « révélation ») et en français « écarter-le voile ». On imagine que l'histoire se déroule comme une ligne dont le terme est caché dans le secret de Dieu. Pour soutenir l'espérance de son peuple à un moment dramatique, Dieu *écarte le voile* qui cache le terme, *révélant* la fin heureuse de l'histoire par la victoire de Dieu.

Le sauteur en longueur.

Mais comment l'auteur d'apocalypse a-t-il cette révélation ? Sa technique est un peu la même que celle du sauteur en longueur. Celui-ci veut sauter le plus loin possible en avant ; pour cela, il part... en arrière ; puis il parcourt à toute vitesse ces trente ou quarante mètres et, arrivé à la planche d'appel, il saute en avant, emporté par son élan.

Quelques traits des apocalypses

- L'auteur utilise un *pseudonyme* : il attribue son livre à un saint homme du passé. Il gagne ainsi sur deux tableaux : ce saint est près de Dieu : il peut donc en révéler les secrets ; c'est un homme du passé : il peut donc annoncer l'avenir !

- Nées dans des moments de crise, les apocalypses sont *pessimistes sur le monde* voué à la perdition parce que tout entier sous l'emprise du « Prince de ce monde » (ou démon). Elles sont *optimistes sur la fin* : Dieu va créer un monde neuf.

- Leur vision de l'histoire est plutôt *déterministe* : tout est prévu d'avance, inscrit dans les livres célestes.

- Elles provoquent à une *foi totale* en Dieu mais risquent aussi de désengager : il n'y a plus qu'à attendre que Dieu agisse.

- Elles veulent surtout maintenir l'*espérance*.

- Réservés à des initiés, elles utilisent un *langage* et des *images codées*. (Voir p. 90).

L'auteur d'apocalypse est comme nous : il ne connaît pas l'avenir. Mais il est sûr d'une chose : Dieu est fidèle. Pour savoir comment il achèvera l'histoire, il suffit donc de voir comment il l'a conduite dans le passé. L'auteur prend donc du recul : il fait semblant d'écrire trois ou quatre siècles avant l'époque où il vit, il parcourt rapidement l'histoire et, parvenu à son époque, il saute en avant, il projette à la fin des temps ce qu'il a découvert dans sa lecture de l'histoire.

Un courant très répandu.

Dans la Bible, il n'y a que deux apocalypses : *Daniel* et l'*Apocalypse de Jean*. Mais bien des textes des derniers prophètes appartiennent déjà à ce courant (Es 24-27 ; 34-35...).

Entre 150 avant J.-C. et 70 après, ce courant produisit de très nombreux livres. Il modela profondément la mentalité des croyants, les faisant vivre dans l'espérance et dans l'attente de la fin.

LE LIVRE DE DANIEL

Ce livre est très lié à l'épopée maccabéenne. L'auteur écrit vers 164. Classé parmi les *Écrits* (Bible juive, TOB) ou parmi les *Prophètes* (Bible grecque, BJ), ce livre utilise deux genres littéraires différents : histoires pieuses et apocalypse.

Histoires pieuses ou humour noir. Dn 1-6.

En temps de guerre, le moral des troupes est important et pour le soutenir, les bonnes histoires sont efficaces. En mettant en scène des personnages inventés, elles permettent de rire aux dépens de l'ennemi sans que celui-ci s'en rende compte. Ainsi, il serait un peu dangereux de dire que Dieu va rendre Antiochus IV « bête à manger du foin » ; on le dit donc de Nabuchodonosor qui vivait quatre siècles plus tôt (Dn 4).

Mais ces histoires vont bien au-delà de l'humour. Récits édifiants (du type *midrash aggadah*, voir p. 81), elles visent surtout à fortifier la foi. Voyons quelques exemples.

Les règles alimentaires juives sont très strictes. Elles paraissent ridicules aux païens et même à certains Juifs tentés par l'hellénisme, et Antiochus a interdit de les respecter. L'histoire des jeunes gens exilés à Babylone leur répond : nourris de carottes crues et d'eau fraîche, ils sont en meilleure forme que ceux qui mangent de la viande (Dn 1) !

Israël est écrasé par Antiochus comme auparavant par d'autres : Babyloniens, Mèdes, Perses, Grecs avec ses deux sous-produits Lagides et Séleucides. Il se sent impuissant devant ce colosse. « Ne t'affole pas, dit Daniel, c'est un colosse aux pieds d'argile ! » Une pierre mystérieuse se détache de la montagne et vient le réduire en poussière (2, 34). Ainsi, c'est Dieu, et non l'épée des Maccabées, qui va mettre un terme à l'histoire en établissant son royaume (2, 44).

Aux Juifs qui ont « désobéi à l'ordre du roi et ont livré leur corps à la mort plutôt que de servir un autre Dieu » (3, 28), l'auteur raconte l'histoire des trois jeunes gens jetés dans la fournaise : « Ne craignez pas ! Dieu enverra son ange avec vous dans le feu pour vous préserver du mal » (Dn 3). Dans ce récit a été ajouté, en grec, le magnifique cantique des « trois enfants dans la fournaise ».

« Et même si on vous tue, Dieu est capable de vous faire sortir vivants du tombeau ! » C'est l'enseignement du chapitre 6. Daniel est jeté dans la fosse aux lions ; une pierre tombale est posée dessus, scellée, et le roi mène le deuil : Daniel est mort ! Mais il en sort, vivant ; il est l'image du peuple juif tout entier, mis à mort par ses persécuteurs, mais rendu à la vie par son Dieu.

Dans certains de ces textes apparaissent déjà des traits propres aux apocalypses : la pierre symbolisant l'intervention de Dieu, les visions et les songes. Mais c'est surtout dans les chapitres 7-12 que l'auteur utilise délibérément le genre littéraire apocalypse, fait de visions.

Une théologie en images

Les apocalypses utilisent un système d'images qu'il faut décoder. Voici les principales.

Couleurs.
Blanc = victoire, pureté.
Rouge = meurtre, violence, sang des martyrs.
Noir = mort, impiété.

Chiffres.
Sept = chiffre parfait, la plénitude.
Six (sept moins un) = imperfection.
Trois et demi (moitié de sept) = imperfection, souffrance, temps de l'épreuve et de la persécution. Attention ! 3 1/2 peut apparaître sous plusieurs formes, mais sa valeur symbolique reste la même ; ainsi 3 1/2 ou *un temps, des temps et un demi temps* (soit 1 + 2 + 1/2) ou 3 ans 1/2 ont le même sens que 3 jours 1/2 ou 42 mois ou 1 260 jours !
Douze = Israël (à cause des douze tribus).
Quatre = le monde (quatre points cardinaux).
Mille = une quantité qu'on ne peut chiffrer...

Autres images.
Corne = puissance.
Cheveux blancs = éternité (et non pas vieillesse : le « vieillard » de Dn 7 n'est pas vieux, mais éternellement jeune !).
Longue robe = souvent dignité sacerdotale.
Ceinture d'or = pouvoir royal.
Boucs = les méchants.
Brebis = le peuple...

Une apocalypse. Dn 7-12.

C'est surtout la partie apocalypse (7-12) qui marquera la pensée d'Israël. L'auteur écrit donc en 164. Il fait semblant d'écrire à une autre époque de persécution, celle de l'exil, quatre siècles plus tôt, et il prend le nom de *Daniel*, héros païen cananéen mentionné par Ézéchiel (voir TOB - BJ Ez 14, 14). Il peut donc « annoncer » l'avenir entre l'exil et les Maccabées avec une certaine facilité ! Mais c'est pour dégager les grands traits de la façon de faire de Dieu et découvrir ainsi comment ce Dieu achèvera l'histoire. Nous allons étudier le texte le plus important.

☛ Étude d'un texte : Dn 7.

Lisez d'abord ce texte d'un trait. Vous serez dépaysés ! Cela vous permettra de faire connaissances avec la littérature apocalyptique.

Dégagez-en maintenant les différentes parties. Habituellement, on a *une vision* suivie de son *interprétation par un ange*.

La *vision* est racontée en 7, 1-14, mais en 19-22, on précise un détail important. Lisez donc à la suite : 7, 1-8, puis 19-22, puis 9-14.

L'*interprétation* est donnée aux versets 15-18 puis 23-28.

Reprenons cela plus en détails.

Il y a une opposition entre *des bêtes* et *un homme* (« fils de », en hébreu, signifie « du genre de : fils d'homme » signifie donc « homme ») ; les unes sortent de la Mer, le repaire des puissances mauvaises, l'autre apparaît au *ciel*. Avant donc de savoir qui représentent ces figures, on sait que les unes sont mauvaises, du côté du mal, et l'autre bonne, du côté de Dieu.

Que représentent les *quatre bêtes* ? Voyez l'interprétation donnée en 7, 17 (TOB 7, 1s - BJ 2, 28a). Pourquoi s'intéresse-t-on spécialement à *la quatrième* ? La onzième corne représente Antiochius IV qui persécute les Juifs. Voyez le v. 25.

Que représente *l'homme* ? Voyez v. 18 et 27 (et TOB 7, 13 s.t - BJ 7, 13 h).

Quelles transformations ont lieu pour les bêtes ? pour l'homme ?

En quoi cette vision est-elle un message pour les Juifs persécutés et qui acceptent la mort plutôt que de renier leur foi ?

Résurrection des morts. Dn 12, 1-4.

Ce texte est le premier dans la Bible à nous présenter clairement la foi à la réssurection des morts. La vision d'Ez 37 n'était encore qu'une image de la résurrection du peuple. Ici, il s'agit bien de la résurrection des justes. Ce texte exprime autrement ce que Dn 7 affirmait. Revoyons la situation.

Antiochus IV persécute les Juifs. Un certain nombre d'entre eux préfère la mort plutôt que de renoncer à leur foi. Et cela pose un problème grave : jusqu'alors, en Israël, on n'avait pas l'idée d'une vie après la mort. La seule vie qu'on avait était donc cette vie terrestre. Or à cause de Dieu, ces martyrs acceptent de perdre ce seul bien ! Et Dieu répond. « Vous êtes persécutés et vous acceptez la mort, écrit Daniel. Cela c'est la face visible des choses. Je vais vous montrer la face invisible. Vous qui acceptez ainsi de mourir, peuple des saints du Très-Haut, vous êtes introduits dans la gloire, pour une vie toute nouvelle, dans un royaume merveilleux qui durera toujours ! »

Voici donc mis en place *deux langages*, deux façons très importantes d'exprimer la résurrection.

Dn 12 s'exprime sur le registre *avant/après*. « Avant la mort, vous viviez. La mort vous a fait tomber dans le trou ou le sommeil. Après la mort, vous ressortirez de ce trou, vous vous réveillerez. » Ce sont donc les mêmes hommes avant et après. Mais cette vie d'après ne sera pas tout à fait la même que celle d'avant : ce que l'auteur exprime par des images cosmiques : *splendeur du firmament...*

Dn 7 insiste surtout sur ce *surplus*. Il s'exprime sur le registre *bas/haut*. Sur terre (en bas), vous êtes mis à mort. Mais vous êtes introduits près de Dieu (en haut) pour une vie toute nouvelle.

Il faudra se souvenir de ces images quand nous étudierons la résurrection du Christ : elles serviront aux premiers chrétiens pour l'exprimer.

Un détail important : cet *homme* est une image, il représente *toute la collectivité* de ceux qui font confiance à Dieu jusqu'à la mort. Il faudra s'en souvenir quand Jésus sera présenté comme *Fils de l'homme*.

Trois lions. Persépolis (VIe-Ve av. J.-C.).

LA SAGESSE DANS LA « DIASPORA »

Nous allons terminer par deux livres, nés dans la *Diaspora* : l'un en Babylonie (*Baruch*), l'autre en Égypte (*La Sagesse*).

BARUCH (deutérocanonique).

Attribué à Baruch, secrétaire du prophète Jérémie, ce livre est en fait composé de quatre morceaux d'époques et d'auteurs différents. Dans son état actuel, il constitue *une belle célébration pénitentielle*. Il commence par un constat : nos péchés ont rompu la relation avec Dieu (1, 1-14). Puis vient une réflexion sur le péché comme exil loin de Dieu ; le seul recours qu'on a, c'est la tendresse et la fidélité de Dieu (1, 15-3, 18). On peut méditer alors sur la Sagesse de Dieu qui n'est autre que la Loi : c'est donc en pratiquant celle-ci qu'on acquerra la première (3, 9-4, 4). Le dernier morceau, dont le ton fait penser au Second Ésaïe, encourage Jérusalem et lui annonce que Dieu lui accorde sa lumière et sa miséricorde. Réconciliation est faite (4, 5-5, 9).

On pourrait lire la belle *prière des exilés* (2, 11-3, 8) et surtout la *méditation sur la Sagesse de Dieu* : « Elle est apparue sur la terre et a vécu avec les hommes » (3, 32-4, 1). Jean ne dira pas autre chose quand il parlera de Jésus.

Jésus, sagesse de Dieu

En simplifiant : les Prophètes ont aidé les chrétiens à découvrir *la mission* de Jésus, ce qu'il avait à faire ; les Écrits de sagesse les ont aidés à percevoir *son être*, ce qu'il est.

Dans l'Ancien Testament, en effet, la Sagesse de Dieu apparaît parfois comme Quelqu'un, mais cela reste une image, comme lorsque je dis : « mon esprit est dans la lune » ; je personnifie mon esprit comme s'il était capable de se promener sans moi et je puis donc lui attribuer toutes mes qualités et mes défauts. De même, la Sagesse de Dieu n'est pas autre que Dieu ; c'est Dieu en tant qu'il est sage. On peut donc lui attribuer bien des qualités de Dieu, comme le pouvoir de créer, etc. (Sg 7).

Quand les chrétiens en arriveront à dire : « Jésus est la Sagesse de Dieu », cela permettra de lui attribuer les qualités de cette Sagesse, c'est-à-dire celles mêmes de Dieu !

LA SAGESSE (deutérocanonique).

Composé en grec, à Alexandrie en Égypte, vers les années 30-10 avant J.-C., ce livre est le dernier écrit de l'Ancien Testament.

L'auteur est *grec* et connaît bien ses classiques, et il est *juif*. Vivant loin des remous que connaît la communauté de Palestine autour de la dynastie hasmonéenne, il pratique la politique de la main tendue. Comme plus tard le philosophe juif Philon d'Alexandrie, contemporain de Jésus, il essaie de penser sa foi juive dans sa culture grecque.

Son livre se divise en trois parties.

1. La destinée humaine selon Dieu. 1-5.

Quel est le sens de la vie ? L'auteur, avec beaucoup de finesse psychologique, campe deux types d'attitudes. *Nous sommes nés du hasard*, disent les uns, la vie est courte, après il n'y a rien... Et il montre à quelles conséquences pratiques cela peut conduire : jouir de la vie, écraser les autres pour se faire sa place... En réalité, ils sont *amis de la mort* et ils oublient que *Dieu a créé l'homme incorruptible en le faisant image de sa propre nature*. En face, il y a ceux qui se *confient en Dieu, qui restent fermes dans son amour*. Ils souffrent souvent, sont parfois persécutés, mais quand ils auront achevé leur tâche, *ils demeureront auprès de Dieu*.

Les premiers chrétiens utiliseront largement ces textes, reprenant eux-mêmes des passages des prophètes, pour exprimer la mort en croix du Juste.

2. L'éloge de la Sagesse. 6, 1-11, 3.

Nous allons revenir sur un passage, mais il faudrait lire tous ces chapitres où l'auteur nous presse de rechercher comme lui la Sagesse du Dieu *ami des hommes*, d'en faire *la compagne de notre vie*, de devenir *amants de sa beauté*... Puis, dans un *midrash* étonnant, il reprend des moments importants de l'histoire sainte pour montrer que c'était la Sagesse qui la menait, elle qui forma Adam, pilota l'arche de Noé, permit à Abraham d'être plus fort que sa tendresse pour son enfant, conduisit Moïse...

3. Méditation sur l'Exode. 11, 4-19, 22.

Ici la Sagesse disparaît presque. Les plaies d'Égypte sont punition pour les uns, salut pour les autres.

Il est difficile de découper un texte précis, car le développement se suit et c'est tout l'ensemble des chapitres 6-10 qu'il faudrait étudier.

L'auteur fait comme s'il était Salomon, le roi sage, et il montre comment tout ce qu'il est, il l'est non par naissance, mais parce qu'il a prié et que l'esprit de la Sagesse est venu en lui. Celle qui l'a instruit, c'est la *technicienne* de l'univers, celle qui l'a organisé (7, 22).

Lisez ce texte. Comment se présente la Sagesse ? Comme à l'être aimé, on lui reconnaît toutes les qualités. (En 7, 22-23, on aligne trois fois sept qualités : le superlatif de la perfection !) Certaines de ces qualités sont, dans la Bible, réservées à Dieu, d'autres étaient attribuées par les philosophes grecs au principe divin animant l'univers : vous pourriez essayer de les repérer... mais sans vous disputer, car ce n'est pas toujours évident et n'est pas très important.

Essayez surtout de voir, en regardant ces qualités, quelle est la situation de la Sagesse *par rapport à Dieu*.

Le verset 26 est très fort. *Image* ou *icône* désigne, pour un Juif, une sorte d'identité, une présence.

Essayez de voir, en regardant ces qualités, quel est le rôle de la sagesse *par rapport à la création et aux hommes*.

Vous pourriez lire maintenant Gn 1, 26-27 : Dieu crée l'homme *à son image*, et Sg 2, 23. En Sg 7, 26, la Sagesse *est* image de Dieu. N'est-ce pas dire que l'homme reproduit les traits de cette Sagesse ?

Lisez 2 Co 4, 4 et Col 1, 15, puis 1 Co 11, 7 ; 2 Co 3, 18 ; Col 3, 10. Qu'est-ce que cela nous apprend du Christ ? de la vocation de l'homme ?

Vous pourriez en terminant relire tous ces chapitres en remplaçant mentalement le mot « Sagesse » par « Jésus »...

La Septante (LXX)

On appelle *Septante* (ou « Soixante-dix », d'où le sigle LXX) la première traduction grecque de l'Ancien Testament.

Ce nom lui vient d'une légende racontée par *la Lettre d'Aristée*, un écrit grec de la fin du IIe siècle avant J.-C. : soixante-douze docteurs juifs, travaillant séparément, aboutirent, en soixante-douze jours, à une traduction en tous points semblable ! C'était là une façon d'affirmer que cette traduction est miraculeuse, qu'elle est inspirée par Dieu.

En réalité elle fut faite entre 250 et 150, par des auteurs différents.

La communauté juive d'Alexandrie parlait grec et ne comprenait plus l'hébreu. De même qu'en Palestine, on traduisait le texte hébreu en araméen (le *targum*, voir p. 81), en Égypte, on le traduisit en grec. Cette traduction a probablement une origine liturgique. Elle est, pour une part, une relecture des Écritures, une actualisation. Un exemple est célèbre : Ésaïe annonçait « *La jeune femme* est enceinte et elle mettra au monde Émmanuel » (Es 7, 14) ; la Septante a traduit : « *La vierge* est enceinte » ce qui permit aux chrétiens d'appliquer ce texte à Marie (Mt, 1, 23).

Cette traduction est très importante.

Elle a permis d'abord d'acclimater la foi juive à la pensée grecque et elle a formé une langue pour l'exprimer. Elle utilise en effet la langue « commune » *(koiné)* mais en la teintant de nombreuses tournures empruntées à l'hébreu. Le Nouveau Testament a souvent utilisé cette langue.

Elle devint la *Bible des chrétiens* qui adoptèrent sa liste des livres (voir *Deutérocanoniques*, p. 86) et qui souvent reprirent sa façon d'interpréter les Écritures. Elle a été ainsi un chaînon déterminant qui a préparé l'expression du christianisme.

8. LES PSAUMES

Musicien égyptien célébrant le dieu Soleil (vers 1000 av. J.-C.).

Nous terminons notre « circuit vacances » à travers l'Ancien Testament par le livre des psaumes.

Pourquoi les regrouper tous en un même chapitre ? Jusqu'à maintenant nous nous étions efforcés de lire les textes au moment de l'histoire où ils sont nés. Pourquoi faire autrement pour les Psaumes ? La raison est simple : il est quasi impossible de dater les psaumes. La prière est la même à toutes les époques. Les textes sont relus, récrits. Il est donc plus sage de les étudier ensemble.

Cela permettra de mieux saisir comment priait Israël et ce sera aussi une bonne synthèse de notre voyage : l'essentiel de ce que le peuple a vécu, a découvert de son Dieu et de sa propre situation dans le monde, il l'a exprimé dans sa prière.

Les psaumes, en effet, sont essentiellement prière, réponse de l'homme à Dieu qui l'interpelle, en chaque situation de son existence.

Cris d'hommes.

« Nous naissons avec ce livre aux entrailles, écrivait le poète juif A. Chouraqui. Un petit livre : 150 poèmes, 150 marches érigées entre la mort et la vie ; 150 miroirs de nos révoltes et de nos fidélités, de nos agonies et de nos résurrections. Davantage qu'un livre, un être vivant qui parle — qui vous parle — qui souffre, qui gémit et qui meurt, qui ressuscite et chante, au seuil de l'éternité... »

Tous nos cris d'hommes, le chant d'admiration devant la nature ou l'amour humain, l'angoisse face à la souffrance et à la mort, l'écrasement par la société, la révolte devant l'absurdité du monde ou le silence de Dieu, tous ces cris d'hommes — les nôtres — nous les retrouvons ici, offerts à notre voix comme « parole de Dieu » ! Ils nous apprennent ainsi que même au plus noir de notre révolte, Dieu est présent et crie avec nous, par nous, que la louange comme le blasphème peuvent être prières, s'ils sont vrais, s'ils expriment ce que nous vivons.

Deux types de langage.

Pour faire bref, on peut distinguer le langage de *l'information*, de la science, et celui de *la relation*. Un exemple : l'enfant est au lit et il appelle sa mère : « Maman, j'ai soif. » De quel type est cette phrase ? c'est peut-être celui de *l'information*, c'est-à-dire que ces mots « j'ai soif » décrivent exactement la situation ; la mère répond sur le même registre : « Tu te lèves et tu prends un verre d'eau » et l'enfant s'endort. Si la phrase est du type de *la relation*, après avoir bu, l'enfant redira : « Maman, j'ai soif » ou « j'ai chaud ». « J'ai soif » veut dire alors : « J'ai soif de toi, de ta présence. »

En langage scientifique ou de l'information, les mots disent exactement ce qu'ils signifient. Dans le langage de la relation, ils veulent dire autre chose ; l'amoureux qui interpelle « son chou » ou « son petit rat » n'exprime pas une situation mais un type de relation, comme le psalmiste qui appelle son Dieu « mon rocher, ma citadelle ».

Cette distinction entre ces deux types de langage est importante pour prier les psaumes, mais, plus généralement, pour lire la Bible. La Parole de Dieu, en effet, est habituellement du type *relation* et non du type *information*. Certes, la Bible entend bien nous apprendre certaines choses, mais elle veut avant tout nous faire entrer en relation personnelle avec Dieu. *Elle nous interpelle.* Le langage de *l'information*, en effet, s'adresse à notre intelligence, mais souvent ne nous change pas personnellement. Si l'enfant a vraiment soif, la mère ne se trouble pas. Le langage de *la relation*, au contraire, nous change. Le « j'ai soif » fait déplacer la mère, interpelle son instinct maternel.

Devant un objet ou un geste, notre esprit scientifique nous fait demander : « Qu'est-ce que *c'est* ? » Le poète ou l'homme de la Bible interroge : « Qu'est-ce que *ça veut dire* ? » Si le prof de sciences naturelles présente une fleur à une élève, la

Harpiste aveugle.

question est évidemment : « Qu'est-ce que c'est ? de quelle espèce est-elle ? » Mais si c'est un garçon qui l'offre à la même fille, la question est tout autre...

Il est donc essentiel, en ouvrant le livre des Psaumes, mais aussi toute la Bible, de se rappeler qu'il s'agit là d'un langage de la relation. Il y a certaines images ou expressions qu'il ne faut pas chercher à comprendre, au sens scientifique, comme une information, mais qu'il faut déchiffrer comme une interpellation. Et elles nous parleront en fonction de notre expérience personnelle. Le même mot évoque autre chose pour le paysan beauceron qui vient de casser son soc de charrue sur un « rocher » qui affleure et pour l'alpiniste qui, après avoir paniqué dans du rocher pourri, arrive enfin sur du granit aux prises solides. Ces deux aspects se retrouvent d'ailleurs dans la Bible : Dieu est le « rocher » sur lequel on se brise si on ne le respecte pas ; il est aussi le « rocher » solide où l'on s'assure.

Langage d'une époque.

Les images poétiques changent avec la civilisation. « Le geste auguste du semeur » pouvait émouvoir nos grands-parents ; il n'a plus de sens à l'ère du semoir mécanique.

La Bible s'exprime dans la culture de son temps ; ce n'est plus la nôtre et il y a là une difficulté réelle parfois. Les notes de votre bible vous aideront à percevoir le sens de certains symboles.

Les procédés poétiques sont également différents. Nous en avons dit un mot déjà (p. 30). Ces procédés vous plairont ou vous agaceront... mais pas plus ou pas moins que certains poèmes modernes !

Numérotation des psaumes.

La *Bible grecque*, suivie par la version latine et la *liturgie catholique*, n'a pas tout à fait la même numérotation que la *Bible hébraïque* suivie par *la plupart des Bibles*... Quand la numérotation diffère, la liturgie est en retard d'un chiffre.

Faites donc attention quand on vous donne la référence d'un psaume.

De plus en plus, on adopte la numérotation de la Bible hébraïque (celle que nous suivons dans ce livre).

Très souvent, on donne les deux chiffres, par exemple Ps 51 (50) : 51 en hébreu, 50 dans la liturgie.

Genres littéraires.

Les spécialistes se sont efforcés de déterminer les différents genres littéraires des psaumes. Cela est important pour les comprendre, plus encore pour les prier : on « s'habille le cœur » autrement quand on va chez des amis un jour de deuil ou de joie. Connaître le genre littéraire d'un psaume, c'est savoir comment se préparer à rencontrer Dieu.

Les classifications proposées par les spécialistes diffèrent dans le détail, mais se recoupent dans les grandes lignes. Dans l'introduction au psautier de votre bible, vous trouverez une classification et la répartition des psaumes selon ces genres.

Ce chapitre voudrait surtout vous aider à entrer dans la prière des psaumes. C'est pourquoi on les regroupe par *thèmes* plus que par genres littéraires (mais les deux se recoupent souvent).

On ne prétend pas faire une étude complète du psautier. Simplement, en lisant quelques psaumes, les uns pour le plaisir, d'autres pour leur importance théologique ou leur difficulté, nous chercherons à découvrir comment ces vieilles prières sont toujours les nôtres.

QUELQUES THÈMES DE LA PRIÈRE

Prière de louange au Dieu sauveur et créateur.

Prière de louange au Dieu tout proche : il habite *chez* son peuple (Jérusalem, Temple) ; il habite *en* son peuple (la Loi).

Prière d'espérance. Dieu est *Roi* et il va établir son règne de justice ; il le fera par son *roi-messie* dont le roi terrestre était la figure.

Prière de demande et d'action de grâces. Les deux aspects ne sont pas séparables pour Israël.

Prière pour vivre. On regroupe ici plusieurs thèmes nés de la réflexion des sages : comment vivre la difficile condition humaine ?

Auparavant, le *Psautier des montées* permettra une première approche des psaumes.

Pour chaque thème, vous trouverez des indications générales, sur la *page de gauche*, des ☞ invitations à la lecture de quelques psaumes en *page de droite*.

LE PSAUTIER DES MONTÉES. Ps 120 à 134

Un merveilleux petit ensemble se repère vite dans le psautier : 15 psaumes, courts, pleins de fraîcheur, portent le même titre *Chant des montées*, sans doute parce qu'ils étaient récités lors de la montée à Jérusalem pour les trois fêtes de pèlerinage. Ce sont les Ps 120 à 134 (mais le Ps 132, différent, n'en fait sans doute pas partie).

Ces psaumes appartiennent à différentes familles. Ils vont nous permettre de faire connaissance avec elles, de découvrir la poésie hébraïque et surtout les sentiments religieux des auteurs.

Commencez par lire ces psaumes. Simplement pour le plaisir.

Après cela, vous pourriez les reprendre pour les étudier sous différents aspects.

Genres littéraires.

Dans quelle famille classeriez-vous chacun de ces psaumes ?

TOB et BJ ont à peu près le même classement ; on y trouve des *prières de confiance*, des *appels au secours individuels* et *collectifs*, une *prière de reconnaissance*, un *hymne* du genre *cantique de Sion*, plusieurs *psaumes d'instruction* et une *liturgie*.

Essayez de repérer quelques traits de chaque famille, tout en sachant que la frontière est parfois ténue : dans la même prière, on peut passer de la supplication à la confiance.

Poésie hébraïque.

Rythme. Dans la poésie classique française, chaque vers doit avoir le même nombre de syllabes. En hébreu, on a un autre principe. En fait, la voix se repose ou s'appuie sur certaines syllabes : on tient compte seulement de ces points d'appui. Ils peuvent être de même nombre dans tous les vers (3 + 3 par exemple) ou varier (3 + 2...). Un exemple :

> Des profon*deurs* je crie vers *toi*, Seigneur, (3)
> *écoute* mon ap*pel* (2)
> *Que* ton *oreille* se *fasse* atten*tive* (3)
> au *cri* de ma *prière*. (2)

Dans cette strophe, la voix s'appuie sur les syllabes imprimées ici en italique : on a une alternance de 3 appuis et de 2 appuis.

Parallélisme. Le procédé qui consiste à répéter deux fois la même chose, sous une forme différente, est très fréquent. Essayez d'en retrouver des exemples dans ces psaumes (par exemple 122, 8-9).

Mots crochets. Parfois chaque phrase démarre en reprenant un des mots de la phrase précédente auquel elle *s'accroche*. Voyez par exemple le Ps 121.

Les images.

Vous pourriez les étudier à deux niveaux.

Comment prier ensemble avec un psaume ?

Il est bien évident qu'il n'y a pas de recettes et que chacun, personnellement ou en groupe, doit inventer sa façon de faire. On peut seulement dire ce qui se fait ici ou là.

Le groupe se réunit (l'ambiance compte : façon dont on est installé, icône...). Quelqu'un lit le psaume à haute voix et chacun, en silence, le relit une fois, deux fois, dix fois, le « rumine ». Après un temps plus ou moins long de cette prière silencieuse, l'un, puis l'autre redit un verset qui lui parle, en le relisant simplement ou en le redisant avec ses mots à lui. Bien des versets, des mots, des images du psaume ainsi redits, récrits, lourds de la vie de chacun, reprennent alors un sens nou-

veau, relancent la prière de chacun. Il ne faut pas craindre le temps de silence : ce ne sont pas des temps morts, mais des instants où la parole biblique devenue parole d'un frère résonne en nous et suscite notre parole.

Parfois le refrain d'un cantique connu peut être lancé spontanément.

Parfois aussi des versets d'évangile viennent s'y mêler, exprimant cette certitude que ces psaumes sont aussi prières du Christ.

Certaines éditions du psautier offrent des prières après chaque psaume qui en reprennent les principaux éléments.

Quelles sont-elles ? Quel milieu social, économique, culturel révèlent-elles ? Elles évoquent, par exemple, *la vie familiale* : « mère/enfant, maîtresse/servante »... *la vie de villageois au contact de la nature* : « gardien, flèches, bâtir sa maison, moissonneur »... *le regard ébahi du provincial* découvrant la grande ville aux constructions énormes et qui tiennent ! Elles manifestent aussi une *verve populaire* un peu truculente : « Un peu plus, ils nous avalaient tout crus... »

Essayez de voir surtout ce qu'« elles disent » :

• *Quel visage de Dieu* apparaît dans ces psaumes ? Quelle est sa relation avec l'homme ? Une simple expression comme « Le Seigneur te garde du départ à l'arrivée, maintenant et toujours » (121, 8) exprime magnifiquement ce qu'on appelle « la Providence », la présence de Dieu dans l'espace et le temps de l'histoire humaine.

• *Quelle est la réponse de l'homme* à cet amour de Dieu, dans la vie ordinaire, dans les épreuves quotidiennes, dans l'angoisse ? Quel *sens du péché* s'exprime ? Voyez comment dans tous les instants de sa vie, familiale ou professionnelle, il *vit en union avec son Dieu* : tout pour lui est signe de celui qu'il aime.

• *Quel est le sens du pèlerinage*, l'importance de Jérusalem et du Temple, lieu où Dieu se rend présent ?

Lien avec les Écritures.

On pourrait voir comment ces psaumes reprennent la spiritualité d'Ézéchiel et de l'histoire sacerdotale : piété centrée sur la présence de Dieu dans son Temple ; comment ils s'accordent avec le Code deutéronomique exprimant la présence de Dieu dans le quotidien de la vie ; comment ils reprennent de façon très simple, en image, la foi du Second Ésaïe en Dieu créateur et tout proche de l'homme par son amour, ou encore la fraîcheur eucharistique de Tobie...

En profondeur, ces *Chants des montées* jouent sur quatre registres : on célèbre la *montée actuelle* vers Jérusalem. Ce pèlerinage est aussi une façon de revivre la première *montée d'Égypte* lors de l'exode et la *montée de Babylone* à la fin de l'exil. Et elle est déjà anticipation de cette *montée des peuples vers Jérusalem* à la fin des temps (voir Es 60-62).

Une prière chrétienne.

Comment *Jésus* a-t-il pu prier ces psaumes ? Comment pouvons-nous les prier *aujourd'hui* ?

Les pauvres de Dieu

La pauvreté peut avoir, dans la Bible deux significations qu'il ne faut pas confondre.

La pauvreté est d'abord une *situation concrète de privation*. Elle est *un mal* et même *un scandale*, car elle montre que le Royaume de Dieu n'est pas encore arrivé, puisqu'il y a encore des malheureux, des gens qui souffrent d'injustice. Les prophètes de l'exil notamment annoncent la venue du Règne de Dieu : à ce moment-là il n'y aura plus de pauvres (voir p. 67). C'est dans cette ligne que se situent les *Béatitudes* selon *Luc*.

La pauvreté est parfois envisagée comme une *attitude spirituelle* : l'attitude de celui qui s'en remet totalement à Dieu parce qu'il a fait l'expérience de son impuissance, de sa pauvreté. Il s'agit là de pauvreté de cœur. Ce sont ces pauvres-là, ces *anawim* (pluriel de *anaw*, « pauvre ») que les *Béatitudes* selon *Matthieu* déclarent heureux.

Cet idéal de *pauvreté spirituelle* apparaît clairement avec Sophonie (voir la p. 61 ; TOB et BJ, note en So 3, 2). Il s'épanouira au retour de l'exil et formera cette couche de gens simples, profondément croyants, éloignés des querelles politico-religieuses des grands prêtres, comme le seront au début de notre ère Zacharie, Élizabeth, Syméon, Anne, Marie...

Le *Psautier des montées*, composé après l'exil, exprime bien cette spiritualité.

La vie de ce pauvre, de ce petit à l'âme de pauvre, est très simple. Villageois proche de la nature, il goûte les joies humbles de la famille, de l'amitié entre frères, de la paix. Incapable de s'exprimer en mots savants, ses images révèlent la profondeur de son sentiment religieux : tout lui parle de Dieu, est message de son amour. Ainsi parlera Jésus dans les paraboles.

Ce Dieu est personnel, proche de l'homme. Il le protège dans toutes ses activités, veille avec lui ; il lui pardonne ses fautes. Et le pauvre lui répond par une foi, une confiance totales.

Ce Dieu habite au milieu de son peuple, dans son Temple de Jérusalem. La vie du pauvre est ainsi tout entière pèlerinage. Israël est un peuple en marche vers le lieu où habite son Dieu. En marche depuis l'exode, parce que Dieu l'a libéré, depuis la sortie de Babylone. Il est en marche jusqu'à ce moment où tous les peuples se retrouveront, unis par la même foi, dans la joie et la communion du même Dieu.

PRIÈRE DE LOUANGE AU DIEU SAUVEUR ET CRÉATEUR

Il est des moments où l'on a envie de chanter, parce que le monde est beau, parce que quelqu'un nous aime ou qu'un ami nous pardonne nous enlevant ainsi un poids trop lourd à porter... Il est des moments où un peuple en liesse se met à chanter : libération de Paris, marche d'un homme sur la lune... Chant personnel, explosion de joie collective scandée par des refrains ou des slogans, la louange, sous une forme ou une autre, est de toutes les fêtes et de tous les âges.

En Israël, la louange affleure ou explose dans la plupart des psaumes ; elle paraît comme à l'état pur dans les hymnes, mais elle est présente dans les cantiques d'action de grâces, les psaumes d'instruction et même les prières de supplication. Et c'est là une des caractéristiques essentielles de l'homme de la Bible devant son Dieu : quelle que soit sa situation concrète, dans la joie ou dans la peine, au sein de la souffrance ou du péché, le croyant vit son existence en présence d'un Dieu dont il ne peut s'empêcher de chanter la beauté et la bonté.

La louange ne jaillit pas au terme d'un raisonnement. Elle est l'expression, émerveillée, de la joie de celui qui se sait aimé par ce Dieu qui lui déclare : « Tu vaux cher à mes yeux, tu as du poids parce que moi, je t'aime » (Es 43, 4).

Le Dieu libérateur.

Israël, nous l'avons vu, a d'abord fait l'expérience de la libération et du salut : son Dieu est celui qui le tire de la servitude. D'autres livres que le psautier nous ont conservé quelques chants très anciens : le bref refrain de *Myriam* dansant la joie du peuple lors de l'Exode (Ex 15, 21) ou le magnifique cantique de la prophétesse *Débora* chantant la victoire remportée, vers 1225, au pied du mont Thabor (Jg 5).

En célébrant, au cours des *fêtes liturgiques*, les merveilles de Dieu, le peuple les rend de nouveau présentes, il y participe. Il ravive sa conscience d'être le peuple que Dieu s'est acquis, il renouvelle sa foi en l'alliance et son espérance : il rappelle en effet à Dieu les libérations passées et l'invite à les parfaire par de nouvelles libérations.

Le Dieu créateur.

Israël découvre ensuite que si Dieu peut inter-venir dans l'histoire, c'est parce qu'il en est le maître, car c'est lui qui a créé le monde. Le prophète *Amos*, déjà, citait un beau cantique au Dieu créateur (Am 4, 13 ; 5, 8-9 ; 9, 5-6 ; voir p. 47). Le *Second Ésaïe* en fera la base de sa théologie.

Structure de ces prières.

La structure de ces psaumes est très simple. Ils commencent par une *invitation*, une exhortation à la louange. Le *développement* – commençant par « car », « parce que », « lui qui... » – proclame les merveilles que Dieu a faites dans l'histoire ou ses qualités. La *conclusion* reprend de façon plus développée ou personnelle l'invitation et se termine souvent par une bénédiction ou une acclamation : « Allelu-Yah ! (Louez Dieu) », « À jamais ! ».

Notre prière.

Il nous sera facile, sans doute, de prier ces psaumes. La seule difficulté peut être d'ordre culturel : certaines *images* nous sembleront un peu étranges (mais les récits de la création nous ont déjà familiarisés avec elles) : certaines *allusions* à des événements *historiques* nous échapperont. Ce n'est pas grave. Ce n'est pas parce que nous ignorons certains détails de la vie de nos grands-parents que nous ne nous sentons pas solidaires d'eux. De même, ces hymnes, au-delà des détails, doivent renforcer en nous la conviction que l'histoire du peuple de Dieu est notre histoire, que c'est là, dans ces merveilles de Dieu, de l'Exode au nouvel exode en Jésus-Christ, que nous avons nos racines.

Les titres des psaumes

La plupart portent, au début, des indications d'auteur et de genre, souvent difficiles à saisir.

L'auteur. La préposition hébraïque qui précède le nom peut signifier qu'on l'attribue à cet auteur ou que le psaume fait partie d'un recueil mis sous son nom. En relisant les psaumes, on les a volontiers situés dans la vie des grands personnages.

Souvent aussi on indique sur quel *instrument* on devait les chanter, ce qui peut en indiquer le genre.

☞ **Le Dieu des exodes. Ps 114.**

Invitation : Allelu-Yah ! « Louez Dieu ».
Développement.

Versets 1-2. Le but du premier exode : Dieu veut faire du peuple son sanctuaire, il veut habiter un peuple de fidèles (voir Ézéchiel, p. 66 et Natan, p. 42).

Versets 3-4. Les merveilles du premier exode.

Versets 5-6. L'auteur entre en scène et nous amène ainsi à nous interroger sur ces merveilles.

Versets 7-8. Les merveilles du second exode : la libération de Babylone. C'est du moins un sens possible : s'inspirant du Second Ésaïe (Es 41, 15 ; 42, 15 ; 43, 20...), l'auteur chante le nouvel exode.

Prière de Jésus.

Il était facile à Jésus de reprendre ce psaume (récité dans la liturgie de pâque) pour célébrer « son exode qu'il allait accomplir à Jérusalem » (Lc 9, 31).

Prière chrétienne.

Comment pouvons-nous aujourd'hui prier ce psaume ? Le Nouveau Testament (Jn, 1 P, Ap) a exprimé notre vie comme un exode : quel sens cela donne-t-il à notre existence ? On pourrait aussi prier le Christ notre rocher source d'eau vive (voir 1 Co 10, 4).

☞ **Le Dieu des opprimés. Ps 113.**

Invitation.

Versets 1-3. Qui est invité à la louange ? Où ?

Développement.

Versets 4-6. Quelles qualités loue-t-on en Dieu ?

Versets 7-9. Rapprochez ces versets de 1 S 2, 1-10, de l'« évangile » proclamé par le Second Ésaïe (voir p. 67), des Béatitudes. Qu'annoncent ces versets ?

Prière de Jésus.

Ce psaume est le premier d'un ensemble (Ps 113-118), appelé *Hallel* (« louange »), qu'on chantait dans la liturgie des trois grandes fêtes : Jésus l'a donc chanté le soir du jeudi saint (Mc 14, 26). Comment pouvait-il en faire sa prière ?

Prière chrétienne.

Comment Dieu veut-il montrer sa grandeur ? Comment traduirait-on aujourd'hui les versets 7-9 (la dignité du pauvre, de l'opprimé) ? Peut-on prier ce psaume sans essayer de rendre vrai, par notre action, ce qu'on demande ?

☞ **La gloire de Dieu : l'homme vivant. Ps 8.**

Invitation V. 2.

Elle est reprise en conclusion au verset 10.

Développement.

Versets 3-5. On chante la grandeur de Dieu. Peut-être faut-il traduire ainsi le début :
Je veux chanter ta gloire au-dessus des cieux
mieux que la bouche des enfants et nourrissons.

Ces *enfants* sont sans doute les astres qui chantent au matin du monde (Jb 38, 6 ; Ba 3, 35) : l'homme célèbre Dieu encore mieux qu'eux. Le *repaire* de Dieu est le ciel : comme en Gn 1, la création est vue comme une victoire de Dieu sur le chaos.

Versets 6-9. L'homme était introduit au verset 5. C'est lui maintenant qui est au centre, mais Dieu reste le sujet de tous les verbes. Proclamer la grandeur de l'homme, c'est dire celle de Dieu.

Avec cet hymne, nous sommes à mi-chemin entre les deux récits de la création (Gn 2 et 1).

Ce psaume sera cité plusieurs fois dans le Nouveau Testament (voir références en marge de votre bible).

☞ **La création, gloire de Dieu. Ps 104.**

L'auteur s'inspire d'un hymne égyptien au dieu soleil, composé vers 1350. Les quelques extraits cités en page 18 vous permettront de faire la comparaison. Une prière humaine peut donc devenir prière au Dieu vivant, comme le pain quotidien peut devenir le corps du Christ. Mais le psalmiste repense sa prière en fonction de sa foi et du récit de la création de Gn 1.

Invitation V. 1.
Développement V. 2-30.

Lisez d'abord ce texte pour le plaisir. Puis, comparez-le avec l'hymne égyptien : quels rapports voyez-vous ? Comparez-le avec le récit de Gn 1 : voyez-vous comment il suit les jours de la création ?

Conclusion. V. 31-35.

Louange personnelle, dans la joie, et aspiration à un monde enfin libéré du mal.

Prière chrétienne.

C'est par le Christ et pour lui que Dieu a tout créé (Col. 1, 15-18). C'est par son Souffle, son Esprit, qu'il nous donne la vie. Et le pain et le vin deviennent symboles d'un monde refait dans l'Esprit.

PRIÈRE DE LOUANGE AU DIEU TOUT PROCHE

Dieu est le Dieu « tout-autre », maître de l'histoire, créateur. Mais la merveille dont Israël ne cesse de s'extasier, c'est qu'il s'est fait tout proche. Il habite *chez* son peuple : à Jérusalem en son Temple, lieu de sa présence vers lequel on monte en pèlerinage. Il habite *en* son peuple : « La loi n'est pas loin de toi, hors d'atteinte. La parole est dans ton cœur pour que tu la mettes en pratique » (Dt 30, 11 s.). On regroupe ici des psaumes que les spécialistes classent en genres différents : psaumes de Sion, de pèlerinage, d'instruction...

Emmanu-El : Dieu-avec-nous.

Des psaumes célèbrent le bonheur d'être invité chez dieu, d'être son hôte, introduit dans son intimité. On sera attentif aux expressions : *être avec, avec toi, être ton hôte, habiter sa maison, être à l'abri de Dieu, Dieu devant moi, sous tes ailes...*
On pourrait étudier le Ps 139.

Dieu présent dans son Temple.

Jérusalem – ou Sion, la colline sur laquelle la ville est bâtie – et le Temple sont le lieu où Dieu se rend présent pour son peuple. En lisant la vocation d'Ésaïe (p. 42) ou les textes sacerdotaux sur la présence de Dieu sur l'arche (p. 71), on a perçu l'impression extraordinaire que le peuple éprouvait devant cette présence.

Trois fois l'an, aux fêtes de pèlerinage (Pâque, Pentecôte et surtout Tentes), on montait à Jérusalem. On refaisait ainsi l'expérience de la communauté autour de Dieu. Un danger existait pourtant : qu'on fasse de la présence de Dieu quelque chose de magique dispensant de vivre selon la justice. Des prophètes comme Jérémie avaient détrompé le peuple (p. 62) et l'exil avec la destruction du Temple avait forcé à comprendre que cette présence de Dieu n'était pas une assurance automatique. Dieu n'habite pas d'abord un lieu, mais un peuple de fidèles.

Prière chrétienne. La présence de Dieu s'est faite réelle en Jésus Christ, notre vrai Temple. Et l'Église est son corps animé par son Esprit. Ces prières nous rappellent que l'Église est un peuple en marche vers la Jérusalem céleste, la cité définitive où le mal aura disparu parce que Dieu sera tout en tous.

Dieu présent par sa Loi.

La loi a mauvaise presse. L'obéissance aussi...
La Loi, pour Israël, ce n'est pas des ordres, des commandements. C'est la parole, une parole tendre comme un sourire de femme qui répond à l'amour, rude comme celle du chef d'équipe qui distribue la tâche commune, précise comme celle du guide qui indique la seule prise solide sur le rocher fragile. Et cette parole – *Shema, Israël !* « Écoute-obéis, Israël ! » – ne dit rien d'autre que : « Je t'aime... Et toi ? »

« Obéir », comme le rappelle l'étymologie (*Ob-audire*), c'est se mettre bien en face de celui qui interpelle pour l'écouter, c'est se disposer, de tout son être, à accueillir sa parole pour que, résonnant dans notre cœur, elle en fasse jaillir une réponse qui vienne de tout l'être. En ce sens, le dialogue de deux amants est mutuelle « obéissance ».

Il est essentiel de se rappeler cela pour pouvoir reprendre ces « prières d'obéissance » et pour comprendre comment ces croyants ont pu chanter la Loi avec une telle tendresse, comme le fait, par exemple, le Ps 119.

Prière chrétienne. Il nous est facile, maintenant, de prier ces psaumes. Pour nous, la Loi est devenue quelqu'un : Jésus Christ, Parole de Dieu déposée en nos cœurs par l'Esprit. Et ces vieux mots peuvent nous aider à lui redire la passion qu'il nous inspire.

« D'un amour abondant, tu nous as aimés, Seigneur notre Dieu, d'une grande et surabondante pitié, tu as eu pitié de nous, notre Père, notre Roi ; à cause de ton grand Nom et à cause de nos pères qui ont mis leur confiance en toi et auxquels tu as enseigné les commandements de vie, fais-nous grâce à nous aussi. Notre père miséricordieux, aie pitié de nous et mets en nos cœurs de comprendre, d'écouter, d'apprendre et d'enseigner, d'être attentifs à accomplir toutes les paroles d'instruction dans ta Torah, avec amour. Éclaire nos yeux à tes commandements, que ta Torah s'attache à nos cœurs et que nos cœurs soient unis pour craindre ton Nom... Tu nous as élus de tous les peuples et tu nous as fait proches de ton grand Nom dans la fidélité. Béni sois-tu, Seigneur, toi qui as élu ton peuple, Israël, dans l'amour. »

Prière de la liturgie juive.

☞ Seigneur, tu me connais... Ps 139.

Être connu tel qu'on est, avec ses qualités et ses manques et être aimé tel qu'on est... qui n'a jamais fait ce rêve ? Et c'est ainsi que le croyant se sait connu et aimé de son Dieu.

Mais cette intimité n'est pas de tout repos. Comme pour Jérémie (p. 62), la tentation peut venir de fuir cette parole trop lourde à porter.

Versets 1-18. Notez les images et expressions qui disent *proximité* et *intimité*. L'humilité c'est aussi de se reconnaître soi-même comme le plus merveilleux cadeau que Dieu nous fait : « Je te rends grâce, Seigneur, d'avoir fait de moi cette étonnante merveille. »

Versets 19-22. Une question douloureuse demeure pour ce croyant : pourquoi le mal ? D'une façon qu'on peut trouver un peu simpliste, il demande à Dieu de détruire tout ce qui s'oppose à lui.

Versets 23-24. Sa prière finale n'en est que plus émouvante : il n'est pas sûr d'être lui-même sur le bon chemin et de s'y tenir : que Dieu le garde !

Prière chrétienne.
Dieu nous a comblés de toute grâce en son Bien-Aimé (Ep 1, 6). En lui, nous pouvons devenir fils et connaître quelque chose de son intimité avec le Père par l'Esprit qui nous fait prier « Abba ! Père ! ». Et nous savons que ceux que le Père lui a donnés, le Fils les garde (Jn 17).

☞ Tout mon être crie de joie... Ps 84.

Ce chant d'un pèlerin arrivant au Temple exprime son amour passionné de Dieu.

Recherchez les images et expressions qui disent *la marche* – *l'habitation* (demeure, maison, nid...) – *le bonheur* (joie, rempart, bouclier...). On pourrait chercher quelles sont les images qui expriment pour nous les mêmes réalités et on serait déjà en train de composer sa prière pour aujourd'hui.

Prière chrétienne.
Le véritable Temple est désormais le corps de Jésus ressuscité. Nous pouvons donc le célébrer avec ces mêmes mots.

Et son Église est son Corps tout au long de l'histoire. On peut célébrer la joie de vivre en frères, mais demander en même temps que cette Église se purifie, devenant plus conforme à ce qu'elle doit être et que Dieu nous donne d'y travailler.

☞ J'ai soif de Dieu... Ps 42-43.

Ces deux psaumes n'en forment qu'un ; un refrain (42, 6.12 ; 43, 5) le coupe en trois strophes égales.

Un serviteur du Temple est exilé au Liban et crie sa souffrance. Dans son exil, il n'éprouve qu'une peine : être loin de Dieu.

42, 2-6. Quel est son désir ? (Voir Ex 34, 23.) Quelle est sa souffrance ? Qu'est-ce qui le réconforte ?

42, 7-12. De son lieu d'exil – de tout lieu d'exil – on peut prier Dieu. Il le fait en reprenant des images classiques.

43, 1-5. Sa prière.

Rechercher les images et expressions sur la *nostalgie* (soif, défaillir...) – *l'eau* – *la lumière* – *la joie* – *le salut*.

☞ Les merveilles de ta loi... Ps 119.

176 versets ! 176 versets pour dire une seule chose : « Seigneur, j'aime ta Loi » ! 22 strophes : autant que de lettres de l'alphabet ; les huit vers de chaque strophe commencent tous par la même lettre qui est successivement chacune des lettres de l'alphabet hébreu. Et dans chacun des huit vers, apparaît un des huit noms de la Loi : loi, préceptes, commandements... Ce psaume – qu'il vaut mieux prier par petits morceaux – est ensorcelant comme une cantilène. Comme l'amoureux redit sans cesse à l'être aimé le même amour sous mille formes, le psalmiste ne se lasse pas de dire à Dieu qu'il l'aime, à Dieu qui s'est fait tout proche par sa Parole : « Seigneur, tu es là, tout proche... » (verset 151).

Dans ce dialogue amoureux entre Dieu qui parle et le fidèle qui écoute, on pourrait chercher les images et expressions qui présentent *Dieu* : la Loi est Dieu qui se fait proche (elle vient de sa bouche, il l'enseigne...) – mais elle reste mystère.

Les images et expressions qui présentent *l'homme* et son attitude : il est *tourné vers Dieu* (il scrute, médite, chérit, étudie... la Loi), il obéit, marche, recherche... Il est *retourné vers Dieu* car, dans le passé, il a péché.

Prière chrétienne.
On peut prier ce psaume en remplaçant *Loi* par *Jésus*, la Parole de Dieu déposée dans nos cœurs par l'Esprit, Jésus « voie, vérité et vie ».

PRIÈRE D'ESPÉRANCE. Dieu Roi. Le roi terrestre

Deux genres de psaumes différents sont regroupés ici : ils ont en commun de célébrer la royauté, les uns celle de Dieu, les autres celle du roi terrestre, et de nous tourner vers l'avenir, vers ce moment où Dieu se manifestera enfin comme ce qu'il est, un Roi fidèle et juste, par l'intermédiaire de celui qu'il établira comme roi-messie.

Le Seigneur est Roi.

En Israël, Dieu seul est roi ; le roi terrestre n'est que son lieu-tenant, telle est la foi depuis l'origine.

Pendant l'exil à Babylone et après, on n'a plus de roi. On développe donc la foi en la royauté de Dieu. Ainsi le Second Ésaïe montre que Dieu est *roi* parce qu'il est *créateur* (Es 40, 12-31) et *libérateur* d'Israël (41, 21 ; 43, 15 ; 44, 6...). Le prophète invite tous les peuples à reconnaître Dieu comme roi en le célébrant (42, 10-12). Il annonce que Dieu va enfin venir établir son règne (52, 7).

Cinq psaumes très semblables chantent ce règne de Dieu : Ps 93.96.97.98.99.

L'allégresse y éclate : on se croirait un jour de sacre ; Israël, les peuples les plus lointains (les îles), tous les éléments de l'univers participent à cette joie universelle.

Reprenant la *bonne nouvelle*, *l'évangile* du Second Ésaïe, ces psaumes annoncent le temps où Dieu roi fera cesser toute misère et pauvreté (voir p. 67).

Le Ps 47 a sans doute la même origine. Le Ps 24, 7-10 est peut-être ancien, célébrant l'entrée de l'arche à Jérusalem au temps de David ; les versets 1-6, ajoutés après l'exil, reprennent l'ensemble dans une perspective universaliste.

Ces chants sont nés dans la liturgie : dans le culte, la royauté éternelle de Dieu commence à devenir effective sur terre.

Prière chrétienne.

En proclamant les Béatitudes, en accomplissant des miracles pour les pauvres, Jésus manifeste que, par lui, ce règne de Dieu est commencé. Mais seulement commencé : à ses disciples de le réaliser. Ces psaumes renforcent donc notre attente (*Que ton règne vienne*) et ils nous invitent à y travailler.

La « naissance » du roi.

Sept psaumes (2.21.45.72.89.101.110) et peut-être quelques autres célèbrent le roi d'Israël.

À la différence d'autres peuples, Israël n'a jamais divinisé ses rois. Ceux-ci deviennent pourtant, comme l'annonçait le prophète Natan à David (p. 42) *fils de Dieu* en un sens particulier, le jour de leur intronisation royale. En ce jour de leur *naissance* en tant que rois, ils étaient *engendrés* comme *fils de Dieu*.

Certains de ces psaumes sont peut-être anciens. En tout cas, ils ont été relus après l'exil, à une époque où l'on n'a plus de roi. Ils deviennent alors porteurs d'une espérance nouvelle : un jour, pour établir son règne, Dieu enverra son roi-messie.

Prière chrétienne.

Le chrétien reconnaît en Jésus ce roi-messie ; il est donc invité à le célébrer et à prier pour que sa seigneurie sur l'humanité devienne toujours plus vraie.

Le Ps 2 dans le Nouveau Testament

Ce psaume a permis de comprendre et d'exprimer

• *La résurrection du Christ* : c'est le moment où il est engendré (sa « naissance ») comme Fils de Dieu, roi-messie et seigneur de l'univers (Ac 13, 32 ; Rm 1, 3 ; He 1, 5 ; 5, 5 ; Ap 12, 5). Il ne s'agit donc pas ici de sa naissance à Bethléem et l'expression « fils de Dieu » n'a pas le sens que nous lui donnons aujourd'hui : elle ne désigne pas sa divinité, mais son établissement comme Roi et Seigneur de l'univers.

• *La mort du Christ* : il est rejeté par les chefs du peuple ; ceux-ci sont donc les « méchants » du psaume qui se révoltent contre Dieu et son messie (Ac 4, 23-31 et sans doute Mt 26, 3-4).

• *Sa venue à la fin du monde* : un jour il sera intronisé définitivement comme Seigneur de l'univers (Ap 19, 15 ; 21, 1-5). C'est là le fondement dernier de notre espérance et Jean nous promet que nous participerons à sa gloire (Ap 21, 7 ; 2, 26).

☞ **Dieu règne ! Ps 96.**

On pourrait chercher comment ce psaume (et les autres psaumes du règne) mettent en prière le message du Second Ésaïe. Voici quelques rapprochements :

Versets 1-3. Invitation à toute la terre pour un chant nouveau (Es 42, 10). En libérant de l'exil, Dieu montre son salut, sa justice, sa gloire devant les nations (Es 45, 14-25 ; 52, 10).

Versets 4-6. Cela manifeste que Dieu est Dieu et les autres divinités néant (Es 41, 21-29 ; 43, 9-13).

Versets 7-9. Tous les peuples sont invités à louer Dieu (voir note TOB ou BJ en Es 45, 14).

Versets 10-13. En proclamant Dieu créateur (voir versets TOB, introd. ; Ésaïe p. 757 ou BJ, Es 42, 8), les versets 11-12 disent pourquoi Dieu peut enfin régner comme un roi juste (versets 10 et 13).

On sera attentif aux images et expressions qui évoquent *gloire* et *création* – *paix* et *justice sociale* – *louange universelle*.

☞ **Mon fils... Siège à ma droite... Ps 2 et 110.**

Il serait bon de relire d'abord la prophétie de Natan à David (2 S 7 ; voir p. 42).

Ps 2, versets 1-3. Les « méchants », rois et peuples, complotent contre Dieu et son messie : leur cause est donc commune (comme en 1 Ch 17, 14).

Versets 4-6. Dieu s'en moque : il a son plan contre lequel ces révoltés ne peuvent rien.

Versets 7-9. Le roi-messie rappelle ce plan : au jour de sa montée sur le trône, Dieu en a fait son fils. Mais cette royauté dépasse Israël : elle s'étend maintenant à tous les peuples de l'univers. Il ne s'agit donc plus seulement d'un roi terrestre.

Versets 10-12. Avertissement aux révoltés : Tenez-vous donc tranquilles !

Le Ps 110, avec des expressions différentes (et parfois obscures) reprend les mêmes thèmes.

Siège à ma droite : l'image part d'une situation concrète, le palais du roi se trouvait à droite du Temple ; elle évoque aussi une situation unique, presque divine, accordée à ce roi.

Tu es prêtre... : en Israël comme chez les autres peuples, le roi est aussi prêtre. En fait, il est surtout le patron des prêtres et on tendra à séparer les deux fonctions.

Prière chrétienne.

Voir les encadrés : Ps 2 et 110 dans le N.T.

☞ **Foi au Dieu infidèle ! Ps 89.**

« L'heure terrible où Dieu n'est pas vrai et où je continue à l'aimer quand même » : cette phrase de Marie Noël s'applique aussi bien à des situations personnelles (comme celle de Job, à la p. 82) qu'à des situations collectives comme ici.

En 587, la royauté disparaît. Or Dieu s'était engagé à maintenir toujours la dynastie de David... Pourrait-il être infidèle, se parjurer ?

Versets 2-3. Cette louange de l'amour et de la fidélité de Dieu est un acte de foi totale, dans la nuit : apparemment, tout les dément ! C'est pourquoi l'auteur s'accroche désespérément à ces deux mots qu'il reprend sans cesse : « tendresse » et « fidélité » (*hésed* et *émounah*, traduits « amour » et « vérité » par BJ et n'importe comment par TOB !) aux versets 2.3.9.15.25.29.34.50. (Voir vocabulaire de l'amour, à la page 49.)

Versets 4-5. On rappelle à Dieu sa promesse à David.

Versets 6-19. Dieu est créateur et il est roi. Il est donc tout-puissant. Il n'a pas d'excuse pour ne pas respecter sa promesse !

Versets 20-38. Rappel détaillé de la promesse de Dieu à David et à ses descendants.

Versets 39-46. Avec une audace puisée dans sa foi, l'auteur montre à Dieu qu'il est infidèle !

Versets 47-52. Appel angoissé pour que Dieu agisse.

Verset 53. La prière commençait dans la foi nue. Elle se termine dans l'action de grâces... pour une œuvre que Dieu n'a pas faite encore !

Prière chrétienne.

On apprendra d'abord une attitude : vivre la révolte face à des situations qui démentent Dieu, dans la prière, la foie nue, la confiance.

Nous pouvons vivre cette attitude maintenant en Jésus priant à Gethsémani et sur la croix.

Le Ps 110 dans le N.T.

Devant le Sanhédrin, Jésus s'applique ce psaume (ainsi que Dn 7 : le Fils de l'homme).

Jésus est *assis à la droite de Dieu* : cette affirmation du Credo, Pierre la proclame le jour de la Pentecôte pour exprimer l'événement de Pâque (Ac 2, 34). Elle sera souvent reprise dans le N.T. : Ac 5, 31 ; 7, 55 ; Rm 8, 34 ; Col 3, 1 ; Ep 1, 20 ; 1 Co 15, 25 ; 1 P 3, 22.

L'épître aux Hébreux fera du verset 4 la base principale de son argumentation : Jésus est *grand prêtre* (He 5, 6).

PRIÈRE DE DEMANDE ET D'ACTION DE GRÂCES

Les **prières de demande, supplications, appels au secours** représentent plus d'un tiers du psautier. Les spécialistes distinguent les supplications individuelles et les supplications collectives. Elles ne diffèrent que par l'objet de la demande et on peut les étudier ensemble.

Ces prières comportent habituellement quatre parties (dont l'ordre peut varier) : *invocation de Dieu et cri d'appel* — *exposé de la situation* — *motifs d'être exaucé* (surtout l'amour, la fidélité, la gloire de Dieu et aussi la confiance du priant) — *conclusion* qui est souvent prière de confiance, d'action de grâces tant on est sûr d'être exaucé et promesse d'offrir un sacrifice d'action de grâces.

Les situations qui provoquent la prière peuvent être très diverses. Voici les principales.

• prières de malades qui se voient déjà au bord de la fosse ;

• cris de pauvres écrasés par l'injustice ;

• prière d'exilés ;

• prière pour la victoire des armées d'Israël ;

• prière contre les ennemis. Ces *psaumes de malédiction* posent un problème particulier que nous étudierons à part ;

• confession des péchés.

Prière chrétienne.

Il nous est à la fois facile et difficile de prier avec ces psaumes.

Il est *facile* de les reprendre, car ils expriment notre propre situation un jour ou l'autre.

La *difficulté* vient de plusieurs côtés.

• Ces prières s'expriment en des images qui nous sont souvent étranges. Les notes de nos bibles nous éclaireront parfois. Et en poésie, il n'est pas nécessaire de tout comprendre !

• Nous ne sommes pas toujours (heureusement !) dans de telles situations. Les psaumes, sortes de *prières universelles*, nous obligent à sortir de nous pour prendre dans notre prière tous ceux qui sont dans une telle situation. Le *Je* des psaumes est presque toujours un *Je collectif* : nous y sommes la voix de l'humanité souffrante.

• La prière de demande nous gêne. Dieu n'est pas un « bouche-trou » de nos impuissances. C'est vrai. Mais l'amour entre deux êtres peut s'exprimer aussi par la demande : on sait bien alors que cela ne nous démobilise pas ; au contraire, on puise dans l'amour de l'autre la force de se battre soi-même.

Les prières présentant uniquement l'**action de grâces** ou **la confiance** sont assez rares : c'est que ces thèmes apparaissent dans presque tous les psaumes de supplication. On y retrouve d'ailleurs les mêmes parties, mais on y ajoute souvent la *leçon qu'on tire de l'événement* : « Voyez la puissance et l'amour de Dieu, capables de me tirer, moi pécheur, de cette situation inextricable. »

Psaumes de malédiction

Certains passages de psaumes, parfois des psaumes entiers, nous scandalisent : comment demander à Dieu de tuer nos ennemis, de les étriper, de leur casser les dents... ? Il y a peut-être deux façons de les prier.

Parfois ils sont la seule prière vraie que je puis faire. Incapable de trouver ma place dans le Nouveau Testament (*Père, pardonne-leur...*), je puis au moins reprendre ces prières qui sont en marche vers lui. Les prier alors, humblement, ce peut être une façon de laisser l'Écriture rendre mon cœur tout brûlant pour que la Parole de Dieu me ramène, un jour, au pied de la croix.

Mais avec le Christ, ces prières ont changé de sens et sont devenues des *prières de consécration*. Lisez le terrible poème sur le Vendangeur divin (Es 63, 1-6 ; voir p. 77) : Dieu écrase tous ses ennemis, leur sang gicle sur ses habits... Quand l'Apocalypse, reprenant ce poème, nous montre le Christ en habits de sang (Ap 19, 13), nous comprenons que Jésus a pris sur lui tout le péché du monde (2 Co 5, 21), que le sang qui coule est désormais le sien.

Priant ces psaumes aujourd'hui, le Christ continue d'assumer ce péché du monde, d'en souffrir à mort et de le détruire en l'exorcisant par son amour.

Priant ces psaumes avec lui, nous dirions en quelque sorte à Dieu : Mets-moi sur la croix avec ton Fils et rabote tout ce qui dépasse, tout ce péché en moi, tout ce péché du monde auquel je participe. Je me consacre avec ton Fils pour que tous soient consacrés en vérité.

☞ Mon Dieu, pourquoi m'as-tu abandonné... ? Ps 22.

Versets 2-3. Invocation de Dieu et cri d'appel.

Versets 4-12. Le croyant commence par exposer les motifs qu'il a d'être exaucé : Dieu est proche ; il a délivré les ancêtres ; il a protégé son fidèle depuis sa naissance...

Versets 13-22. Exposé de la situation à l'aide d'images expressives.

Versets 23-27. Action de grâces. En réalité ou en espérance, il a été exaucé. Il presse le peuple de se joindre à lui pour louer et il invite les pauvres à participer au repas du sacrifice qu'il offre.

La prière individuelle initiale s'arrêtait sans doute ici. Quand elle est devenue prière collective en entrant dans le psautier, on y ajouta les versets 28-32. L'annonce de la conversion des peuples et du règne de Dieu dépend du message du Second Ésaïe et correspond aux psaumes de Dieu Roi. Le verset 30 qui évoque le culte rendu à Dieu par les morts doit dépendre de Dn 12 (voir p. 91). La prière devient ainsi attente de la vie définitive.

Prière chrétienne.

Jésus en croix, d'après Matthieu et Marc, exprime son angoisse avec le premier verset. Et plusieurs images du psaume sont reprises dans le récit de la passion.

Devenue prière du Christ, ce psaume peut devenir la nôtre, avec lui et en lui.

☞ Seigneur, tue-les tous... Ps 109.

Ce psaume est sans doute le plus terrible des *psaumes de malédiction*. On a cherché à l'édulcorer en mettant les imprécations des versets 6-19 dans la bouche des ennemis, contre le fidèle. Mieux vaut l'accepter tel qu'il est : même un saint comme Jérémie se laissait aller à de telles « prières » (Jr 17, 18 ; 18, 21-23 ; 20, 11-12).

On retrouvera facilement les différentes parties de ce psaume.

Prière chrétienne.

On se rappellera d'abord que Jésus a prié ce psaume comme les autres. Il doit donc être possible d'en faire une prière chrétienne ! On pourra s'inspirer de l'encadré ci-contre... ou trouver une autre façon. Mais on ne peut supprimer ce psaume et ses semblables de l'usage liturgique, car ils sont, eux aussi, parole de Dieu !

☞ Seigneur, fais-moi grâce (Miserere). Ps 51.

Versets 3-4. Invocation de Dieu et appel au pardon.

Versets 5-8. J'ai péché contre toi...

Versets 9-14. Demande de purification.

Versets 15-19. Promesse d'action de grâces : le sacrifice qu'il offrira, c'est lui-même avec son orgueil brisé.

Versets 20-21. Prière pour Jérusalem. Ces versets, avec leurs sacrifices matériels, s'accordent mal avec ceux qui précèdent et ont sans doute été ajoutés.

Trois vocabulaires principaux servent au fidèle à tisser sa confession : celui du *péché* (voir encadré cidessous), de la *purification* et de l'*amour* (voir p. 49 ; tendresse, amour, grâce, au verset 3). Essayez de les retrouver. Quelle coloration donnent-ils à cette prière ?

On pourrait rechercher aussi comment ce psaume reprend le message d'Ézéchiel : le fidèle a le sentiment d'appartenir à un peuple de pécheurs (Ez 16 ; 20 ; 23) ; il sait que seul Dieu peut lui rendre un cœur pur (Ez 36, 26 s.) ; ce sera là l'œuvre de l'Esprit Saint (Ez 36, 26 s. ; 37, 14 ; 39, 29 ; 47).

Quels sont les motifs sur lesquels s'appuie le pécheur pour être pardonné ?

Prière chrétienne.

Si le Christ n'a pu dire cette prière que par solidarité avec nous, il nous est facile à nous de la reprendre. L'amour pleinement révélé en Jésus Christ, l'Esprit répandu dans nos cœurs, nous permettent de le faire en pleine confiance.

Vocabulaire du Péché

« Faute » *(hatta)*. La racine signifie « rater », « ne pas atteindre le but ». Pécher, c'est donc manquer Dieu et par là même le bonheur. (versets 4.5.6.7.9.11.15).

« Révolte » *(pésa')*. Ici c'est la « transgression volontaire du droit de l'autre » : homme, peuple ou Dieu. Les prophètes l'utilisent souvent pour reprocher au peuple son refus d'obéir à Dieu (versets 3.5.15).

« Perversion » *('awôn)*. La racine signifie « tordre, dévier. Le pécheur, c'est le cœur tordu » qui est appelé à la « conversion » (versets 4.7.11).

« Mal » *(ra')*. C'est le nom le plus banal du péché qui désigne le « malheur » et le « mal moral ». (verset 6).

PRIÈRE POUR VIVRE

La réflexion des sages d'après l'exil a provoqué l'approfondissement, sinon l'apparition, de nouveaux sujets comme l'éloge du juste ou de la Loi, ou le difficile problème de la rétribution.

On retrouve ces sujets dans la prière.

Éloge du juste ou culte des saints

Il suffit de lire la description de la parfaite maîtresse de maison (Pr 31, 10-31) ou la galerie des ancêtres du Siracide (Si 44s) pour savoir que les sages aiment ce genre de portraits.

Lisez le Ps 111 : un bel éloge de Dieu (dont chaque vers commence par une lettre de l'alphabet, dans l'ordre). Lisez maintenant le Ps 112 (construit de la même manière) : n'est-il pas étonnant qu'on applique au juste beaucoup des éloges qui valaient pour Dieu ? Ou bien prenez le Ps 1 ou 26 (*Je lave mes mains dans l'innocence...*) : comment dire ces prières en vérité ? De deux façons peut-être.

Avec la *simplicité* de Marie s'extasiant de l'œuvre du Seigneur en elle : « Le Seigneur a fait pour moi des merveilles... » Le péché, ce n'est pas de reconnaître ses qualités, mais de ne pas les voir ou refuser d'en rendre gloire à Dieu.

Avec *humilité* aussi. Je sais bien que je suis loin d'avoir laissé Dieu réaliser en moi le rêve qu'il avait fait pour moi. Redire ces psaumes, c'est se remettre devant les yeux un idéal, reconnaître qu'on ne l'a pas encore atteint et demander à Dieu qu'il nous y conduise.

Le culte de la Loi

Nous avons lu déjà le magnifique Ps 119 avec ses 176 versets pour chanter la Loi. Vous pourriez lire encore le Ps 19.

Nous avons vu comment la Loi, pour le Juif, c'est la Parole de Dieu, sa Sagesse (Si 24 ; Ba 4, 1). Paul pourra passer du « Ma vie, c'est la Loi » au « Ma vie, c'est le Christ », il n'aura fait que mettre son vrai nom sur la même réalité.

Pour le chrétien, la Loi n'est pas périmée. Maintenant que le Christ nous donne de la comprendre (Lc 24, 25), elle reste le chemin qui nous conduit à lui en rendant notre cœur brûlant pour le reconnaître.

Le problème de la rétribution

« Si tu fais le bien, tu seras récompensé ; si tu fais le mal, tu seras puni » : il n'y a rien à dire contre ce principe fortement rappelé par le Deutéronome... sauf que les faits le contredisent souvent ! Des âmes généreuses, aujourd'hui, essaient de le défendre en faisant appel au ciel : après la mort, l'équilibre sera rétabli. C'est discutable, mais en tout cas impensable en Israël jusqu'à ce qu'on parvienne, tardivement, à croire à une vie après la mort. En attendant, on se consolait en espérant survivre en ses enfants, ou en expliquant son malheur présent par la solidarité collective ; à quelqu'un qui souffre injustement, il est toujours facile de dire : « C'est la faute à ton grand-père qui a péché ! » Ézéchiel (Ez 18) puis Job et Qohélet s'inscriront en faux contre ces palliatifs.

Une vingtaine de psaumes s'attaquent à ce problème. On peut y voir quatre étapes principales dans l'approfondissement de la foi.

1. La paix inconsciente.

On se contente d'affirmer la doctrine traditionnelle (Ps 138 par exemple). En transposant les biens espérés en termes spirituels, nous pouvons peut-être exprimer l'espérance du ciel ?

2. La souffrance étonnée.

« Si Dieu existait, laisserait-il mourir les enfants innocents ? » Ces psaumes (par exemple 10 ; 94) expriment la question, douloureusement, sans réponse. Ce peut être notre prière parfois. C'est celle de beaucoup d'hommes. Ces psaumes peuvent nous troubler, heureusement, dans notre sécurité de croyants qui ont trop souvent « réponse à tout ».

3. La paix dans la foi.

On voit la prospérité des impies ; on déclare que ce n'est pas là le vrai bien. La dignité de l'homme est autre. Dieu triomphera certainement des épreuves présentes. Ps 49 ; 91 ; 139.

4. La joie dans l'amour.

Le Ps 73 que nous allons lire est un sommet. On n'explique rien. On fait confiance, totalement, dans la nuit, à Dieu, parce qu'on est sûr de son amour et aussi du nôtre. Et c'est dans ce magnifique acte de foi, dans cette remise de soi à Dieu, sûrs de son amour, que nous trouvons la joie. Malgré tout.

☛ L'humanité, bétail d'abattoir... Ps 49.

Il faudrait relire Qohélet avant de prier ce psaume. On y retrouve le même ton désabusé, la même façon de verser du vitriol sur nos grandes idées et nos illusions. « L'homme comblé ressemble au bétail qu'on abat... » (versets 13 et 21).

Ce psaume forme un bon contrepoids à ceux qui font l'éloge du juste. Il nous invite à chercher ailleurs que dans la réussite humaine la dignité de l'homme. Ce fut la grandeur de Qohélet de refuser les fausses solutions, bien qu'il n'en ait pas d'autres à proposer. L'homme est plus grand que toutes les fanfreluches dont il se pare. Austère leçon d'un croyant. Nécessaire leçon.

Prière chrétienne.

Il ne faudrait pas trop vite croire que nous en savons plus, que le chrétien a réponse à tout. En vivant notre condition d'homme, Jésus nous a appris qu'on pouvait lui donner un sens, mais il l'a vécue dans toute sa dureté, sans anesthésiants. Et il nous invite, avec lui, à faire courageusement notre métier d'homme.

☛ Je suis toujours avec toi... Ps 73.

Un croyant honnête qui ne triche pas avec le scandale de la foi. Il l'affirme avec simplicité : « Il s'en est fallu d'un cheveu que je tombe... »

Son scandale : parce qu'il croit en Dieu, qu'il l'aime, il se tue à mener une vie honnête ; le résultat : il est pauvre et méprisé, alors que ceux qui ne croient à rien craquent de graisse et de biens ! « À quoi sert d'être resté honnête... ? » (verset 13).

Tout cela est trop douloureux, trop difficile à admettre. Et voici qu'il se découvre stupide, une grosse bête, devant Dieu (mot à mot : un *béhémot* : ce qu'Israël avait trouvé de plus bête dans sa ménagerie fantastique) !

Ce qu'il comprend maintenant : « Je suis toujours avec toi. Tu me tiens par la main. Tu me conduis selon ton plan. Un jour tu me prendras avec toi dans ta gloire. Que puis-je désirer puisque je t'ai ? »

Nous sommes ici à un sommet : c'est l'amour qui a le dernier mot, même s'il ne prononce pas ce mot. Le croyant n'a pas d'explication. Mais il aime et se sait aimé. Cela lui permet de tenir, dans la joie, avec cette certitude énorme : « Je ne sais pas ce qui se passe après, mais je t'aime trop maintenant pour ne pas pouvoir t'aimer encore après... »

Hippopotame en céramique émaillée (entre 2000 et 1800 av. J.-C. ; Égypte). Il est décoré de fleurs de lotus dont il se nourrit. Il est avec le rhinocéros le *Béhémot* de la Bible.

EN FIN DE VOYAGE

Voilà cette année de « vacances » à travers l'Ancien Testament terminée. Un autre livre, semblable à celui-ci, vous invitera à un même voyage à travers le Nouveau Testament.

Avant de nous quitter, il est peut-être bon, *au terme de ce parcours*, de faire le point sur ce que nous avons acquis. En cours de route, certaines questions se sont sans doute posées à vous ; nous allons les reprendre : *Pourquoi lire l'Ancien Testament* maintenant que nous avons le Nouveau ? La Bible est-elle *Parole de Dieu ou paroles d'hommes* ? Enfin, usant d'un ton plus personnel, j'essaierai de dire ce que j'aurais aimé que vous découvriez dans ce parcours et que je résumerais par le mot « eucharistie ».

I. AU TERME DU PARCOURS

Vous venez d'entrer dans cet univers biblique ; vous avez fait connaissance avec l'histoire, celle d'Israël, celle d'autres peuples ; vous avez rencontré de nombreux personnages, connus ou non ; vous avez lu ou survolé des textes, des livres, sur lesquels, parfois, vous auriez aimé vous attarder... Arrivés au terme, vous avez sans doute le sentiment d'avoir vu beaucoup de choses et... d'avoir tout oublié ! C'est normal, mais pas très juste.

Vous avez oublié bien des faits, des dates, vous ne savez plus à quelle époque a été écrit tel livre... ? Cela n'est pas grave : quand vous aurez besoin de ces renseignements, vous les retrouverez facilement dans ce livre ou dans votre bible.

Car — et c'est peut-être le premier bénéfice — vous avez appris à *vous servir de votre bible*, à retrouver les textes, à utiliser les introductions et les notes.

Vous avez mis en place *une certaine toile de fond*. Les quelques dates et surtout les grands moments de l'histoire d'Israël, tels qu'ils étaient résumés dans le tableau de la page 22, vous permettent maintenant de donner de l'épaisseur à la vie d'Israël et d'y situer facilement un livre.

Plus important peut-être, vous avez acquis *une certaine façon d'aborder la Bible*. Il y a sans doute une certaine fraîcheur de la lecture naïve qui ne vous est plus possible. Mais vous sentez bien que vous y avez gagné en vérité. Vous avez perçu que la Bible n'est pas un reportage en direct sur une histoire, mais son interprétation faite par des croyants. Vous avez acquis certains réflexes ; en abordant un texte, vous ne vous demandez plus d'abord : *Qu'est-ce qui s'est passé ?* mais plutôt : *Qu'est-ce que les croyants nous disent qu'il s'est passé ? Quelle Parole de Dieu ont-ils perçue ?* Vous ne vous situez plus d'abord au niveau de l'événement, mais à celui de sa mise par écrit.

On pourrait détailler encore bien d'autres découvertes : des textes devenus proches, des personnages devenus des amis, un nouveau visage de Dieu, une façon de se situer dans le monde... Vous laissant le plaisir de faire vous-même ce bilan, nous allons reprendre quelques questions que peut-être vous vous posez.

II. POURQUOI LIRE ENCORE L'ANCIEN TESTAMENT ?

Est-il nécessaire de s'attarder sur cette question ? Ce parcours vous a certainement persuadé de l'intérêt de l'Ancien Testament. Il suffira donc de rassembler ce que vous avez vous-même découvert.

Pourquoi lire encore l'Ancien Testament ? On pourrait en donner trois raisons principales : Nous en avons besoin pour comprendre le Nouveau. — Il est le miroir de notre vie. — La promesse qu'il annonce n'est pas encore réalisée.

1. L'ANCIEN TESTAMENT EST NÉCESSAIRE POUR COMPRENDRE LE NOUVEAU

Il est toujours instructif de commencer un livre par sa *table des matières*. Si elle est bien faite, on a immédiatement une vue d'ensemble des sujets traités. Mais il est bien évident que chacun des titres de chapitre évoquera beaucoup plus de choses quand on aura lu le chapitre en question !

Le Nouveau Testament, table des matières de l'Ancien.

Il en va de même pour la Bible. On rencontre dans le Nouveau Testament bien des termes qui ne sont pas expliqués parce qu'ils font partie de la culture des contemporains. Quand on prononce devant nous, occidentaux du XXᵉ siècle, des mots comme *Marianne, Saint-Siège* ou *Tour de France*, cela évoque tout autre chose qu'un prénom féminin, une chaise (curieusement qualifiée de sainte !) ou une promenade de vacances, car ces mots font partie de notre culture et sont riches de tout un contexte, de toute une histoire.

Bien des mots utilisés par Jésus ou ses disciples faisaient de même partie de la culture religieuse de l'époque et ils évoquent bien autre chose que ce qu'ils semblent dire. Or c'était avant tout l'Écriture (l'Ancien Testament) qui formait le fond de cette culture. Ainsi, des titres appliqués à Jésus (*Messie* ou *Christ, fils de David, fils de Dieu, fils de l'homme, serviteur souffrant, prophète...*), bien des expressions comme *vigne, mariage, Sion, eau, souffle...* apparaissent comme des « têtes de chapitre » riches d'un contenu longuement mûri dans l'histoire d'Israël.

Mais parler de « table des matières » est trop matériel. Il s'agit plutôt d'un univers de symboles.

Univers des symboles.

Nous avons distingué plus haut (p. 94), deux types de langage : celui de la *science* qui donne des *informations* — celui de *la relation* qui use de *symboles*. Restituons ces deux modes d'expressions à l'aide d'un exemple simpliste.

Si je dis à un enfant : « Cet homme est *courageux* » j'utilise le langage de la science, de l'information ; le mot « courageux » a un sens bien précis, défini par le dictionnaire, et je l'applique à cet homme. Ce mot résume bien ce qu'on sait de lui, mais il n'enrichit pas la connaissance que j'en ai. Si je dis : « Cet homme est *un lion* », j'utilise un langage symbolique ; l'enfant n'imaginera pas que cet homme est un animal, avec des crocs... (langage de l'information), mais il transposera sur lui tout ce qu'évoque l'image « lion »... à condition toutefois qu'il connaisse d'autre lion que son animal en peluche ! Nous touchons là du doigt la richesse et la limite du langage symbolique : il enrichit la connaissance de l'objet auquel on l'applique, mais il n'a de sens que pour des gens qui ont la même expérience. Si l'enfant ignore ce qu'est le lion, il faudra d'abord que je l'emmène au zoo, au cinéma ; c'est seulement quand il aura une certaine expérience de ce qu'est un lion que je pourrai utiliser le mot comme symbole.

L'Ancien Testament, univers de symboles.

De ce que nous venons de dire, tirons deux conséquences pratiques pour la lecture de la Bible.

Quand nous lisons un mot de l'Ancien ou du Nouveau Testament, il faut se demander s'il s'agit d'une information ou d'un symbole et, dans ce dernier cas, s'interroger sur ce qu'il évoquait alors. Sinon on risque les plus grands contresens. Prenons un exemple. Pour un chrétien d'aujourd'hui, « Fils de Dieu » a un sens précis, très fort, « fils de l'homme » évoque plutôt la faiblesse. Or nous avons vu que pour Israël, « fils de Dieu » était équivalent de « fils de David » : c'était donc un titre important, mais terrestre. « Fils de l'homme », au contraire, évoquait dans certains cas ce personnage céleste du livre de Daniel à qui Dieu remettrait, à la fin des temps, le jugement, c'est-à-dire quelque chose de proprement divin ; c'est donc un titre bien plus fort que celui de « fils de Dieu » !

Autre conséquence : quand nous lisons l'Ancien Testament, il faut *résister aussi longtemps que possible à y voir Jésus !* Expliquons-nous avec un exemple : nous étudions Dn 7 ; si en lisant le mot « fils de l'homme », nous disons : C'est Jésus ! nous n'avons fait que mettre sur le Christ une étiquette vide de sens ou pourvue d'un sens qui n'est pas le bon (comme l'étiquette « lion » pour l'enfant qui ne connaît que son animal en peluche). Il faut donc d'abord oublier Jésus et chercher la signification de l'expression « fils de l'homme » dans le livre de Daniel. Quand on aura perçu que c'est une figure collective, qu'il représente l'ensemble des croyants introduits dans la gloire de Dieu parce qu'ils l'ont préféré à leur vie, etc., on pourra l'appliquer à Jésus : notre connaissance du Christ en sera alors singulièrement enrichie.

L'Ancien Testament est donc indispensable pour comprendre le Nouveau. Cela est important, mais en reste encore à un niveau intellectuel. Nous allons voir qu'à un niveau plus existentiel, il est le miroir de notre vie d'homme.

2. L'ANCIEN TESTAMENT MIROIR DE L'HOMME

On pourrait dire que Dieu a fait vivre à son peuple les grandes espérances et expériences humaines. Lire l'Ancien Testament, c'est donc réfléchir sur notre propre vie, mais en profondeur. La lecture elle-même nous le montre, Jésus et Paul l'affirment.

À la lecture de l'Ancien Testament.

Ce premier parcours à travers l'Ancien Testament vous a permis de découvrir un certain nombre de textes. Après une nécessaire période d'acclimatation au vocabulaire, aux images, à la situation historique, vous avez certainement perçu, ici ou là, que dans ces récits, c'était aussi votre propre vie, en ce qu'elle a de fondamental, qui était évoquée. Peut-être est-ce plus immédiatement sensible avec les écrits de Sagesse : le Job innocent qui souffre et se demande pourquoi, le Qohélet exprimant l'absurdité de la condition humaine, la fraîcheur de l'amour des fiancés du Cantique, les cris de souffrance ou d'admiration de bien des psaumes, tout cela, c'est un peu notre propre vie qui nous est offerte, comme en un miroir, pour que nous puissions y réfléchir. Mais cela est vrai aussi des autres textes : à travers l'épopée de l'exode ou l'attente du nouvel exode se dit notre soif de libération, notre désir d'être des hommes libres ; les cris des prophètes réclamant la justice et le respect du pauvre rejoignent nos revendications sociales ; les réactions violentes ou non violentes, face à la persécution d'Antiochus traduisent nos choix actuels et leur ambiguïté... Arrêtons là cette énumération que vous pourriez certainement continuer.

À ce premier niveau, tout homme, qu'il soit croyant ou non, peut faire cette expérience. La Bible appartient en effet aux grandes œuvres de l'humanité et c'est le propre des chefs-d'œuvre de l'esprit humain d'exprimer l'essentiel de ce que vit l'homme ; la Bible le fait à sa manière, comme le font les épopées grecques ou les mythes babyloniens.

Luc et Paul nous avertissent que c'est encore plus vrai pour le croyant.

Pédagogie de Jésus d'après Luc.

Le jour de Pâque, deux disciples découragés retournent chez eux à Emmaüs. « Nous espérions que ce serait lui qui délivrerait Israël... » Cette confidence est lourde d'expérience et d'espérance déçue. Jésus ne leur fait pas de reproche. Il se contente de constater qu'ils en sont restés à l'espérance de l'Ancien Testament. Il relit avec eux les Écritures. Celles-ci rendent leur cœur tout brûlant, leur permettant de reconnaître le Ressuscité à la fraction du pain.

Comme à ces disciples, il nous arrive de « décrocher ». L'Ancien Testament est là pour nous recueillir sur toutes nos routes humaines et nous ramener, avec patience, vers celui qu'il annonce.

L'histoire d'Israël comme « maquette ».

Paul exprime cela en termes théologiques. Il déclare que les événements d'Israël sont *types* de nous (1 Co 10, 6.11). On traduit habituellement le mot grec *tupos* (« type ») par « modèle » ou « exemple ». Or le « type » est précisément l'inverse du modèle ; on le rendrait mieux par « maquette » ou « patron » (d'une robe).

Dans le « modèle » ou « exemple », l'important est ce modèle et non la copie. Avec la « maquette » ou le « patron », c'est l'inverse. Si un ingénieur fait, en laboratoire, la maquette du barrage à construire, si la couturière découpe en papier journal le patron de la robe qu'elle veut tailler, l'essentiel restera le barrage ou la robe. Maquette ou patron sont une

sorte d'anticipation de la réalité qu'une intelligence humaine imagine par avance.

Le cas d'Israël est particulier. Les événements de son histoire ont valeur en eux-mêmes. Mais en plus, ils sont, pour le croyant, une anticipation de sa vie. Dieu, en quelque sorte, pensait à nous quand il dialoguait avec Israël.

Cela est important pour éviter une certaine lecture moralisante. Un exemple le fera saisir.

Les tentations de Jésus au désert.

Nous actualisons souvent ainsi : Jésus a été tenté, il a résisté ; je dois l'imiter. Nous avons donc ce schéma : *Jésus (modèle) + nous.* Cela n'est pas faux, mais peut nous conduire à un certain moralisme (il faut être gentil comme Jésus) ou, pire, nous décourager : quand on me présente un modèle trop beau, j'admire et me dis : « Ce n'est pas pour moi... »

Or Matthieu et Luc montrent que Satan fait revivre à Jésus les tentations fondamentales du peuple au désert. Jésus reprend ainsi l'histoire d'Israël, mais il la fait réussir parce qu'il répond comme le peuple aurait dû le faire (voir « T'avais qu'à... » p. 57).

Ces tentations du peuple au désert, *maquette* des nôtres, sont toujours nos tentations d'aujourd'hui. Ce sont donc nos propres tentations que Jésus a vécues. Nous avons ainsi le schéma : *Israël* maquette de *nous + Jésus + nous.*

Jésus n'est pas d'abord un modèle à copier, mais celui en qui notre vie a réussi et en qui, maintenant, nous pouvons et devons la vivre.

3. LE TEMPS DE LA PROMESSE CONTINUE

L'Ancien Testament, pour une grande partie, est *promesse*. Rappelez-vous, par exemple, ces textes des prophètes, des psaumes du règne, des apocalypses où l'on annonce cette bonne nouvelle : un jour, Dieu va venir établir son règne ; alors les pauvres seront heureux, car c'en sera fini de la pauvreté ; le mal, l'injustice, la souffrance, la mort même seront vaincus...

Il suffit de regarder autour de nous (et en nous) pour savoir que cela n'est pas encore réalisé, que le mal, la souffrance et le péché existent toujours.

Les Juifs attendaient un Messie qui établirait ce Royaume de Dieu, par lui-même, tout seul et d'un seul coup. Les chrétiens reconnaissent Jésus comme ce Messie, mais ils découvrent que Jésus n'a fait qu'inaugurer ce règne, laissant à ses disciples, animés par son Esprit, le travail à faire.

La venue du Christ n'a pas supprimé cette attente. Il a au contraire renforcé l'espérance. La *promesse* contenue dans l'Ancien Testament reste le programme à remplir pour les chrétiens comme il l'était pour Jésus.

III. PAROLE DE DIEU — PAROLES D'HOMMES

Nous avons déjà évoqué cette question (p. 76). Il faut peut-être y revenir, car elle se pose sans doute à vous en terminant cette étude.

On aborde généralement la Bible avec la conviction (acceptée ou niée, selon qu'on est croyant ou non) qu'elle est « Parole de Dieu » ; elle est le livre saint des Juifs et des chrétiens, un livre sacré.

Or tout au long de cette étude, on a pu avoir l'impression qu'on désacralisait la Bible. On l'étudie avec des méthodes d'analyse, exactement comme un texte profane. On a assisté à sa formation, à partir de la réflexion du peuple, des prophètes, des sages, des prêtres. Et en finale, elle risque de nous apparaître surtout comme une parole d'hommes. « Dieu dit à Abraham... à Moïse... » ; on a sans doute le sentiment qu'il vaudrait mieux écrire : « Des hommes disent que Dieu a dit à Abraham... Ils ont interprété... Ils ont sacralisé leur parole humaine en en faisant la parole de Dieu. Qui nous garantit qu'ils ont raison ? »

Peut-être faut-il réviser notre conception de la parole de Dieu : l'analogie avec l'incarnation nous y aidera. Cela nous amène à reconnaître toute son importance à l'Esprit saint et son rôle pour la foi.

Jésus, Parole de Dieu devenue homme.

Notre étonnement devant cette Bible-Parole de Dieu si étrangement humaine est exactement le même que celui des contemporains de Jésus. Après la résurrection, ils ont pris conscience qu'ils avaient vécu dans l'intimité du Fils de Dieu, de la Parole incarnée. Mais ils n'ont vu, n'ont entendu qu'un homme, que des paroles humaines. La Parole de Dieu ne tombe pas du ciel de façon visible, magique. Elle se fait, humblement, l'un d'entre nous, et il faut savoir la découvrir avec les yeux de la foi.

« La Parole de Dieu est dans ton cœur pour que tu la mettes en pratique » (Dt 30, 14). C'est donc dans le cœur de l'homme, dans sa pratique, dans son comportement quotidien, comme dans les grands événements du monde, qu'il nous faut déchiffrer cette parole. Sur un simple plan humain, les gestes et les objets « disent » quelque chose : « Ce fait est éloquent... Ce sourire en dit long... » Il nous faut, de la même façon, déchiffrer la Parole de Dieu à travers les paroles, les attitudes, les événements humains.

Le rôle de l'Esprit Saint.

Le risque existe de déclarer « parole de Dieu » ce qui n'est que l'expression de nos choix d'hommes. Qui nous garantit que les auteurs de la Bible n'ont pas fait de même ?

Le croyant qui reconnaît la Bible comme Parole de Dieu, y reconnaît, par là même, une parole *inspirée*, il y voit une action de l'Esprit Saint. « L'Esprit vous redira tout ce que je vous ai dit et vous conduira vers la vérité tout entière » disait Jésus à ses disciples (Jn 16, 13). Rêver d'une parole de Dieu à l'état pur, tombée du ciel, c'est peut-être simplement vouloir faire l'économie de l'Esprit ! De la foi aussi.

Le rôle de la foi.

Nous souhaitons des preuves. Nous sommes comme les Juifs qui demandaient à Jésus de grands signes dans le ciel. Et Jésus leur répondait : « Vous n'aurez pas d'autre signe que celui de Jonas ; Jonas a prêché à Ninive sans faire de miracles ou donner de preuves ; il a simplement prêché, et les habitants ont perçu, dans sa parole, la parole de Dieu les invitant à la conversion. De même vous devez, vous aussi, dans ma parole d'homme, dans mon être d'homme, percevoir le mystère » (voir Lc 11, 29 s.).

La conséquence est importante. Si la Parole de Dieu était tombée du ciel à l'état pur, nous ne pourrions plus que la répéter. Si elle est l'humble déchiffrement, par des générations de croyants, des événements humains, elle continue à s'offrir à nous dans nos événements d'aujourd'hui. La lecture de la Bible nous invite peut-être moins à répéter ce que nos ancêtres dans la foi ont découvert, qu'à faire ce qu'ils ont fait : lire la Parole de Dieu dans notre vie et dans celle du monde.

IV. EUCHARISTIE

Très souvent, au terme d'un parcours semblable, m'a été posée la question : « Quelle idée derrière la tête aviez-vous en nous proposant ce parcours ? Quelle est l'''idéologie'' de ces pages ? Où veulent-elles nous amener ? »

La question, insidieuse ou amicale, est importante. Elle manifeste qu'on ne lit jamais la Bible objectivement, pas plus qu'un autre texte. Et le parcours ici proposé n'est pas innocent. Je ne vais pas exposer mon « idéologie » — l'idéologie est précisément ce qui meut quelqu'un sans qu'il en ait conscience. Plus modestement, abandonnant le ton impersonnel pour passer au « je », j'aimerais dire ce que l'étude de la Bible m'a apporté et ce que je souhaiterais qu'elle apporte à d'autres.

Chrétien et intelligent ?

Je crois très fort que Dieu nous a voulus intelligents et qu'il ne nous demande pas de sacrifier notre intelligence quand nous abordons la Bible. Nous sommes des hommes du XXe siècle, marqués par la science, les sciences exactes comme les sciences humaines, et c'est en homme du XXe siècle que nous devons être croyants, sans rien renier ni de la foi ni de la science.

Un premier bénéfice que m'a donc apporté l'étude de la Bible a été de découvrir qu'on pouvait être à la fois chrétien et intelligent ! Et ce n'est pas mince. Prenons un exemple un peu gros (mais vous en trouverez bien d'autres). Devant *les récits de la création*, le croyant était (est ?) souvent tiraillé : chrétien, il se sentait obligé d'accepter ce que ces textes semblaient affirmer (création directe par Dieu, en six jours...) ; mais en même temps, parce qu'il est homme du XXe siècle, il entendait une petite voix murmurer en lui : « Ça, je ne peux pas le croire ! » Une étude saine de ces récits, comme de bien d'autres, nous montre qu'il n'y a pas d'incompatibilité entre la foi et la science ou l'histoire. On peut être totalement de son temps et croire, sans complexe.

Chrétien et libre ?

Le chrétien apparaît trop souvent comme quelqu'un d'aliéné, bardé de croyances et d'interdits comme d'un réseau de barbelés. Une conviction, pourtant, jaillit de toute la Bible : Dieu veut l'homme libre, responsable.

Mais il est vrai que la façon dont on aborde la Bible n'est pas innocente. Une anecdote le fera bien sentir. Avec des étudiants de divers pays, nous réfléchissions sur ce problème pédagogique : dans quel ordre présenter les textes de l'Ancien Testament pour une première initiation. Et on citait différentes possibilités : suivre le schéma de l'« histoire sainte » (création — chute — Abraham — Moïse...) ou celui adopté actuellement dans la catéchèse (Abraham — Moïse — récits de la création...) ou encore commencer par l'Exode comme nous l'avons fait dans ce parcours... Une religieuse d'Amérique latine nous dit : « Chez nous, la Bible fait partie de l'enseignement donné dans les lycées. Il y a donc des manuels officiels et ils suivent le schéma de l'histoire sainte. Nous avons créé un petit centre catéchétique où nous apprenons aux professeurs qui le veulent à commencer par Abraham pour situer ensuite les récits de la création. » Et elle ajoutait : « Jusqu'à maintenant, le gouvernement ne s'en est pas aperçu. Mais on est sûrs que quand il s'en apercevra, on aura des ennuis... » À la réflexion, cela est évident. Le schéma « histoire sainte » est essentiellement conservateur : il met d'abord en place un Dieu tout-puissant, maître absolu, créateur d'un homme qui doit seulement lui obéir. Certes, celui-ci se révolte par le péché, mais Dieu reste le maître puisqu'il punit et pardonne... Et l'on comprend qu'un gouvernement de type autoritaire se retrouve bien dans ce schéma : il peut se faire une assimilation, inconsciente, entre ce Dieu absolu et le maître du pays. L'autre schéma, au contraire — celui que Dieu a fait suivre à son peuple — est subversif : il fait découvrir que Dieu est avant tout un Dieu qui libère, qui veut que l'homme, tous les hommes, soient libres et responsables...

Ainsi, la façon dont on aborde la Bible peut avoir une grosse influence sur notre mentalité religieuse mais aussi sur notre attitude humaine ; elle peut contribuer aussi à former des citoyens dociles ou des hommes responsables.

L'humanité de Dieu.

On pourrait redire la même chose en parlant, comme le livre de la Sagesse, de l'humanité de Dieu, de son humilité. Dieu est le Tout-Autre, le maître de l'histoire, créateur de l'univers, transcendant. Il l'est et le demeure. Mais il veut avant tout être le Dieu proche, qui marche pas à pas avec son peuple, infiniment respectueux de l'homme, qui ne viole pas sa foi par des miracles ni jamais ne l'écrase. Il est un Dieu qui veut l'homme debout, libre, et il lui donne le monde à construire et l'histoire à faire.

Et ce Dieu est *fidèle*. Nous avons vu comment la Bible exprime son engagement envers Abraham : une fois pour toutes, Dieu a jeté dans la balance de l'histoire le poids de sa fidélité. Voilà la sécurité dernière et définitive de l'homme, qui le rend parfaitement libre : qu'il soit saint ou pécheur, il se sait aimé, indéfectiblement, par le Dieu fidèle. Nous savons combien il est important, humainement, de se savoir aimé pour agir ; nous avons besoin que quelqu'un compte sur nous, nous fasse confiance. Voilà la sécurité énorme, indécrottable, du croyant : il sait que Dieu l'aime, que Dieu, envers et contre tout, lui fait confiance !

Alors l'histoire, celle du monde comme celle de l'Église, peut connaître des soubresauts, des échecs ; cela n'a rien de désespérant : silencieux, invisible, Dieu marche avec l'homme et lui fait confiance.

L'eucharistie.

Si je devais résumer d'un mot l'attitude fondamentale que la fréquentation de la Bible peut nous inculquer, je dirais sans hésiter : celle de l'action de grâce, de l'eucharistie.

Un spécialiste résumait cela magnifiquement dans le titre donné à son commentaire du livre de Josué : « Le don d'une conquête. » Tout est dit. L'entrée en Canaan fut une conquête ; si Josué et le peuple ne s'étaient pas battus, ils n'auraient pas conquis cette terre. Ce sont eux qui l'ont occupée. Mais ils reconnaissent en même temps que c'est un don. En étudiant un texte du Deutéronome (p. 58), nous avons vu comment le fait de raconter une histoire — le Credo — changeait la signification des produits du sol : au début, l'Israélite pouvait refermer les mains sur les fruits qu'il avait fait pousser : « Ce sont *mes* produits. » Le récit de l'action de Dieu pour son peuple l'amenait à reconnaître, dans la joie, les mains ouvertes, que ses produits, sa vie, sont un don de Dieu. « Tu es béni, Seigneur, toi qui nous *donnes* ce pain et ce vin *fruit du travail des hommes* » déclare une prière de la liturgie catholique reprenant une formule juive.

La Bible, me semble-t-il, nous amène à reconnaître que tout est de l'homme, que c'est à lui de se faire, de faire le monde et l'histoire, et en même temps qu'il est lui-même le plus beau cadeau que Dieu lui fait.

Je te rends grâce, ô Dieu, d'avoir fait de moi l'étonnante merveille que je suis ! (Ps 139, 14.)
Le Seigneur fit pour moi des merveilles... (Lc 1, 49).

L'intendant Ebil-il, en adoration. (Albâtre. Mari. Milieu du IIIe millénaire.)

SI VOUS VOULEZ EN SAVOIR PLUS...

Au cours de ces pages, on n'a donné aucune indication de livres ou commentaires. C'est exprès : avec une bonne bible (TOB ou BJ) et ce petit guide, vous pouvez vous débrouiller très bien. Si pourtant vous vouliez aller plus loin, voici quelques éléments.

Deux adresses.

Service Biblique Évangile et Vie. 8, rue Jean-Bart 75006 Paris (Tél. 42.22.03.89). Cet organisme est à votre service : vous pouvez lui demander des renseignements bibliographiques, la liste des sessions bibliques, l'adresse du biblise le plus proche de chez vous ou des groupes bibliques existants...

Les Équipes de recherche biblique (ERB), 47, rue de Clichy, 75009 Paris. (Tél. 44.53.47.09). Ce service de la Fédération protestante peut vous rendre les mêmes services.

Ouvrages à connaître.

Cahiers Évangile. Publiés par Évangile et Vie, ils offrent, en 64 pages et pour un prix record, d'excellentes études sur des livres, des thèmes...

Le Monde la Bible, Bayard-Presse. Excellente revue trimestrielle d'archéologie et d'histoire autour de la Bible.

Vocabulaire de Théologie biblique, Éd. du Cerf, 1970, 1400 pages. Chaque thème biblique est bien présenté ; on en suit le développement à travers l'histoire biblique. Un des premiers achats à faire après la Bible.

Dictionnaire de culture biblique, réalisé par M. Carrez avec la collaboration de C. Wiéner. Desclée de Brouwer, Paris, 1993. Courtes notices sur tous les mots importants de la Bible.

Les institutions de l'Ancien Testament. t. I. Le nomadisme et ses survivances. Institutions familiales. Institutions civiles (1958) ; t. II. Institutions militaires. Institutions religieuses (1960), Éd. du Cerf, Paris. Ces deux volumes, rédigés par R. de Vaux, qui fut professeur à l'École Biblique de Jérusalem, sont une mine de renseignements et sont sans cesse réimprimés.

Pour aller plus loin...

Pour aller plus avant dans la lecture d'un livre biblique, on peut consulter le *Cahier Évangile* 69 (1989) intitulé **Des livres au service de la Bible. Guide bibliographique.**

Depuis 1989 les *Cahiers Évangile* ont publié :
Petit Dictionnaire des Psaumes, C.E. 71 ;
Le livre des Nombres, C.E. 78 ;
Le livre de Daniel, C.E. 79 ;
Le Décalogue, C.E. 81 ;
Le Cantique des cantiques, C.E. 85.

Les **Suppléments aux Cahiers Évangile** publient, en une centaine de pages, des textes du Proche-Orient ancien bien choisis et présentés avec soin. Voici les titres les plus importants :
— Sagesses de l'Égypte ancienne, Sup. 46 (1984) ;
— Lois de l'Ancien Orient, Sup. 56 (1986) ;
— La création et le déluge, Sup. 64 (1988) ;
— Israël et les nations, Sup. 69 (1989) ;
— Traités et serments, Sup. 69 (1992) ;
— Sagesses de Mésopotamie, Sup. 85 (1993).

Dans la collection **Documents autour de la Bible** (Éd. du Cerf, Paris) ont été réédités :
— Prières de l'Ancien Orient ;
— Gilgamesh.

LITTÉRATURE JUIVE
EN DEHORS DE LA BIBLE

Les derniers livres de l'Ancien Testament sont écrits un siècle avant notre ère (sauf le livre de la Sagesse qui ne fait pas partie de la Bible juive). Dans une Bible catholique, entre ce livre de la Sagesse, vers 30 avant J.-C., et le premier livre du Nouveau Testament, la 1re épître aux Thessaloniciens, en 51 après J.-C., il n'y a rien. Un siècle sans littérature ? Un siècle, pourtant, qui intéresse particulièrement le chrétien, puisque c'est celui où a vécu Jésus.

En fait, la production littéraire fut alors intense et les spécialistes de la Bible travaillent beaucoup ce secteur actuellement.

La loi, écrite et orale.

Dieu a donné sa Loi à Moïse sur le Sinaï. Mais, pour les Juifs, une partie seulement en fut mise par écrit ; l'autre partie fut transmise de façon orale (voir p. 78).

La *Loi écrite* est essentiellement les *cinq livres de la Loi* (ou *Pentateuque*). Elle est éclairée par les *Prophètes*, méditée par les *Écrits*. L'ensemble de ces livres forment la Bible.

Dans la ligne des Écrits, de nombreux livres furent composés autour de l'ère chrétienne. Certains sont connus depuis longtemps, d'autres ont été découverts récemment comme les écrits de Qumrân en 1947.

Les *traditions orales* sont plus difficiles à cerner, précisément parce qu'elles sont orales. Elles transmettent des traditions parallèles à la Loi écrite ; elles méditent sur les Écritures, les actualisent, engendrent de nouvelles traditions... Et il est souvent difficile de déterminer à quelle époque exacte telle ou telle est née.

Les écrits juifs.

Écrits de genre apocalyptique.

Beaucoup de ces écrits sont connus depuis longtemps. Citons, par exemple, les livres d'*Hénoch*, le livre des *Jubilés*, les *Psaumes de Salomon*, les *Testaments des douze patriarches*, l'*Assomption de Moïse*, les *apocalypses d'Élie*, d'*Abraham*, le *4e livre d'Esdras* (qui figure dans la Bible latine ou Vulgate)... Tous ces livres ne sont pas des apocalypses au sens strict, mais tous sont marqués par ce courant.

On en trouvera des extraits importants, bien présentés, dans *Vie d'Adam et d'Ève*... (Supplément aux Cahiers Évangile, n° 32). On y verra l'importance de ce courant pour comprendre le Nouveau Testament.

Écrits de Qumrân

Découverts dans des grottes près de la mer Morte à partir de 1947, ces manuscrits nous font connaître la pensée des esséniens, ces juifs pieux qui se retirèrent dans le « monastère » de Qumrân à l'époque des Maccabées et vécurent jusqu'à sa destruction par les Romains en 70 de notre ère (voir p. 85).

Qumrân (Supplément aux Cahiers Évangile, n° 61) permet, à partir de passages bien choisis, de découvrir la vie et la pensée des esséniens.

Autres écrits.

Il faut au moins signaler l'œuvre de l'historien juif *Flavius Josèphe* (né vers 37 de notre ère, mort au début du IIe siècle) qui présente l'histoire de son peuple dans ses *Antiquités juives*, et celle du philosophe *Philon d'Alexandrie* (vers 13 avant J.-C. — 50 après) qui, dans ses nombreux livres, tenta d'exprimer dans sa culture grecque sa foi juive. Il écrivait à l'époque où se formaient les évangiles.

Littérature orale.

On parle aussi de *littérature rabbinique*. Les rabbins sont ces scribes pharisiens qui déjà à l'époque du Christ (rabbi Gamaliel, par exemple : voyez Ac 5, 34), par leur connaissance de la Loi et les commentaires qu'ils en donnaient, fixaient la façon dont on devait pratiquer cette Loi. Après la chute de Jérusalem en 70, ces scribes pharisiens réunis à Javné (près de l'actuelle Tel-Aviv) réorganisèrent le judaïsme et recueillirent les traditions. La littérature orale n'est pas tout entière rabbinique, mais elle a été recueillie par ces rabbins.

Nous allons énumérer les principaux recueils pour vous permettre d'abord de situer des noms dont vous avez entendu parler (Talmud, par exemple), pour montrer aussi à quel intense travail de réflexion sur la Loi se sont livrés ces croyants juifs : cela est intéressant pour connaître le judaïsme, mais aussi pour comprendre comment s'est formé le Nouveau Testament. Les premiers chrétiens étaient juifs, formés aux mêmes méthodes d'actualisation de l'Écriture. Les évangiles ont connu une longue période de formation et de transmission orale avant d'être mis par écrit, comme ce fut le cas pour les traditions rabbiniques.

On a préféré le titre *littérature orale* plutôt que *rabbinique* pour bien insister sur ce fait : les recueils dont nous allons parler nous sont parvenus sous forme d'écrits ; mais, pour les Juifs, ils sont essentiellement des recueils *oraux*. Prenons une comparaison : un musicien *écrit* la partition de sa symphonie, mais celle-ci n'est pas faite pour être lue, mais pour être jouée et écoutée : la mise par écrit n'est qu'un support pour aider la mémoire.

Traditions orales.

Les rabbins transmettent à leurs disciples ce qu'ils ont eux-mêmes reçu (voir 1 Co 15, 1-3). Ces traditions sont de deux types : la *halakah* donne des interprétations de la Loi destinées à l'action, des règles pratiques de vie (la racine *halak* signifie « route », « chemin ») — la *aggadah* est plus destinée à édifier (voir p. 81).

À partir de la fin du Ier siècle, ces traditions commencent à être rédigées systématiquement. Le premier recueil produit par cette rédaction orale est appelé la *Mishna*. Tant en Palestine qu'à Babylone, les rabbins commentent cette Mishna : leurs commentaires vont constituer le *Gemara*.

Le *Talmud* (enseignement) est l'assemblage de toutes ces traditions : la Mishna comme texte de base, augmentée du Gemara et d'autres traditions

qui n'avaient pas trouvé place dans les recueils oraux (la Tosephta). Le Talmud de Jérusalem ou de Palestine fut rassemblé au IVᵉ siècle ; le Talmud de Babylone, plus complet, fut achevé vers la fin du Vᵉ siècle.

Midrash.

Les *recherches* ou commentaires sur l'Écriture, faits dans les écoles ou les synagogues, vont aboutir à des recueils de midrashim (voir p. 81).

Targum.

Le targum est la traduction en araméen du texte de l'Écriture lue en hébreu à la synagogue. Faite oralement, cette traduction était une adaptation, une actualisation. Elle est donc très intéressante pour nous permettre de voir comment on interprétait l'Écriture à l'époque du Christ. (Voir deux brefs exemples aux pages 37 et 53).

Manuscrit de Qumrân. Rouleau du Temple.

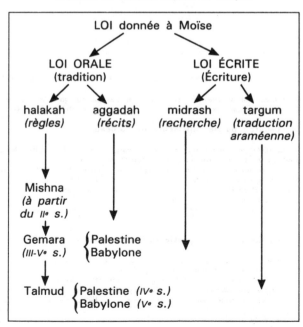

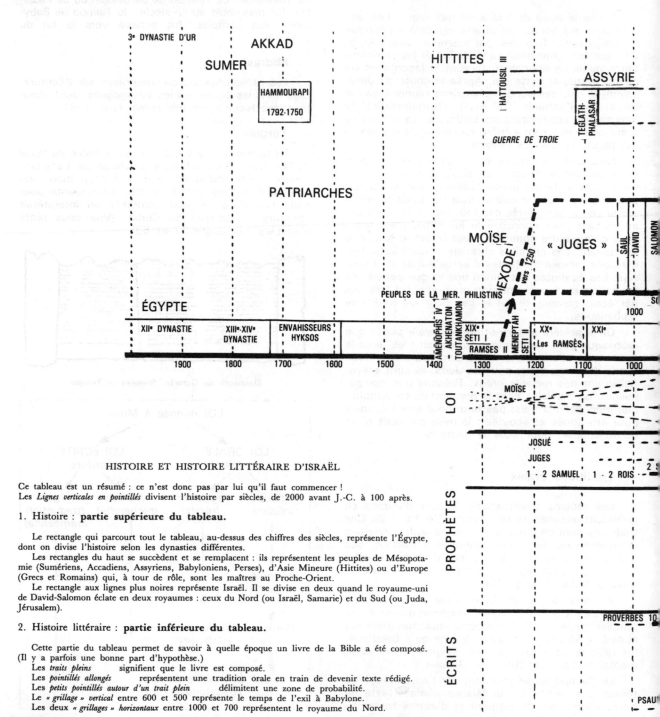

HISTOIRE ET HISTOIRE LITTÉRAIRE D'ISRAËL

Ce tableau est un résumé : ce n'est donc pas par lui qu'il faut commencer !
Les *Lignes verticales en pointillés* divisent l'histoire par siècles, de 2000 avant J.-C. à 100 après.

1. Histoire : **partie supérieure du tableau.**

Le rectangle qui parcourt tout le tableau, au-dessus des chiffres des siècles, représente l'Égypte, dont on divise l'histoire selon les dynasties différentes.

Les rectangles du haut se succèdent et se remplacent : ils représentent les peuples de Mésopotamie (Sumériens, Accadiens, Assyriens, Babyloniens, Perses), d'Asie Mineure (Hittites) ou d'Europe (Grecs et Romains) qui, à tour de rôle, sont les maîtres au Proche-Orient.

Le rectangle aux lignes plus noires représente Israël. Il se divise en deux quand le royaume-uni de David-Salomon éclate en deux royaumes : ceux du Nord (ou Israël, Samarie) et du Sud (ou Juda, Jérusalem).

2. Histoire littéraire : **partie inférieure du tableau.**

Cette partie du tableau permet de savoir à quelle époque un livre de la Bible a été composé. (Il y a parfois une bonne part d'hypothèse.)

Les *traits pleins* signifient que le livre est composé.
Les *pointillés allongés* représentent une tradition orale en train de devenir texte rédigé.
Les *petits pointillés* autour d'un trait plein délimitent une zone de probabilité.
Le *« grillage » vertical* entre 600 et 500 représente le temps de l'exil à Babylone.
Les deux *« grillages » horizontaux* entre 1000 et 700 représentent le royaume du Nord.

118

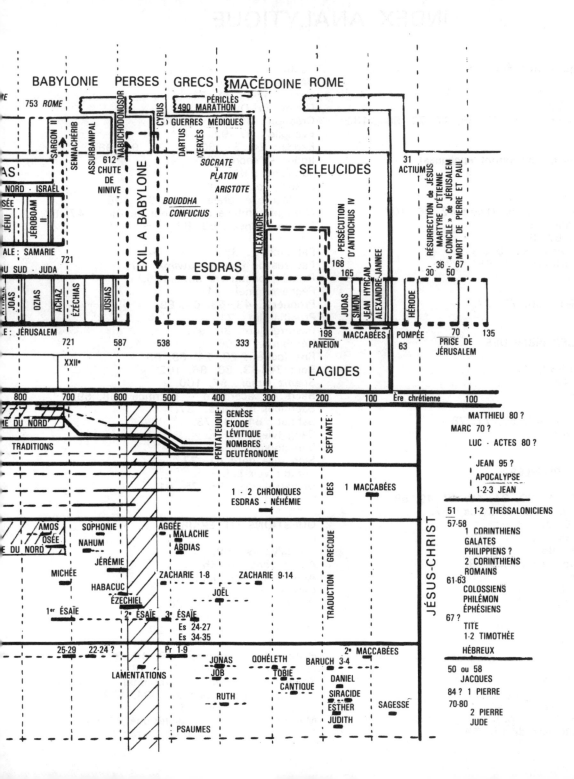

INDEX ANALYTIQUE

Midrash : 81.
Mythe : 21.
Poésie hébraïque : 30, 96.
Sacerdotale (tradition) « P » : 26, 27, 70.
Septante (traduction grecque des) « LXX » : 7, 93.
Symbole : 94, 109.
Targum : 37, 53, 81.
Traditions du Pentateuque : 27.
Vulgate (traduction latine) : 7.
Jahviste (tradition) « J » : 27.

TEXTES DE L'ANCIEN ORIENT

Atra-Hasis : 18, 39.
Enuma Elish : 19, 65.
Épopée de Gilgamesh : 19, 40, 65.
Proverbes sumériens : 82.
Poèmes cananéens (Ugarit) : 20.
Hymne égyptien au dieu Soleil : 18.
Naissance de Sargon d'Agadé : 51.
Prière juive : 100.

PRINCIPAUX TEXTES ÉTUDIÉS

Gn :   1 : 72.
       2-3 : 39.
       12, 1-3 : 37.
       22 : 37.
Ex :   13, 17-14, 31 : 26.
       15, 1-21 : 30.
       19-20 : 50.
       20-23 : 60.
       2 S 7 : 42.
Os :   2, 4-25 : 48.
Dt :   26, 1-11 : 58.
Es :   52, 13-53, 12 : 67.
       60-63 : 77.
Pr :   8, 22-31 : 83.
Dn :   7 : 91.
       12 : 91.

Sg :   7, 21-30 : 93.
Ps :   2 : 103.
       8 : 99.
       22 : 105.
       42-43 : 101.
       49 : 107.
       51 : 105.
       73 : 107.
       84 : 101.
       89 : 103.
       96 : 103.
       104 : 99.
       109 : 105.
       110 : 103.
       113 : 99.
       114 : 99.
       119 : 101.
       120-134 : 96.
       139 : 101.

Chérubin. Plaque d'ivoire provenant du palais d'Achab à Samarie (IXᵉ s. av. J.-C.).

Cette peinture murale de 2,50 m sur 1,75 m ornait la grande salle du palais de Mari (détruit en 1760 avant J.-C.) sur l'Euphrate. Elle est maintenant au Louvre.

On l'appelle *la fresque de l'investiture* ou, parfois, *la fresque du paradis*.

Dans le rectangle supérieur du centre, le roi, sans doute Zimrin-Lin, reçoit le bâton et l'anneau, attributs du pouvoir, de la main de la déesse Ishtar, déesse de la Guerre ; celle-ci pose le pied sur le lion, son emblème. La déesse et le roi sont entourés de divinités.

En dessous, deux déesses portent un vase d'où jaillissent quatre fleuves.

De chaque côté, deux arbres, l'un très stylisé, l'autre représentant un palmier. Le premier est gardé par trois « chérubins » : un sphinx ailé, un griffon ailé et un taureau à tête d'homme.

Beaucoup de traits figurés ici se retrouvent dans les récits du paradis terrestre : les auteurs ont certainement puisé dans le même fond commun. On retrouve, notamment, les deux arbres, les quatre fleuves, les chérubins. Une différence importante, pourtant, apparaît : dans la Bible, ce n'est pas le roi qui est au centre, mais l'homme, que le Dieu unique constitue maître de la création.

TABLE DES MATIÈRES

Un prince cananéen, assis sur un trône constitué par deux chérubins boit une coupe et reçoit une fleur de lotus que lui tend la reine. Une jeune fille joue de la lyre à 9 cordes. Suivent des officiers et deux rois enchaînés. Au-dessus, le disque ailé du Soleil. (Ivoire trouvé à Meggiddo).

Achevé d'imprimer par Corlet, Imprimeur, S.A., 14110 Condé-sur-Noireau, en février 1996
N° d'Éditeur : 9835 - N° d'Imprimeur : 15900 - Premier dépôt : 1980 - Dépôt légal : février 1996